# Apprivoiser l'absence

« LES ENFANTS DU FLEUVE »

(Prix scientifique de la Fondation
pour l'Enfance, nomination 1993.)

Une collection qui fait connaître l'enfance
et la jeunesse meurtries de notre temps.

*Consulter la liste des ouvrages de la même collection
en fin de volume.*

Annick Ernoult-Delcourt

# APPRIVOISER L'ABSENCE

## Adieu, mon enfant

Collection *Les Enfants du Fleuve*
dirigée par Jean-Claude Didelot

Fayard

Une grande partie des droits d'auteur provenant de la vente de ce livre
sera versée intégralement au profit de :
CHOISIR L'ESPOIR
73, rue Gaston-Baratte
59650 Villeneuve-d'Ascq

association d'aide aux enfants atteints de cancer
et à leur famille

Je dédie ce livre
à mes parents,
grâce à qui j'ai découvert ce qu'« aimer » signifie,

à Géraldine,
dont la mort a ouvert les portes de mon cœur sur la vie,

à Patrice, mon mari,
dont l'Amour m'a tendrement et patiemment réappris à croire au bonheur,

à Émeric, Gwendoline, Florian et Olivia,
qui chaque jour savent si bien m'appeler à vivre.

Merci !

*Être fidèle à ceux qui sont morts,*
*Ce n'est pas s'enfermer dans sa douleur.*
*Il faut continuer de creuser son sillon droit et profond.*
*Comme ils l'auraient fait eux-mêmes.*
*Comme on l'aurait fait avec eux. Pour eux.*

Martin GRAY.

*Car la vie et la mort sont un,*
*de même que le fleuve et l'océan sont un.*

Khalil GIBRAN, *Le Prophète.*

*Nous n'avons rien à craindre de la mort,*
*Car la mort n'est pas la fin,*
*Elle est plutôt un commencement rayonnant.*

Élisabeth KUBLER-ROSS.

# AVANT-PROPOS

*Apprivoiser l'absence, Adieu mon enfant,* est un livre merveilleux et émouvant écrit par Annick Ernoult qui livre son expérience et celle d'autres parents qui ont perdu un enfant bien-aimé de maladie, d'accident, de mort subite du nouveau-né, de suicide ou d'assassinat.

Il fera beaucoup réfléchir, fournira matière à discussion et donnera foi et espoir à tous ceux qui doivent vivre une expérience identique.

Annick et son mari ont créé l'association « Choisir l'Espoir », et les droits d'auteur seront intégralement versés à cette association. Elle a reçu un don réel pour décrire toutes les préoccupations des parents dès que le malheur les frappe jusqu'au décès de leur enfant et après celui-ci. Dans ce livre, elle démontre aux parents que cette expérience mutilante peut être un catalyseur qui leur permet d'évoluer, de trouver un sens à la mort de leur enfant, et de laisser l'amour renaître dans leur vie.

J'espère que de très nombreux parents, professeurs, conseillers, et tous ceux qui approchent des familles en deuil au sein de leur travail, auront l'occasion de lire ce livre et de partager également leurs expériences car, pour devenir plus supportable, la souffrance doit être partagée. Par ailleurs, plus nous serons nombreux à échanger non seulement nos idées, nos souffrances et nos peines, mais aussi nos espoirs, nos expériences et nos cheminements, plus nous témoignerons de ce qui aide ceux que nous accompagnons à grandir à travers leur désespoir, et plus l'expérience de la communauté humaine s'enrichira au fil des ans. Cela donnera aux familles concernées le courage de ne pas abandonner la lutte pour la vie, mais plutôt de traverser le tunnel jusqu'à ce qu'ils aperçoivent la lumière.

Mes vœux amicaux d'encouragement accompagnent toutes ces familles.

Élisabeth KUBLER-ROSS.

# PRÉFACE

« Donner la parole à l'enfance et à la jeunesse meurtries de notre temps et à ceux qui s'efforcent de leur venir en aide... », c'est tout le projet de la collection *Les Enfants du Fleuve*. Avec le livre d'Annick Ernoult, ce n'est plus de l'enfant meurtri qu'il s'agit, mais de l'enfant absent, de l'enfant rendu définitivement absent par la mort. Certains penseront peut-être que ce titre sort du projet initial. Ceux-là n'ont sans doute pas été touchés par ce drame car l'enfant mort est bien vivant, plus vivant que jamais au cœur de ses parents : s'il est lui-même hors d'atteinte, la plaie ouverte par son départ au flanc de ceux qui restent, jamais plus ne se referme.

Oui, la perte d'un enfant est sans doute l'une des plus grandes tragédies qu'il soit possible de vivre. A vrai dire, il n'est sans doute pas d'ouvrage de la collection où nous n'ayons rencontré la mort des enfants. La guerre, l'apartheid, les réfugiés, la drogue, l'exploitation sexuelle ou sociale, mais aussi la maladie frappent toujours les plus faibles et, parmi eux, les enfants. C'est un scandale absolu dont l'opinion se fait une raison. L'opinion... pas les parents. Pourtant, il faut tenter de vivre — pour soi, pour les autres, pour les autres enfants. Annick Ernoult, qui a connu cette détresse, sait aussi cela. Elle pose sa main sur notre épaule à l'instant de l'effondrement de tout notre être et ne la retirera pas avant d'avoir pris sa part de notre charge. C'est ce qu'on appelle la compassion ou le ministère de compassion, selon que l'on est bouddhiste ou chrétien. C'est surtout un acte d'humanité. Nous étions terrés, lovés sur une douleur indicible, et quelqu'un nous rejoint.

Il existe une pitoyable fraternité des pères et des mères ainsi frappés en plein bonheur. Cette fraternité ne connaît ni classes ni races. Ils ne se reconnaissent qu'entre eux, ceux-là qui restent comme absents dans la foule indifférente. C'est un malheur qui ne peut se partager qu'avec ceux qui ont connu le même drame. Les mots, d'ailleurs, sont inutiles...

L'enfant mourant nous aide à vivre car, devenu d'un coup notre maître, il nous précède dans le Royaume. Il y aurait un florilège à consacrer aux dernières paroles de ces petits si dignes et si courageux qui regardent en face leur destin. Nous en avons rencontré aux *Enfants du Mékong*, de ces pères, de ces mères qui ne possédaient plus comme seul trésor que ces dernières paroles dites par des condamnés de dix ans qui savaient leur destin pour avoir assisté à l'exécution de leurs frères et sœurs. Là, la méchanceté des hommes donne au malheur une dimension absolue. Nous pensions qu'il y avait une limite au malheur... il n'y en a pas. Pourtant, c'est là que nous avons rencontré les plus absolues qualités humaines. Nous pensions que notre humanité trouvait sa limite... Nous nous trompions car le malheur comme le bonheur s'ouvrent sur un infini où ils se mêlent, sur un ailleurs que nous pressentons et que nos enfants déjà partis, eux, connaissent.

Jean-Claude DIDELOT,
Président des *Enfants du Mékong*[1].

---

1. *Enfants du Mékong* parraine des enfants du Sud-Est asiatique. Organisation non gouvernementale (O.N.G.), 5, rue de la Comète, 92600 Asnières. Tél. : 47.91.00.84. Minitel 36 15 EPHATA * E.D.M.

# INTRODUCTION

Mettre mes enfants au monde : la plus grande joie qu'il m'ait été donnée de connaître en tant que femme, en tant qu'épouse. Les mots m'ont semblé alors tellement petits pour traduire le bonheur qui m'habitait et la force du lien qui nous reliait en couple.

Mettre un de mes enfants en terre : la plus grande souffrance qu'il m'ait été donnée de connaître en tant que femme, en tant qu'épouse. Je n'ai pas su trouver les mots pour traduire le déchirement, l'écrasement, l'impression d'être laminée par la douleur. Il a fallu ajouter à cela la difficulté de partager en couple cette souffrance trop forte pour chacun de nous.

Entre ces deux pôles de ma vie, de notre vie, un chemin d'amour tissé au fil des jours, des joies et des difficultés avec nos enfants, puis la mort de Géraldine, notre troisième enfant.

Depuis sa mort, un long chemin de souffrances qui m'a laissé entrevoir, peu à peu, la sérénité et la richesse de la vie. Un long chemin d'amour et de tendresse aussi avec Patrice, mon mari, et nos quatre autres enfants, qui ont si bien su nous aider à revivre.

Lorsque l'on perd ses parents, on devient orphelin ou orpheline. Quand on perd son conjoint, on devient veuf ou veuve, mais curieusement il n'existe pas de mot dans la langue française pour désigner les parents qui perdent un enfant, et cela est très symptomatique de la chape de silence et de solitude qui s'abat sur eux lorsqu'ils font l'expérience de ce drame.

Vous êtes des centaines, des milliers à avoir vécu cet événement contre nature et révoltant, et ce livre vous est destiné. Il n'a pas pour but de vous montrer un chemin, car je suis persuadée qu'il existe autant de chemins de deuil que de parents. Chacun aborde cette période de sa vie avec son histoire, son tempérament, sa sensibilité, qui n'appartiennent qu'à lui. Chacun franchit, ou ne franchit pas, les étapes à son rythme et dans l'ordre qui lui convient. Chacun sent confusément aussi ses limites en se protégeant à sa façon pour ne pas sombrer.

Ma seule « compétence » est mon expérience. Je n'ai donc pas voulu écrire un livre-guide, mais simplement donner la parole à tous ceux qui avaient partagé avec moi cette expérience, quelle qu'en soit la cause.

Les parents qui ont accepté de s'exprimer dans ce livre ont perdu leur enfant dans des circonstances très différentes : accident, maladie, mort subite du nouveau-né, suicide ou assassinat. Pour certains d'entre eux, la naissance de l'enfant qu'ils ont perdu a également eu lieu dans des conditions difficiles de chômage, de crise conjugale ou familiale, de deuil peut-être, qui rendent la séparation plus déchirante encore. Mais, au long de leurs témoignages, des points communs se sont dégagés.

C'est donc autour de ces points communs, sans ordre chronologique d'aucune sorte, que j'ai rassemblé ces expériences partagées, dans le simple but de tenter ensemble de mettre des mots sur l'indicible.

Merci à tous ceux qui se sont engagés avec moi dans

cette aventure et qui ont accepté de témoigner, au risque de rouvrir des plaies si lentes à cicatriser.

Vous qui lisez ce livre parce que vous avez perdu votre enfant, qu'il vous permette de trouver quelques repères sur le chemin de l'apprivoisement de son absence, de comprendre que vous n'êtes pas seuls sur ce chemin ardu, et d'entrevoir un avenir plus serein au-delà de votre immense souffrance.

Vous qui le lisez parce que des proches que vous aimez ont perdu un enfant, ou parce que vous rencontrez des parents qui ont perdu un enfant dans le cadre de votre activité professionnelle, puissent ces pages vous aider à les accompagner de manière plus juste, parce que vous aurez découvert et accueilli leur détresse.

CHAPITRE PREMIER

# Le décès de l'enfant

## L'ÉTAT DE CHOC

Il est extrêmement difficile de décrire l'état de choc dans lequel vous vous trouvez lors de la mort de votre enfant. Devant l'ampleur du choc qui vous ébranle, vous éprouvez tous la même difficulté à trouver les mots justes.

> Ce que les médecins nous avaient annoncé et à quoi tout notre être refusait de croire est arrivé... L'inimaginable, l'impensable s'est produit. Pascal nous a quittés une nuit d'octobre.
>
> Sentiment d'échec total, d'absurdité, nous faisant basculer dans la détresse la plus profonde, impression de déchirure physique... plus rien ne sera comme avant. L'avenir paraît impossible à imaginer et à vivre sans Pascal. La vie est devenue une impasse.
>
> Éliane et Michel.

Il semble qu'aucun mot ne puisse contenir ou décrire ce que vous ressentez : c'est de l'ordre du jamais éprouvé, de l'inimaginable, tellement fort que vous craignez parfois de ne pas pouvoir le supporter, de ne pas en ressortir vivants. Au fil des témoignages, se sont dégagées certaines similitudes entre des situations apparemment très différentes.

Le choc que reçoivent les parents est triple :
— ils apprennent que leur enfant est mort ou menacé de mort ;
— ils sont confrontés avec le corps de leur enfant mort ;
— ils enterrent leur enfant.

## 1. L'ANNONCE DE LA NOUVELLE

La mort est là, ou elle va arriver (l'accident, la maladie).

Lorsque la mort de l'enfant est brutale et que les parents en sont les premiers témoins, comme dans le cas de la mort subite du nouveau-né, le choc est particulièrement violent car les deux premières composantes sont vécues en même temps. Le désarroi des parents est grand et l'impression de cassure, de rupture, est très nette, comme dans les témoignages suivants.

> Lorsque j'ai découvert mon bébé mort dans son berceau, j'ai cru que tout allait basculer, et que la vie ne valait plus la peine d'être vécue. Cet enfant que j'avais porté neuf mois, avec lequel, la veille, je dansais de joie, était mort, de mort subite du nourrisson. Mort dont je n'avais jamais entendu parler... Je ne savais plus où j'en étais, je ne comprenais plus rien. Pourquoi cet enfant, si mignon, aimé, en bonne santé, était-il mort ? Pendant des semaines, j'étais comme un automate et j'avais peur de craquer, de faire une déprime.
>
> Une partie de moi-même était morte avec cet enfant. J'avais l'impression d'être une autre, j'étais en état de choc ; lorsque j'allais au marché, je revenais avec un panier vide, incapable de composer un menu. Je faisais tout

comme un automate et avais l'impression de ne pas être tout à fait sur terre.

Je souffrais tellement, moralement et physiquement, que j'avais besoin de taper sur les murs de ma chambre, pour me décharger de cette souffrance qui me prenait jusqu'au plus profond de mes « tripes », là où j'avais porté mon bébé. Que c'était dur ! Que je me sentais seule avec ma douleur et ce manque, ces bras inutiles et vides qui avaient envie de caresser... J'avais envie de crier, de hurler ma souffrance.

Maryvonne P.

26 mars 1985. J'ai recommencé à travailler depuis hier, c'est dur de laisser son bébé à la nourrice. Ce matin, j'avais des remords en quittant Mathilde. Elle me regardait avec un air si grave... Alors, pour me consoler, je me suis dit que, si tant de femmes le faisaient, y arrivaient, j'y arriverais aussi.

— Allô ? Allô ? C'est la nourrice, venez vite, votre bébé ne va pas bien.

— Qu'est-ce qu'il y a ? Qu'est-ce qu'elle a ? Répondez-moi...

— Je ne peux pas vous dire, venez vite !

Ô mon amour, mon bébé, attends-moi, j'arrive...

Ma fille Mathilde est morte ce jour-là, de la mort subite et inexpliquée du nourrisson. Elle avait 3 mois et demi.

Je ne veux pas parler de l'amour, de l'attachement d'une mère à sa fille, je ne veux pas parler de la douleur, de la sensation d'étouffement et de peur, cela ne regarde que nous, cela est intransmissible. Je veux parler de ce qui nous a aidés à avoir d'autres matins, d'autres bonheurs, de ce qui nous a permis d'accepter le pire.

Car c'est bien de cela qu'il s'agit : vivre le pire. Retenir son souffle en se disant : J'aimerais être cinq minutes en arrière, quand rien encore ne s'était produit. L'enfant vient de mourir, je suis sur le seuil d'une grande douleur, ou dans l'œil du cyclone, je ne sens rien, pas encore, mais je sais que cela va venir, sous quelle forme, je ne sais pas, j'ai peur...

Maryvonne R.

Et, dans ce moment d'enfer, tout a changé. Changé comme si une bombe avait été jetée au cœur de nos vies : changé un beau matin d'été ensoleillé quand j'ai sorti du lit le corps rigide, sans vie, de notre jeune fils ; changé aussi rapidement qu'il avait dû mourir. Ce fut l'enfer ; un peu parce que sa mort était inattendue, un peu parce qu'en 1965 la mort subite était mal connue, surtout par moi, sa mère, une infirmière qui disait s'y connaître en maladies, et surtout et simplement parce qu'il était mort et par tout ce qui s'est ensuivi.

Je remercie le brouillard qui m'a enveloppée dès ce moment : mon mari essayant de ranimer le petit corps et mon rejet de cette mort. Et après ces premiers instants, mon incapacité à le toucher. La colère terrible de mon mari (que nous avons partagée ensuite) alors qu'il essayait de ranimer notre fils ; il aurait voulu jeter ce corps à travers la pièce, comme pour nier le fait que ce corps froid pouvait avoir abrité la personne de son fils. Les décisions à prendre au sujet de notre fille, prisonnière de son petit lit et déconcertée par la folie de ses parents. La ruée aux « Urgences » de l'hôpital, l'affirmation irrévocable de la mort, l'incrédulité partagée du médecin qui avait mis cet enfant au monde et s'en était occupé les premiers jours. La famille qui arrive de tout le pays et aussi le rapport d'autopsie, les questions posées ou non. L'image de mon fils, transformé par la mort, image un peu atténuée par celle du corps arrangé dans le petit cercueil blanc. Et la douleur venue du fond de ma poitrine, et qui s'est étendue à tout mon corps. L'incapacité de dormir ou de manger et aussi cette capacité débile de pouvoir parler de choses sans importance pour moi. Je sais que j'ai souri à l'enterrement, remerciant les gens d'être venus. Je sais aussi que je n'étais pas vraiment là. J'agissais en suivant scrupuleusement un scénario bien appris, mais cette pièce-là n'était pas réelle ; elle n'existait que pour diminuer la peine des autres, et aussi surtout parce que je pensais que ce n'était pas vrai et que demain je pourrais me réveiller avec mes deux enfants de cet horrible cauchemar.

Carolyn.

Les parents qui sont prévenus d'un accident grave survenu à leur enfant disposent de quelques heures pour se préparer au choc lorsque la mort n'a pas été immédiate ; des heures difficiles, vécues comme dans un cauchemar.

Lorsque j'ai appris la nouvelle de l'accident, je me trouvais en haute Maurienne. J'ai alors repris la route de Grenoble, en m'arrêtant tous les dix kilomètres pour téléphoner à la gendarmerie, au centre de secours, à l'hôpital par où est passée Céline après l'accident.

J'étais avide d'informations, j'attendais encore une nouvelle qui m'aurait permis de reprendre espoir. Mais rien ! Petit à petit, une certitude s'imposait à moi : l'état de Céline était bien pire que ce que l'on voulait bien me dire. L'issue était fatale, et à très brève échéance.

J'avais pris des stoppeurs à Saint-Jean-de-Maurienne, des jeunes, un garçon et une fille qui venaient de Milan et montaient à Paris : des Italiens. Ils ne parlaient pas français, et je ne connais rien en italien. Je leur ai montré la photo de Céline. Ils étaient en larmes quand je les ai laissés à Pontcharra. Leur présence m'a été, je pense, très importante : j'ai eu des oreilles à proximité pour y déverser toute ma douleur. Ils n'ont pas été insensibles.

Je suis arrivé à Grenoble je ne sais comment : ce n'est pas moi qui ai conduit pendant ces deux heures. Cette route m'est bien connue et, par une suite de réflexes automatiques, j'ai roulé pendant deux heures. Chez nous, j'ai immédiatement tenté de joindre par téléphone ma famille, mes amis. Sous le choc, mes interlocuteurs s'exprimaient peu, mais écoutaient mes phrases mille fois répétées. Le combiné raccroché pour la dernière fois, je ne trouvai pas le calme. Survolté, la colère contre Agnès montait. Ne supportant plus la solitude, je me suis rendu chez des voisins, comme ils me l'avaient proposé. Parlant peu, ils m'écoutaient me battre contre la réalité. J'ai beaucoup parlé ce soir-là, et, aujourd'hui encore, je me reproche de m'être ainsi ouvert à eux, sur des sujets aussi personnels. Ce sont eux ensuite qui m'ont conduit à la gare, très discrets, ce qui, je pense, était la meilleure attitude vis-à-vis de moi.

Arrivé en gare de Dijon, ma mère m'a appris le décès de ma fille. Ce n'était pas une surprise pour moi ; je l'ai écoutée, résigné, hébété. Et nous avons pleuré ensemble. Pleurer, ça soulage, ça libère, mais pleurer à deux, ça apaise déjà. Ses quelques paroles ont été pour atténuer mes éventuelles critiques vis-à-vis d'Agnès.

Christian.

Dans le cas de l'enfant accidenté, qui lutte contre la mort à l'hôpital, et dans celui de l'enfant malade, on observe des similitudes dans le cheminement des parents, et l'encaissement du choc se fait de manière graduelle, en plusieurs étapes : l'annonce de l'accident ou du diagnostic, l'annonce de l'issue fatale inévitable, la mort de l'enfant.

Ils étaient trois jeunes gens quittant Chamonix à la fin d'un stage de haute montagne dans les chasseurs alpins. Un camion montant sur sa gauche dans un tournant, un jeune camarade inexpérimenté au volant de la voiture...

Dès la nouvelle de l'accident et jusqu'au dernier jour, la vigilance, la lutte pour sauver la vie de mon enfant ont soutenu toutes mes énergies : difficulté à obtenir qu'un médecin l'autorise à quitter cette clinique inhumaine où il n'était pas soigné, espoir immense en voyant s'envoler enfin l'hélicoptère de l'armée qui l'emportait vers l'hôpital équipé pour l'opérer... Et là, jour après jour, nuit après nuit, attention de tout instant pour suivre symptômes et traitements dans leurs moindres détails, pour faire le lien entre les médecins militaires qui se succédaient, sans cesse différents, mal au courant des heures précédentes.

On m'autorisait l'entrée à toute heure. Même la nuit je pouvais rester sur une chaise dans le couloir, le long du mur de sa chambre (pour les familles, il n'y avait qu'une petite pièce où s'entassait le matériel cassé du service). Le regarder longtemps, dans l'état où il se trouvait, c'était trop cruel ; mais là, derrière le mur, il me semblait que toute la force dont j'étais capable traversait la paroi et ajoutait à sa propre résistance.

Au fur et à mesure de douze terribles jours, à la fois je me persuadais que nous allions sauver notre enfant, et à la fois je constatais l'aggravation progressive et évidente de son état, fièvre, puis paraplégie, puis coma vigile, puis coma profond...

Au bout de douze longs jours en dehors du temps, lorsque le chef de service m'appela dans son bureau, je sus avant même d'entrer qu'il abandonnait la lutte et qu'il avait raison : j'avais bien compris que « nous étions cernés de toutes parts ». Je le lui dis tout haut pour l'avoir senti tout bas. En fait, l'état de choc, je le vivais depuis le jour de l'accident.

En effet : comment une mère pouvait-elle, lorsque son enfant se trouvait dans un tel état, continuer à manger avec appétit ? à dormir ? même si ce n'était que quelques heures par nuit et quand bien même sa pensée ne quittait pas l'enfant une seconde ?

Cela me paraissait monstrueux, comme aussi me paraissait monstrueux le journal que je tenais jour après jour, relatant tout ce qui se passait : il le fallait pourtant ! car si Henri devait vivre — et je le voulais de toutes mes forces —, comment les médecins qui allaient s'occuper de lui à l'avenir pourraient-ils soigner d'éventuelles séquelles sans ces informations ? Qui d'autre que sa mère pourrait les leur transmettre ? La valse continuelle des externes, internes, réservistes ou appelés du contingent ne me donnait aucune garantie dans le domaine d'un suivi.

Pourtant, ce texte était cruel, presque sadique, à hauteur des dures réalités de cette médecine moderne. Comment une mère pouvait-elle mettre des mots sur ce qui était le supplice de son enfant ? Et cela jusqu'au point final, la mort, qui rendait vain et inutile tout cet écrit, dont la seule raison d'être avait été l'avenir d'une vie, les séquelles d'un accident.

Cependant, il me semblait que c'était à moi de mettre ce point final, de l'écrire ; peut-être voulais-je me convaincre de ce à quoi je ne voulais pas croire ?

Ce journal a disparu depuis ; ce n'est pas moi qui l'ai jeté. Je n'aurais pas voulu le relire. Je ne sais ce qu'il est devenu.

Mme T.

Dans le cas de la maladie, et plus particulièrement du cancer, le premier choc frappe les parents au moment du diagnostic, comme le décrit Yves, père de Benoît.

En 1976, avec nos trois garçons, nous étions heureux. La santé, du travail, des amis et pas plus de problèmes qu'une famille normale et ordinaire.

Aussi, à Pâques, nous avons d'abord incriminé les œufs en chocolat ramassés dans le jardin, quand Benoît, notre petit dernier, âgé de 4 ans, a commencé ce que nous pensions être une indigestion. Nous avons consulté le médecin, qui a donné un traitement. Mais elle a duré, cette crise de foie : re-consultation et immédiatement hospitalisation de Benoît à l'hôpital pour enfants, aux fins d'examens.

Le soir même, le diagnostic tombait : tumeur au cerveau !

Tout basculait... C'était en même temps et tout à la fois : la peur... l'angoisse... l'incrédulité... Impossible ! Ils se sont trompés... Il va guérir... Il doit guérir !... Devant cet horizon tout noir, c'était comme un cri...

Yves.

Un deuxième choc peut ne survenir que plusieurs semaines, voire plusieurs mois plus tard, au moment de la mort de l'enfant à laquelle les parents ne réussissent pas à croire complètement, niant souvent l'évidence.

Jusqu'au dernier matin, Geneviève a cru que Benoît s'en sortirait, malgré le délabrement physique évident : il ne faisait plus que douze kilos...

Je le voyais diminuer depuis des semaines et quand parfois je disais « Il nous file entre les doigts », cette remarque faisait bondir Geneviève. A notre amie médecin qui doucement parlait d'une aggravation... de l'éventualité... elle disait « Il est malade, on le soigne, ce sera long, je n'accepterai jamais sa mort »! Il est impossible qu'il meure! Quand, à l'hôpital, le neurologue nous a annoncé que « c'était une question d'heures », nous avons repris Benoît à la maison. Nous avons vécu ses trente dernières heures, et c'est effondrés de douleur et de fatigue que nous avons essayé de nous reposer un peu. Benoît était mort!... La souffrance à cet instant est indescriptible. Pourtant, nous ne soupçonnions pas un instant le vide immense de la séparation, l'absence, dans les semaines et les mois qui arrivaient.

Yves.

Les parents d'enfants malades peuvent sembler parfois résister à la souffrance d'une manière étonnante. Cela est lié au fait qu'ils ont un but : ils doivent se battre contre la maladie avec leur enfant, et cette bataille, même au seuil de la mort, leur donne une force incompréhensible pour les gens qui les entourent.

Fabien nous a quittés à tout jamais le 9 juin 1990. C'était un super petit bonhomme âgé d'à peine 4 ans. A partir du diagnostic de sa maladie, une leucémie lymphoblastique aiguë, nous nous sommes battus très fort durant sept mois pour gagner contre l'inévitable. Nous allions tous les jours à Nancy, soit au total 240 kilomètres. Nous l'avons entouré tout au long de sa maladie de tout notre amour. Nous avons, car je ne peux utiliser l'imparfait, deux garçons. Aurélien, notre deuxième enfant, avait tout juste 4 mois quand Fabien est tombé malade, et 11 mois lorsqu'il nous a quittés.

Depuis début mai, nous savions que le cas de Fabien était très grave, mais nous ne voulions pas l'admettre. Il nous fallait nous battre encore plus fort, faire reculer ce mur imaginaire qui nous barrait la route du bonheur. Le 17 mai 1990, nous avons pris la grave décision d'arrêter la chimiothérapie et nous avons offert le plus beau cadeau que nous puissions faire à notre fils : un mois à la maison, comme avant.

A part la casquette sur sa tête chauve, il était comme un autre petit garçon. Il a retrouvé son frère. Nous avons entendu pour la première fois des rires à la maison. Les deux frères jouaient ensemble aux fantômes, se vautraient sur notre lit, etc. Et tous ces souvenirs nous ont permis par la suite de supporter l'échéance du 9 juin. En cinq jours, l'état de Fabien empira. Nous l'avons donc reconduit à l'hôpital. Le mercredi 6 juin, en accord avec son pédiatre, nous décidâmes de ramener Fabien chez nous. Nous savions, mon mari et moi, que le but de notre voyage était différent : nous ramenions un petit mourant.

Par la suite, nous en avons discuté avec le médecin qui s'occupait de Fabien ; il nous a affirmé que notre petit bonhomme avait grappillé tout ce qu'il avait pu pour rester le plus longtemps avec nous et, quand il a senti qu'il était au bout, il nous a formulé son désir de retourner à l'hôpital. Dès qu'il a été branché sous morphine, Fabien s'est laissé aller. Il est tombé dans le coma pour nous quitter ce fameux samedi 9 juin. Il n'y a pas eu vraiment de choc, car nous savions qu'il allait mourir. Notre seule préoccupation à ce moment précis était qu'il ne souffre pas, et il n'a pas souffert.

Patrick et Catherine C.

David, 6 ans, nous a quittés à 11 heures ce matin. La leucémie nous l'a enlevé après quatre années de lutte. Il repose paisiblement chez nous, dans son lit, et, malgré le chagrin, j'ai au fond de moi une force, une énergie qui me poussent à jeter les médicaments devenus inutiles, vider la morphine. Je prépare un grand sac et j'y mets tous ces comprimés, tous ces sirops, ces seringues, car leur vision m'est insupportable. Je caresse les derniers vêtements que notre fils a portés, les draps dans lesquels il a dormi et je les range précieusement. J'ai dans mon armoire un tee-shirt marqué à son prénom, c'était son préféré et je ne m'en séparerai jamais.

Martine.

## 2. LE FACE-À-FACE AVEC LA MORT

Quelle que soit la durée du temps de préparation accordée aux parents, le moment même de la mort de l'enfant reste le choc le plus fort, celui qui est ressenti presque plus physiquement qu'intellectuellement, un moment de déchirure intérieure intense.

> A la seconde où j'ai appris que ma fille était morte, un grand cri s'est libéré de ma gorge et il ne voulait plus s'arrêter. Il a fallu qu'une voisine me presse très fort dans ses bras et soudain je me suis tue ; évidemment, de là un énorme chagrin m'a envahie et je n'arrêtais pas de pleurer.
>
> Ensuite, ce fut l'hébétude la plus complète. Je ne savais plus très bien où j'étais ni ce que je faisais, et il fallait qu'on me dise ce que je devais faire. Puis j'avais très peur de la voir morte, mais après ce choc horrible, je me suis préparée et, avec plusieurs personnes de la famille, je me suis rendue à l'hôpital, où mon mari était déjà. Lorsqu'il avait appris la nouvelle, en effet, il s'était rué sur sa voiture, complètement affolé, en me demandant de venir. Comment a-t-elle pu mourir alors que, il n'y a pas une demi-heure, nous étions encore auprès d'elle ?
>
> Anne-Marie.

Si, pendant un certain temps, un espoir de vie avait pu être entretenu, la confrontation avec le corps inerte de l'enfant fait franchir une étape sans retour. Les moments vécus alors, seul ou ensemble, sont tellement forts, tellement denses et irréels, que beaucoup de parents éprouvent le sentiment d'avoir quitté le temps, de vivre un cauchemar, et les images de ce moment de la séparation s'impriment tellement profondément en eux qu'elles continueront à hanter leurs pensées, leurs jours, leurs nuits et leurs rêves pendant longtemps. C'est la maman d'Hélène appelée à venir reconnaître sa fille unique de

5 ans tuée dans les bras de son papa en traversant la rue, sur qui va reposer la décision du don d'organes. Ce sont les parents de Cédric, appelés comme tant d'autres à venir reconnaître leur fils, victime d'un accident de la route, à la morgue d'un hôpital situé à plusieurs centaines de kilomètres de chez eux. C'est cette maman dont la fille vient d'être renversée à la sortie de l'école, qui saute dans un taxi pour l'hôpital, qui la voit mourir dans ses bras, et qui la laisse à la morgue. Ce sont tous ces parents d'enfants malades qui assistent durant des semaines à la lente descente de leur enfant vers la mort, et qui, incrédules, recueillent son dernier soupir sans pouvoir y croire. Moments d'émotion d'une intensité telle qu'elle stoppe le temps, moments de sidération qui laissent les parents sans réaction. Sur le moment, il ne leur reste qu'à « accepter l'inacceptable, l'inévitable, à ne pas chercher à comprendre », comme le dit Élise, maman de David.

L'étape ultime de la séparation va être vécue au cours de l'enterrement.

### 3. L'ENTERREMENT, LA SÉPARATION DÉFINITIVE

Pendant quelques heures encore, même si le corps n'est plus visible, il est là, et la force de sa présence est étonnante. L'envie de rester près du cercueil, de veiller l'enfant, de ne pas l'abandonner, est grande pour certains ; pour d'autres, elle est au-dessus de leurs forces, et ils confieront à des proches le soin d'être près de l'enfant.

L'enterrement lui-même est un moment important, car il permet aux parents de mieux réaliser, concrétiser la réalité de ce qui leur arrive, et il est important qu'ils aient vu leur enfant mort, mis en bière, mis en terre, pour pouvoir entamer l'apprivoisement de son absence.

Dans les premiers jours du deuil, on est à demi inconscient, à fleur de peau. L'enfant n'est pas encore enterré et l'on sent bien que là se trouve une frontière impalpable, le grand passage...

Pendant les jours qui suivirent la disparition de l'enfant, dans la préparation de l'enterrement, nous nous sentions encore en sursis, elle n'était pas encore partie définitivement, et nous préparions son départ : nous téléphonions à nos amis pour les prévenir. Mathilde est morte. Mathilde est morte, une façon de l'affirmer, de bâtir cette réalité. Nous avons fait le vide dans l'appartement : mieux vaut pas de berceau qu'un berceau vide, mieux vaut éviter les petits chaussons qui traînent. Bannir la cruauté. Nous avions décidé de ramener son corps en Ardèche, berceau de ma famille depuis des générations — berceau, tombeau... J'avais eu la chance d'être élevée dans une campagne où le sentiment d'éternité s'impose. Mathilde était un maillon de la chaîne de la vie, elle allait reposer dans ce cimetière familier, près de ses ancêtres. Nous avions décidé de la transporter dans notre propre voiture, nous n'avions pas peur de notre bébé mort, mais nos proches trouvèrent cela insoutenable, un cousin se chargea de cette tâche. Pas de pompes funèbres, c'était bien trop triste. Dans la voiture qui égrenait les kilomètres, je me berçais en me racontant des histoires et décidai d'écrire l'histoire de la vie de mon bébé, sous une forme romancée.

Tout le monde a vécu la perte d'un être cher, je ne raconterai pas le moment de l'enterrement, le temps aboli ; les gens pleurent et sont d'une grande douceur les uns avec les autres. Nous avons écouté un choral de Bach, quelqu'un a lu un poème de Pablo Neruda que j'avais choisi. Les cérémonies sont importantes dans le deuil, même si l'on n'est pas croyant, c'est le moment de la célébration du défunt, où tous ceux qui l'ont aimé se rejoignent dans son souvenir. C'est un paroxysme extrêmement doux et triste, mais dont la solitude est absente.

Maryvonne R.

Nous avons veillé, entouré Fabien de notre amour, et l'avons aidé à passer ce cap difficile. A aucun moment nous n'avons craqué. Après avoir fait les formalités, nous avons ramené notre petit chéri à la maison dans sa chambre, parmi tous ses jouets. Il est resté chez nous du samedi au lundi après-midi, jour de son enterrement. Nous pouvions encore le voir, l'embrasser, le toucher. Le plus dur a été, il me semble, la mise en bière. Nous n'allions plus pouvoir le voir. Ces écrous que l'on serre, ces gestes mécaniques qui font que votre fils est « dans une boîte ». Avant que tout soit fermé, nous avons tenu, mon mari et moi, à l'installer dans son nouveau petit lit. Il avait sa taie d'oreiller de Mickey, sa « mée » (petite peluche qui ne l'a jamais quitté tout au long de sa si courte vie). Tout ce qu'il aimait est parti avec lui. Par respect pour lui et pour son courage, nous sommes restés très dignes lors de son enterrement. Fabien détestait les gens tristes. Toutes les femmes de la famille étaient pomponnées, en jupe et en collant. Il adorait tellement sa maman en jupe, collant et bien maquillée. La consigne de ne pas pleurer avait été donnée. Fabien aimait trop « vivre ».

Patrick et Catherine C.

Le choix du cimetière est important, car il représente un lieu où les parents créent ou retrouvent leurs racines.

J'ai eu envie de transporter Cécile en Bretagne, près de la maison de vacances construite par mes parents pour leurs enfants et petits-enfants. C'était comme un enracinement pour moi.

Catherine.

Avant de mourir, Géraldine nous avait demandé : « Est-ce que vous avez acheté mon tombeau ? Parce que je veux être dans le cimetière qui est tout près de la maison, comme ça je serai encore un petit peu avec vous. » Nous avons été heureux que mes parents aient acheté une concession dans ce cimetière, ce qui nous permettait de respecter ainsi son vœu le plus cher. Peut-être entretenions-nous aussi l'illusion de sa présence parmi nous...

Patrice et Annick.

Mais ce moment de la mise en terre peut aussi paraître insupportable, car il représente la rupture irrémédiable, la fin définitive de la présence.

> Je n'ai pas pu aller à la mise en terre de Cécile, c'était au-dessus de mes forces.
>
> Catherine.

Tout au long de ces premiers moments, le sentiment d'impuissance ressenti très fortement par les parents augmente encore leur état de choc.

> Un enfant disparaît. Même si on y pense, si on en a peur, même si on le protège et qu'on ne le laisse jamais seul, la disparition d'un enfant est un choc, un arrêt brutal.
>
> On est pris dans un sentiment d'impuissance, on ne sait plus quoi faire.
>
> Delphine a disparu... J'aimerais pouvoir l'aider, lutter pour la sauver, mais nous devons au contraire subir les événements, ce sont eux qui nous guident. Nous n'avons ni le temps ni la force de penser.
>
> Delphine a disparu... Que fait-elle ? Où est-elle ? Pendant dix ans nous avons su, jour après jour, heure par heure, ce qu'elle faisait, et où elle se trouvait. Pendant ces dix jours, ne plus rien savoir... Ne pas savoir si elle vit encore... Tout s'effondre, mais il faut tenir, seuls, face aux événements qui nous submergent... La peur qui monte en nous, l'espoir qui s'éloigne un peu plus chaque jour, la peur de ne plus jamais la revoir...
>
> Alain.

## L'ANESTHÉSIE

Après ces chocs successifs, souvent encaissés par un organisme fatigué dans le cas de parents d'enfants malades dont la vie est perturbée par les soins depuis longtemps, commence une période d' « anesthésie », d'engourdissement, dont la durée est très variable selon chacun, et qui fait vivre les parents dans un état second, dont témoignent les récits suivants.

Après cette période d'intense douleur, je n'ai pu que me résigner. Mais, moralement, je n'allais pas mieux. Je restais de longs moments sur mon fauteuil, à ne rien faire, à n'avoir envie de rien. Je ne parlais pas, ou du moins presque pas. Je n'avais pas envie de communiquer avec qui que ce soit, même avec mon mari. De toute façon, qui pouvait comprendre ce que je ressentais ? Je n'avais envie de rien. Je vivais parce qu'il fallait vivre, un peu comme un automate.

Dominique M.

D'abord, il y a les autres enfants ; pour eux, la vie continue ; il y a la télé, « J'ai faim »... « Tu me fais réciter »... « Tu as oublié de me donner 5 F pour aller au concert »... On entend, on ne voit pas, très éprouvés dans notre cœur de père et de mère, il faut que la blessure saigne, ces quatre ans où l'on a vécu avec le téléphone, l'attente, les cris. Le silence des cris, le retour à la vie, vivre avec son handicap au cœur comme d'autres vivent en chaise roulante.

Élise.

Pendant six semaines, nous étions dans un état second. Les premiers jours, absents à tout ce qui nous entourait, pas du tout lucides. Rien de ce qui nous a été dit ces jours-là n'est resté en mémoire. Nous n'avons retrouvé ces moments qu'à travers le courrier, après l'avoir lu et relu. Ces mots venus du cœur, des mots douloureux qui provoquaient nos larmes, des mots de convenance parfois qui nous agaçaient. Physiquement, Benoît est très présent à notre mémoire ; sa voix, son sourire, ses attitudes, une porte s'ouvre et nous nous attendons à le voir entrer.

Paradoxalement, nous nous sentons soulagés : il ne souffre plus, plus de traitement, plus d'attente de résultats d'analyses, plus d'angoisse...

Yves.

Chacun vit à sa façon cette période d'engourdissement, et trouve la force de survivre, comme Thérèse, la maman de Stéphane.

Depuis plusieurs semaines, je connaissais l'issue de la maladie de mon fils Stéphane. Il n'y avait plus rien à faire. La médecine ne pouvait qu'atténuer des souffrances inutiles, le soulager un peu, retarder de quelques heures ou quelques jours sa mort. Je le savais et pourtant je vivais avec secrètement un infime espoir de guérison qui ne tenait qu'au miracle. Ce fol espoir me permettait de sauver les apparences pour tenir le coup mais j'y croyais réellement.

La mort était là, visible, réelle, et je n'y croyais pas encore, même quand le médecin a dit « C'est fini ». Le temps s'est arrêté avec son dernier souffle, on ne comptait plus, il est là et il n'est plus. Les heures, les jours qui suivent nous mettent en état d'anesthésie. La famille, les amis essaient de combler par leur présence, leur amitié, un vide qui augmente au fil des semaines, des mois, et devient de plus en plus insupportable. C'est une période de sidération où l'on vit par instinct, par réflexe, comme un automate. La pensée, l'attention, la réflexion et les sensations sont anéanties. J'étais comme ce balancier d'horloge qui va à droite puis à gauche sans savoir pourquoi ni comment. Stéphane est mort, je ne le verrai plus, plus jamais, ce n'était pas possible et je le refusais un peu en essayant de le faire revivre par tous les moyens.

Je cherchais, triais, faisais refaire toutes les photos possibles, j'écoutais ce morceau de cassette qui m'envoyait le son de sa voix, je rangeais ses affaires qui me racontaient ce qu'il m'aurait dit s'il était encore là. Les jours passaient trop lentement pour me rapprocher de lui par ma propre mort, et trop rapidement puisqu'ils m'éloignaient de sa présence réelle dans le temps et dans l'espace. Son absence devenait de plus en plus évidente, de plus en plus difficile à accepter et à supporter. A chaque instant, il me manquait, chaque objet me rappelait un souvenir, j'étais « assoiffée » de lui, de sa présence, comme j'aurais pu être assoiffée d'eau et mourante au milieu du désert.

> Voilà un peu l'état où j'étais, maman de Stéphane, pendant les mois qui ont suivi sa mort, chaque jour était identique au précédent et au suivant ; c'était il y a plus de trois ans et, s'il fallait revivre tout cela, je pense que je n'y arriverais plus.
>
> Thérèse.

Pendant cette période, les parents se sentent vidés de toute substance, anéantis, ils ont l'impression d'être des automates, de « voguer », selon le mot d'une maman, de n'être raccrochés à la vie que par le fil de l'habitude. Se rendre à son travail, tenir une maison sont des activités de survie, que l'on fait quelquefois de manière presque inconsciente.

Cette semi-inconscience est jugée par les gens de l'extérieur comme une attitude forte et courageuse, et l'on entend souvent dire : « Ils sont formidables », « Elle est tellement courageuse ». Mais cette attitude des parents est presque instinctive, car ils sentent que s'ils lâchent la vie ils couleront, et la vie les lâchera à son tour.

> Les gens vous croient forts, on est forts par pudeur pour ne pas imposer son chagrin aux autres. A l'intérieur, quelle faiblesse…

Pour Catherine, son entourage a besoin qu'elle donne l'impression de surmonter sa souffrance.

> Les gens aiment à se rassurer eux-mêmes. La souffrance des autres les angoisse, les déstabilise. Ils préfèrent que je leur dise que tout va bien. J'en ai marre de faire face, et j'angoisse à l'idée que, demain, je ne saurai plus le faire.
>
> Catherine.

Les parents qui ne travaillent pas et les mères de famille au foyer semblent éprouver beaucoup plus de difficultés à se raccrocher à des activités matérielles qui n'occupent pas leur esprit ; écoutons la mère de Cédric dont le mari a de grosses difficultés dans son travail.

> Au moins, pendant qu'il est occupé à régler ses problèmes professionnels, il ne pense plus à Cédric. Moi, je me lève le matin, je me couche le soir, et je n'ai pas cessé d'y penser une minute. Rien n'accroche mon esprit, ni la préparation de la cuisine et encore moins un livre. Je suis devenue incapable de lire, incapable de m'intéresser à ce que je fais. Tous mes actes sont des actes de survie. C'est comme si je mettais mon esprit, ma capacité à réfléchir en veilleuse. Si je pense, je perds pied.
>
> Babeth.

Un grand nombre de parents traduisent dans leur corps cette douleur physique de l'arrachement : certains seront victimes d'un ralentissement psychomoteur ; d'autres, selon leurs propres dires, auront des vertiges, des maux d'estomac, des nausées, des troubles cardiaques, des insomnies, des douleurs dans le dos, des maux de tête ; l'impression d'avoir toujours la gorge serrée ou le cœur pris dans un étau, des problèmes dentaires, des problèmes de poids, etc. Tout se passe comme si leur corps, qui a participé à l'élaboration puis à la naissance de leur enfant, avait aussi son mot à dire au moment de la mort de cet enfant.

De nombreux parents sont victimes d'une sorte de ralentissement psychomoteur notable : troubles de la mémoire, difficulté à se concentrer, inefficacité dans ce que l'on entreprend, dont la cause semble être le fait que l'on pense à l'enfant, à sa mort, et que l'on a besoin de prendre le temps d'y penser et d'y repenser.

Pour les parents d'enfants malades, la mort de l'enfant correspond à une période d'inactivité par rapport à la vie bouleversée d'avant, et cette inactivité est cause de souffrance. Quinze jours après la mort de Sophie, sa maman disait :

> Je ne sors plus, j'essaie de ne plus prendre de médicaments, mais j'ai des images de mort des derniers moments qui me reviennent tout le temps. C'est dur que tout se soit arrêté brutalement du jour au lendemain, ne plus avoir l'équipe soignante autour de soi, ne plus avoir tout l'entourage. On se retrouve tout seul. Je ne peux plus voir le personnel soignant, je ne peux plus voir l'hôpital en peinture, j'espère ne jamais avoir à y retourner. Chaque fois que je passe devant, j'ai la chair de poule. On était tout le temps occupés depuis qu'elle avait 9 mois, on était en route, et tout d'un coup il n'y a plus rien. C'est un très, très grand vide. Sa grande sœur, qui a 14 ans, en parle ; sa petite sœur de 8 ans refuse d'en parler, comme si elle avait peur de nous faire de la peine. Est-ce qu'il faut fêter encore les anniversaires ? les Noëls ? Ça sera dur.
>
> Anne-Marie.

Cet état d'anesthésie est renforcé aussi par le fait que la maison, les lieux occupés par l'enfant sont encore pleins de sa présence. C'est un cartable qui traîne, un vêtement pendu au vestiaire, un cendrier plein, une lettre commencée dans sa chambre, des jeux que l'on découvre en bougeant un meuble, un cadeau donné quelque temps avant sa mort, des odeurs... Autant de signes qui rendent l'absence incroyable, invraisemblable.

Petit à petit, vite ou très lentement selon les uns et les autres, cet état de torpeur va se dissiper, et vont naître à la fois la prise de conscience de l'irréversibilité de l'absence de l'enfant et le désir de comprendre ou de tenter de comprendre ce qui est arrivé.

Au cœur de la souffrance, la vie va reprendre graduellement ses droits et vous offrir plusieurs chemins d'apprentissage et d'apprivoisement.

CHAPITRE II

# La souffrance au quotidien

## 1. UNE NOUVELLE APPROCHE DU TEMPS

La mort modifie complètement le rapport au temps. Lorsque tout va bien, nous bâtissons notre vie autour de repères dans le temps : la rentrée des classes, les grandes fêtes familiales ou religieuses, les vacances... La mort casse tous ces repères et devient le repère central. On parle des dernières vacances avant la mort de l'enfant, de la première sortie après sa mort, mais, curieusement, ce nouveau repère semble se situer hors du temps. Très vite, la mort de l'enfant nous paraît être arrivée à la fois hier et il y a très longtemps ; elle nous paraît toujours avoir fait partie de notre existence, et nous avons du mal à imaginer la vie que nous avions quand notre enfant était là. Ce phénomène se rapproche de celui que nous avons connu lors de la naissance d'un enfant : avant son arrivée, nous ne pouvions pas imaginer ce qu'allait être notre nouvelle vie, et quand il est là, nous nous demandons comment nous avons pu vivre lorsqu'il n'était pas là.

La mort se situe un peu hors du temps et nous propulse hors de ce temps.

> Le temps est devenu cause de souffrance aussi. Il a perdu toute signification et semblait s'être arrêté. Je ne savais plus si Géraldine était morte hier ou il y a cent ans. La notion même du temps n'avait plus de consistance, elle faisait peur, par ailleurs, car ce temps qui passait nous éloignait inexorablement de notre enfant.
>
> Annick.

## 2. LA SOUFFRANCE DANS LA VIE DE TOUS LES JOURS

Au milieu de ce temps arrêté, la vie quotidienne continue et devient souffrance quotidienne. C'est une multitude de « coups de poignard » reçus, à l'intérieur de sa vie tout d'abord.

> L'absence creusait chaque moment de la vie quotidienne. Pour moi, sa maman, c'était la table que je ne mettais plus pour cinq, mais pour quatre, le linge où il n'y avait plus rien lui appartenant, la dernière paire de draps, la dernière chemise de nuit à laver, le crève-cœur de servir à table un plat qu'elle adorait, sa chambre encore pleine d'odeurs, de trésors bien à elle, dans laquelle je passais l'aspirateur alors qu'elle n'était plus salie...
>
> Annick.

Puis à l'extérieur aussi : la vision d'une jeune femme poussant un landau ou une poussette pourra paraître insupportable ; voir un enfant de l'âge du sien, entendre un parent appeler une enfant par le même prénom que celui de notre enfant nous figera sur place ; lire dans les journaux le récit du martyre de certains enfants maltraités nous apparaîtra encore plus insupportable à nous qui aurions tout donné pour continuer à chérir le nôtre ; plus simplement, voir des parents s'énerver sur leur progéniture nous paraîtra odieux (nous oublions peut-être un peu vite que cela a été et sera notre lot aussi !).

Vivre avec l'absence, absence quotidienne à laquelle il faut coûte que coûte s'habituer, ou tout au moins accepter, pour pouvoir continuer à vivre. Il faut accepter de vivre différemment, avec un autre rapport à la vie, peut-être plus au jour le jour, sans projets trop lointains.

Pendant un certain temps, l'absence physique de ma fille a été vécue comme une sorte de mutilation. On retrouve une chambre vide, qui garde encore présent le parfum d'un corps à jamais perdu.

On passe sans transition du rire d'une enfant dans sa chambre à un vide et une absence insupportables. En quelques minutes, le paysage se bouleverse, et l'on se dit qu'aimer, c'est parfois ce qui peut arriver de pire...

C'est alors qu'on se surprend à rêver : notre enfant est là, nous pouvons la toucher, l'embrasser... Mais, très vite, la déception nous réveille, et c'est la longue insomnie avec ses « pourquoi », ses « si nous avions su », et le sentiment d'être privés de tout, faute d'avoir l'essentiel : la présence de notre enfant.

Et l'on se met à penser à l'amour, plaisir et douleur confrontés. Amour qui certes engendre la vie, mais qui pour nous a également engendré la mort. Amour destructeur et qui pourtant avait déjà engendré tant de joies. Bonheur ô combien fragile que l'amour humain, balayé en l'espace de quelques minutes, anéanti, englouti.

Et cette rupture horrible, révoltante, complète, définitive, sans retour, nous laisse, au moins pendant un certain temps, seul, désespéré, au bord de la dépression, la tête lourde, fourmillante de ce qui n'est plus désormais que souvenir.

Lorsque je suis revenue chez nous après la mort de Céline, je retrouvais partout des traces de son passage : ses jouets, ses vêtements, des traces de doigts sur les carreaux. Et lorsque enfin je me suis sentie assez forte pour ranger, faire le tri, je me suis surprise à attacher de l'importance à tel petit objet insignifiant qu'elle aimait bien et qui avait alors pris pour moi une valeur « historique ». Tous ces objets prenaient maintenant pour moi une tout autre signification, parce qu'ils avaient appartenu à Céline.

Il a donc fallu, petit à petit, jeter par-dessus bord ces objets devenus dérisoires, mais en même temps je m'y raccrochais, car ils appartenaient maintenant au passé, à un passé qui avait vu naître Céline et qui avait commencé à la voir grandir.

Agnès.

Les premières semaines après le départ de Fabien n'ont pas été trop dures à vivre, car nous étions comme des automates. Notre douleur était comme endormie. Nous ne pouvions pas nous laisser aller continuellement, car notre famille était là et nous nous devions à elle.

Et puis le temps a passé, chacun a repris ses habitudes. Et là, nous nous sommes retrouvés seuls avec ce grand vide. Un lit sans une petite tête blonde dedans. Plus de « maman », de « papa ». A table, nous n'étions que deux.

Lorsque Aurélien, notre deuxième enfant, dormait, le pire était là. Nous étions face à face, mon mari et moi, et invariablement nous en venions à parler de lui. A nous rappeler les moments de bonheur fugitifs qui nous secouaient les tripes. Et plus nous nous faisions mal, plus nous continuions. Cela devient comme une obligation.

Fabien est parti, alors qu'il n'avait toujours pas de cheveux. L'image de mon fils n'est plus la même. Lorsque je regarde les photos de Fabien avec ses cheveux, j'ai du mal à me le rappeler. La maladie, jusqu'au bout, a déformé l'image de mon enfant. Sur mon bureau, j'ai une photo de Fabien avec ses cheveux et une photo sans cheveux. Pour nous, les deux se complètent. Après deux mois, nous nous sommes vraiment rendu compte de son absence, car son hospitalisation, longue de six mois, avait quelque peu brouillé les cartes. Mais, du provisoire, nous avons sombré dans le définitif.

Il a fallu ranger ses affaires, démonter son petit lit, reconnaître en somme qu'il ne reviendrait pas. Notre tête disait oui, mais notre cœur disait non. Pour ce qui est des vêtements, le jour où Fabien est mort, j'avais apporté à

Nancy tous les vêtements de notre fils afin qu'ils puissent servir à des enfants démunis.

Patrick et Catherine C.

La maman de Benjamin exprime cette souffrance que tant de mères ressentent, vécue dans le concret de la vie matérielle de chaque jour.

Ma souffrance au quotidien, je voudrais en parler plutôt sous forme de flashes d'un instant. Parce que, bien sûr et heureusement pour nous qui souffrons, on ne souffre pas avec la même intensité vingt-quatre heures sur vingt-quatre. Alors, j'ai quelques points de repère dans ma vie quotidienne, je pense aux week-ends par exemple, et c'est horrible. Le cafard me prend la veille ou l'avant-veille, parce que je sens que mes trois enfants aînés vont revenir de pension. Et c'est là que je touche du doigt que nous ne serons plus jamais sept chez nous. Et nous étions toujours, presque de façon sacro-sainte, sept le week-end. Donc, ces fins de semaine maintenant sont des moments terribles où je réalise qu'un de mes enfants ne reviendra plus.

Quand je fais mon marché, je compte et je recompte presque toujours dans ma tête combien de couverts il faudra mettre à table. (J'ai ta place dans mon cœur jusqu'à mon dernier jour… Est-il besoin de le dire ?) Combien de petits desserts tout faits, combien de yaourts, combien de choses qui vont par deux, par quatre, par six, et que les jeunes aiment tant, combien de choses il faudra acheter, en soustrayant ta part. Je sais qu'au début, après ta mort, j'étais très gênée quand je voulais congeler de la viande, tout bêtement. Il fallait toujours que je pense pour six, et non plus pour sept.

Les anniversaires aussi nous sont devenus insupportables à souhaiter. On attendait toujours le dimanche pour les souhaiter, « en avance ou en retard », mais pour être « tous les sept ». Un anniversaire est pour nous le symbole même de la vie qui continue. Alors, c'est dur de les souhaiter sans toi, maintenant.

Colette.

Elle poursuit son témoignage en abordant le crève-cœur que représentent les fêtes de famille, et plus particulièrement le premier Noël.

> Notre premier Noël sans toi... Recrudescence terrible de notre souffrance...
>
> Comme j'avais décidé de me battre, j'ai fait une crèche quand même, pour tes frères et pour ta sœur, plus dépouillée, plus symbolique, plus triste peut-être, mais qui avait au moins le mérite d'être.
>
> Dans le courant du mois d'octobre, j'avais décidé de commencer mes achats de Noël, mes cadeaux, et tout était terminé fin novembre. Je ne voulais, pour rien au monde, me trouver dans l'effervescence des magasins en plein mois de décembre. Noël sans toi, Noël en deuil... Tout me semble avoir le goût des larmes.
>
> Nous avons eu aussi la terrible tentation, ton père et moi, de passer Noël tout seuls, avec tes frères et ta sœur, de nous cacher dans notre coquille, pour ne pas avoir à nous composer un visage le jour de Noël... Et puis, au diable la tentation... Nous sommes partis à Paris tous les six. Nous avons rejoint notre famille. Nous avons visité Paris, Notre-Dame, en cette douloureuse nuit de Noël, jusqu'à Montmartre, lumineux, en passant par cet éblouissant voyage sur la Seine, en bateau-mouche. Nous nous sommes laissés absorber par la foule, dans les longues files d'attente devant les musées... à la Villette aussi. Ainsi, nous avons connu la « trêve des confiseurs », si j'ose dire.
>
> Mais je voudrais dire surtout que, pour moi, avoir quand même préparé Noël cette année et l'avoir vécu, c'était décider que je trouverais le courage de témoigner de ma souffrance, de sortir de mon isolement, d'aller parler à la radio, d'écrire ce témoignage. Je sais ce qu'il m'en a coûté de choisir ce chemin, mais je voulais faire « quelque chose quand même », pour répondre à ta mort. Je voulais faire renaître tout doucement la vie, et je ne le regrette pas.
>
> Tu avais tellement aimé le film *Mission*, et nous l'avions tous aimé comme toi, que ce soir, en souvenir, j'en écoute à nouveau la très belle musique.

Enfin, elle termine en évoquant la difficulté de la rentrée scolaire et le poids qu'il faut recharger chaque matin au réveil sur ses épaules.

> Dès la première rentrée scolaire aussi, qui a suivi ta mort, nous avons senti instinctivement que quelque chose ne serait plus jamais comme avant. La rentrée en elle-même : j'avais l'impression que tout le monde me regardait, que la moitié des gens présents n'osaient même pas me dire bonjour. J'ai vécu l'enfer... Alors j'ai décidé, par raison, et pour ne pas puiser toujours dans mes réserves, mais plutôt les garder pour l'essentiel, j'ai décidé de ne plus jamais retourner au collège de mes enfants. Je te sentais présent partout... Il a donc fallu inventer un nouveau mode de communication avec la maîtresse de ton dernier frère (courrier, téléphone...), ce qui n'est pas toujours évident, bien sûr, ni pour elle ni pour nous. Mais le simple spectacle d'une sortie scolaire m'enfonce une épine de plus. Je crois toujours que tu vas surgir d'un groupe... Et puis, pourquoi les autres sont-ils toujours en vie, et pas toi ?...
>
> Le matin, aussi, j'avoue qu'il faut toujours inventer un nouveau motif pour tout simplement trouver le courage de sortir de son lit. La nuit, le sommeil m'est devenu très difficile. Et la souffrance morale est quelquefois si aiguë, surtout quand je n'arrive pas à dormir, que j'ai eu souvent l'impression qu'elle se transformait en souffrance physique. Je suis restée ainsi, durant les longues nuits qui ont suivi ta mort, immobile, sans oser même bouger, à véritablement écouter la respiration de ma souffrance.
>
> Il me semblait que le moindre geste aurait été un effort supplémentaire, et donc une souffrance de plus. J'ai souvent pensé, alors, aux grands malades dans leur lit, pour qui la nuit doit être un calvaire...
>
> Colette.

Certaines images fortes poursuivent les parents jusque dans leur sommeil, et il suffit de fermer les yeux pour que reviennent la vision de l'enfant défiguré par l'accident ou la maladie, le moment du dernier souffle ou les conditions dramatiques de la mort de l'enfant.

> Comment imaginer ta peur et ta souffrance, Delphine ? Ton sourire, ton regard, qui les a vus pour la dernière fois ?
>
> Je t'imagine, les yeux fermés ou grands ouverts, pleins d'effroi, pleurant sans avoir la force de verser des larmes, tes yeux implorant celui qui te faisait si peur et qui t'apportait la mort.
>
> As-tu eu la force de crier, de te débattre, ou, paralysée par la peur, ne pouvais-tu plus réagir ?
>
> Quelles pensées te traversaient la tête ? Combien de temps a duré ton calvaire ? As-tu compris ce qui t'arrivait ? As-tu pensé à Céline, agressée comme toi, un mois plus tôt ?
>
> Tu étais grande, mais encore une petite fille. Comment un être humain peut-il ainsi, délibérément, faire souffrir une enfant ?
>
> La violence et la méchanceté d'un homme ont arrêté ta vie, volontairement, pour son seul plaisir.
>
> Nicolas, ton frère, a écrit : « Même les loups ne se mangent pas entre eux. »
>
> Savoir... Pendant longtemps, cette question nous a hanté l'esprit. Comment ? Pourquoi ?
>
> Je croyais que je supporterais mieux ton absence si je pouvais connaître la vérité.
>
> Il a fallu attendre deux ans pour enfin savoir, pour essayer de comprendre, avec la peur d'apprendre la vérité.
>
> Maintenant je sais ; mais je ne peux toujours pas comprendre.
>
> Alain.

Il faudra parfois des années aux parents pour retrouver des images sereines de leur enfant et retrouver un sommeil normal.

Enfin, les parents ont l'impression d'habiter une autre planète et n'arrivent plus à s'intéresser à la vie du monde qui faisait pourtant leur quotidien d'« avant ». Ils se sentent en marge de la vie normale.

Nous regardions tout différemment, le monde entier n'avait plus d'importance. Tout nous paraissait si futile : un film, un débat politique, une compétition sportive, tout ce monde qui s'agite pour rien, alors que l'essentiel est ailleurs...

L'essentiel c'est Delphine, ce sont la vie et le bonheur des enfants.

Alain.

## 3. LA FUITE, LA NÉGATION DE LA RÉALITÉ

Devant cette somme de souffrances au quotidien, la tentation est grande de choisir de ne pas se battre. Certains parents espèrent toujours voir revenir l'enfant, refusent de sortir, s'enferment chez eux pour vivre avec leur souvenir, chercher des traces de leur enfant, comme la maman de Béatrice, 12 ans, neuf mois après la mort de sa fille.

> Je vois Béatrice partout, j'ai l'impression qu'elle va entrer quand une porte s'ouvre, je passe ma vie à fouiller dans ses affaires pour trouver des petites choses, des indices. Je ne m'habituerai jamais à son absence. Je continue à parler d'elle au présent, je n'ai plus envie de sortir, je veux rester chez moi et qu'on me laisse en paix.
>
> Mme B.

D'autres se réfugient dans un lieu nouveau habité par la présence de l'enfant : le cimetière. Beaucoup ressentent un impérieux besoin d'aller au cimetière, où plane encore l'ombre d'une présence, pour parler à l'enfant, être près de lui.

> J'ai eu beaucoup de mal à supporter le froid du premier hiver qui a suivi la mort de Géraldine. L'idée qu'elle était dans cette terre glacée avec sa petite chemise de nuit d'été me révulsait complètement, j'avais l'impression que tous

les efforts d'une mère visent à procurer chaleur et confort à ses enfants, et que je manquais à mon métier de mère vis-à-vis d'elle.

Annick.

J'allais souvent au cimetière. Deux fois, trois fois par jour. J'avais l'impression qu'elle avait besoin de moi ! J'y serais restée toute la journée si j'avais pu. Mais je cachais mes sentiments, même à mon mari, et surtout à Julien, notre petit garçon de 6 ans. Je ne pouvais rester toute la journée au cimetière, n'est-ce pas ? On m'aurait crue folle... Mais ce besoin toujours, cette étreinte au cœur, qui me guidait vers sa tombe. Je lui parlais. Je lui disais : « Réponds-moi, Céline, réponds-moi, s'il te plaît. » Mais jamais elle ne m'a répondu. Jamais ! J'avais envie de la déterrer, de la prendre dans mes bras et de m'enfuir avec elle, en me disant que je ne venais de vivre qu'un cauchemar. Oui, je sais que ce sont les idées d'une « folle », mais c'est ainsi.

Plus rien n'avait d'importance pour moi, plus rien ne comptait, sauf elle. Alors, pour calmer ma douleur, je prenais des tranquillisants et je souffrais moins...

Dominique M.

La tombe de l'enfant est le dernier endroit où nous pouvons lui dire concrètement notre amour, en la fleurissant, en la nettoyant.

Actuellement, mon mari et moi nous nous investissons dans l'élaboration d'un monument funéraire pour Fabien. Il sera beau et nôtre comme lui. Il n'existe pas de dernière petite maison pour enfants. Cela souligne bien le fait que la mort d'un enfant est illogique. Sur nos désirs, un dessinateur nous a présenté une esquisse de la future petite maison de notre fils. Nous nous devions de lui faire ce dernier cadeau qu'il aura normalement pour son cinquième anniversaire. Jamais plus, il n'y aura de joujoux achetés au hasard des courses, d'anniversaire, d'argent de poche. Ni non plus de Mobylette, de fac, d'études...

Patrick et Catherine C.

Les premières années qui ont suivi la mort de Géraldine, je souffrais beaucoup de ne pouvoir lui acheter son cadeau de Noël.

Comment dire l'horreur que représente le fait de ne plus pouvoir rien offrir d'autre à son enfant que des fleurs, parfois même en plastique ? Lorsque j'avais acheté les cadeaux de Noël de ses frères et sœurs, je lui fabriquais une couronne de Noël que j'allais porter sur sa tombe. J'avais l'impression alors que tout était plus normal, et que j'étais toujours sa maman, puisque j'avais aussi passé du temps pour lui faire un cadeau.

Annick.

Pour certains, même, il n'est pas imaginable d'abandonner l'entretien de la tombe pendant les vacances.

Lorsque je pars en vacances, je demande à la maman d'un copain de David ou à sa dernière nourrice de venir entretenir sa tombe. Je sais que les plantes seront arrosées, les fleurs fanées enlevées, et qu'elle sera toujours impeccable. Je pars tranquille et sereine.

Yvette.

En rentrant du cimetière, il faut affronter de nouveau le quotidien, comme le dit la maman d'Élise.

Dimanche sept heures moins le quart, je me lève, Jean-Paul me demande l'heure, puis : « Où vas-tu ? — Je vais en bas, m'occuper la tête. » C'est pour moi un des moments les plus durs : dans le lit, éveillée, ou plutôt réveillée, et la tête qui tourne, tourne, les images qui défilent (surtout celle de la fin).

Je crois qu'il faut partir, aller au cimetière puis en sortir avec une immense douleur physique, morale, en se disant : voilà, nous ne serons plus jamais comme avant, nous sommes amputés. Les choses, il va falloir les affronter, les traverser mais pas tout à fait pareilles.

Il y a aussi le fait qu'au départ tout le monde est en principe discret et présent, respectueux de votre vécu, et puis les choses évoluent ; si on essaie de ne rien laisser paraître du dedans, les gens oublient et vous parlent, agissant comme si rien ne s'était passé.

L'autre jour, les parents d'une petite Amélie, décédée quinze jours avant Élise, à l'âge de 6 ans, sont venus nous voir. Ils sont très perdus et la maman déprime. Elle m'a déjà téléphoné pour appeler à l'aide et m'a dit : « Je refuse cette mort, je n'en veux pas. »

A y bien réfléchir, je fais la même chose, mais avec d'autres façons et moyens. Dès janvier, j'ai décidé de reprendre très vite le travail pour ne pas être seule et inoccupée à la maison. Pourtant, mon lieu de travail est tout près de l'hôpital où était Élise. Je ne regarde plus de ce côté. Et puis je me suis lancée à corps perdu dans la préparation du concours d'entrée à l'école normale pour vraiment changer de vie ; puisque la vie avait décidé de changer les choses pour moi, il fallait aussi que j'y mette mon empreinte.

Mais voilà, j'ai réalisé récemment que lorsque je suis à la maison, au travail, je suis toujours avec la « tête occupée », je fuis les moments de solitude ou de réflexion (où je réfléchis sur un devoir, un problème), les moments de face-à-face avec moi-même et avec la réalité.

Donc, finalement, je fuis l'idée de la mort, du départ définitif d'Élise, de toute l'injustice que cela représente. Et quand, malgré tout, malgré toutes ces précautions, ça me traverse, les images arrivent dans le jardin, ou la vision d'un cartable, un cartable abandonné par là. C'est épouvantable, cette douleur physique d'angoisse, et aussi la douleur dans la tête, le « pourquoi ».

Je sais là que, finalement, moi aussi je refuse, parce que ça fait trop mal, je ne fais que fuir la situation. Et puis parfois, étrangement, je vais parler, évoquer Élise de façon très détachée, plutôt sereine.

Françoise.

## 4. LA RÉVOLTE, LA COLÈRE, LES QUESTIONS

Petit à petit, il nous faut refaire face à la réalité, et alors monte sourdement en nous la révolte avec sa cohorte de questions sans réponse.

Dès que l'esprit se remet à fonctionner, nous nous sentons assaillis par les « pourquoi ». Pourquoi peut-on mourir si jeune, alors que tant de personnes âgées ne demanderaient qu'à être délivrées de leur vie, pourquoi mon enfant ? Pourquoi ce type de mort ? Pourquoi une maladie ? Pourquoi un accident ? Quel sens a le court passage de notre enfant sur terre ? Et nous, que faisons-nous sur terre ? Ces questions hantent certains parents jusqu'à leur faire craindre de devenir fous.

> Au début, après la mort de Julien, je ne vivais plus. Je me levais le matin en me disant : « A quoi ça sert de vivre, qu'est-ce qu'on fait sur cette terre ? Je n'ai pas envie de vivre aujourd'hui. » Je ne dormais plus avec mon mari, je dormais dans le lit de Julien. Il y a des jours où j'ai cru que j'allais sombrer dans la folie, que je devenais folle, je me disais que je ne m'en sortirais pas, que ce n'était pas possible, que je n'y arriverais pas, c'est trop dur.
>
> Mme D.

Et, s'ils ne trouvent pas de réponse à ces « pourquoi », la révolte et le désespoir les guettent.

> Je savais depuis plusieurs mois que Céline était condamnée, qu'elle ne guérirait pas. La chimio et la radiothérapie avaient été inefficaces. Je vivais dans un enfer. On ne pouvait plus rien pour elle. J'assistais, jour après jour, impuissante et effondrée, à sa lente descente vers la mort. C'était terrible. Pour elle, pour moi, pour mon mari.
>
> Nous savions ce qui allait arriver. Et elle est morte le 16 juillet, après trois jours de coma. Ces longs mois ont été

affreux, mais ceux qui ont suivi aussi. Je ne voulais pas qu'elle nous quitte. J'aurais voulu aller la rejoindre, je la voulais avec moi. Je voulais mourir moi aussi.

Je pensais au suicide. Je souffrais terriblement. Que de fois ai-je pensé au suicide... A en finir moi aussi. J'étais anéantie. J'ai tout imaginé en ce qui concerne le moyen du suicide, mais je ne l'ai pas fait. Je n'ai pas eu le courage...

C'était ma fille, elle avait le droit de vivre comme ses copines, comme tous les autres enfants. Pourquoi elle ? Je savais bien que c'était tout aussi injuste qu'un autre enfant soit malade et meure plutôt qu'elle, mais je ne pouvais m'empêcher de penser pourquoi elle ? pourquoi ?

Et pourquoi n'avait-on pas pu la sauver, la guérir ? On peut aller sur la Lune, on dépense des sommes folles pour l'armement, la « défense », comme disent les gouvernants. Tous ces milliards dépensés pour tuer alors qu'on n'est pas capable de guérir ces enfants, et que l'on quête pour la recherche pour le cancer... Non, « ils » préfèrent fabriquer des bombes atomiques pour détruire plutôt que de guérir les gens. J'étais révoltée. Je refusais sa mort. Je la voulais à moi, dans mes bras, la serrer tout contre moi.

Oui, aujourd'hui, quatre ans après sa mort, je n'arrive pas à accepter. Le calme intérieur est un peu revenu, certes, la révolte est moins grande. Le temps atténue petit à petit la violence des sentiments, mais je n'accepterai jamais qu'elle soit morte, qu'elle ait souffert, qu'elle m'ait quittée... Non, je n'accepterai jamais. Je voudrais tant qu'elle soit là, tout contre moi, dans mes bras. Elle avait 10 ans.

C'est injuste, trop injuste. Elle était gentille, sensible à la douleur des autres. N'avait-elle pas envoyé son billet de 100 francs pour les enfants du Sahel ? Elle qui priait Dieu pour qu'Il aide à soigner le cancer, bien avant même qu'elle ne soit malade ! Pourquoi ne l'épargnait-Il pas ?

Dominique M.

Élodie était une petite fille ravissante, pleine de joie de vivre. Elle nous aimait et nous l'aimions. Alors pourquoi ? Pourquoi notre enfant ? Cette question, à laquelle nous ne trouvons pas de réponse, revient toujours. Dans les moments difficiles de sa maladie, elle a eu un courage extraordinaire, elle voulait guérir et, malgré son courage et sa volonté, elle nous a quittés. C'est révoltant, on ne peut admettre une telle injustice.

Jean-Michel et Marie-Agnès.

Pourquoi ? Pourquoi Benoît ? Des dizaines et des dizaines de fois, nous nous sommes posé cette question.

Ce n'est pas juste. Alors Dieu est accusé.

Les premières semaines passées, le mot « irrémédiable » s'imprime en lettres de feu et de sang, et, de toutes nos faibles forces, nous voulons conserver et retrouver en mémoire ses traits, sa voix, ses attitudes. Le présent ne nous intéresse pas. On vit sur le passé pour ne pas le perdre. Avec le terrible besoin de parler de lui, pour continuer à le faire vivre. Mais il n'est plus là ; pour les autres, la vie a repris son cours ; pour nous, l'absence est de plus en plus ressentie.

Les gestes quotidiens demandent un effort : se lever, se laver, cuisiner... tout est pénible et parfois insurmontable. Après le départ du mari pour le travail, des aînés pour le collège, Geneviève en larmes repartait au lit...

Pourquoi continuer à vivre, notre lutte d'avant ne ressemblait plus à rien, c'est la mort, le trou, l'échec...

Yves.

Peut-on parler de sentiment de révolte ? Je ne sais pas. La révolte, oui, nous l'avons ressentie le jour où nous avons connu le diagnostic de leucémie et tout au long de la maladie de notre fils. A partir du moment où vous savez que votre fils a un cancer, inconsciemment vous pensez à l'inévitable. Et c'est, il me semble, à partir de ce jour-là que vous vous préparez à cette possible issue dans la maladie de votre enfant.

Fabien a fait une rechute très précoce le 6 février 1990. Le 24 février, il est tombé dans le coma. Le mardi suivant, il était mourant. Ce qui nous a aidés à nous battre, c'est d'avoir envisagé toutes les possibilités, dont sa mort. Heureusement, petit à petit, il a émergé. Je lui ai tout réappris : la marche, la station assise, à manger, boire... à parler et tant d'autres choses. Si nous avions gagné sur son coma, pourquoi pas sur sa maladie ? Nous croyions tellement en lui, nous puisions notre force à travers lui. C'était vraiment un super petit bonhomme. Lorsque Aurélien est né, je me réjouissais de voir mes enfants grandir ensemble, comme tout le monde. Je n'aurai jamais cette chance. Cette épreuve vous apporte une philosophie de la vie différente. Avant, avec mon mari, nous ne demandions que peu de choses à la vie : être simplement chez nous tranquilles avec nos deux enfants. Fabien était notre dieu, nous l'adorions. Quand il était bébé, je le regardais amoureusement et j'avais l'impression que mon cœur allait craquer, tellement je l'aimais. Est-ce un mal d'aimer trop ses enfants ?

Perdre un enfant est, il me semble, la pire des choses qui puisse nous arriver. C'est injuste ! Vous voyez tellement de vieillards grabataires qui attendent la mort dans des maisons de retraite. Vous vous dites alors : pourquoi lui et pas eux ? La normale n'existe pas ! Vous avez beau crier à l'injustice, vos mots se cognent à un mur et il n'y a rien. Rien qui puisse vous rendre un sourire, un « Maman, je t'aime très fort », un gros câlin dans votre lit un dimanche matin. Rien. Ses affaires sont là mais elles restent inanimées. Votre soleil est parti.

Patrick et Catherine C.

## 5. LE DÉSESPOIR, L'ENVIE DE MOURIR, LA SOLITUDE

Toutes ces questions sans réponse, ces révoltes accumulées peuvent faire naître alors la tentation du suicide, comme l'exprime de manière si émouvante Monique dans le poème suivant :

Je ne suis plus qu'une maman
Qui a perdu son enfant
Une petite fille si gentille
Qui avait six ans et demi
Et s'appelait Julie.

Je ne suis plus qu'une maman
Qui a perdu son enfant...
Et je pleure tout le temps,
Et je pleure tout le temps...

Obstinément, je te cherche
Inlassablement, je t'attends
Dans la nuit de ma vie.
Mais l'absence me tue,
Le silence crie mon désespoir.
Oh ! les petits matins sans toi !
Encore un jour sans gaieté, sans soleil !
Et les soirs tout noirs
Où s'endormir c'est vouloir mourir !

Un soir, je viendrai te voir,
Un dernier soir de désespoir.
Je me coucherai là, sur ta tombe, sur toi.
Le froid me glacera
Et je ne changerai pas.
La nuit, doucement, me couvrira.
Je te parlerai tendrement,
Te dirai tous les noms charmants
Que tu aimais tant :
Ma belle, ma poupée, ma petite mère, ma chérie
Julie, j'arrive ! C'est moi, maman !

Alors tu me tendras la main
Nous nous lèverons enfin
Et nous ferons ensemble
Des cabrioles dans l'éternité.

Monique W.

Grande est la tentation d'en vouloir à la terre entière : aux médecins qui n'ont pas guéri l'enfant, au chauffard qui l'a tué, à la baby-sitter ou à la nourrice qui n'est pas allée voir quand il pleurait et qu'il appelait à l'aide avant de mourir, à Dieu qui « permet » aux enfants de mourir, aux autres parents qui ont la chance d'avoir tous leurs enfants...

J'étais révoltée à l'idée qu'elle n'était plus comme moi sur cette terre, comme vous tous, j'en voulais à Dieu, aux hommes qui n'ont pu la guérir, à tous ces gens qui disaient : « Nous savions qu'elle ne pouvait vivre, elle était trop malade. » Il a fallu une bonne année pour que mon cœur se calme, mais il saigne à jamais. (Après mûre réflexion, je pense que c'est, hélas ! de la résignation.)

Anne-Marie.

Puis est venue la révolte : j'en voulais aux médecins qui n'avaient pas vu son cancer à temps, à mon mari qui avait plusieurs cas de cancer dans sa famille, à moi-même, puisque la tumeur de Géraldine était embryonnaire et que je m'en sentais responsable, aux gens qui avaient tous leurs enfants et ne semblaient pas réaliser leur chance, à ceux qui martyrisent leurs enfants ; je ne supportais plus de lire dans les journaux les articles concernant les enfants martyrs. J'en voulais à ceux qui ne s'étaient pas manifestés pendant la maladie de Géraldine, j'en voulais à Dieu qui dit nous aimer, et qui nous reprenait ce que nous avions de plus cher.

Annick.

Oui, j'ai envie de crier, de hurler de toutes mes forces, de pleurer, de me révolter contre Dieu, la médecine aussi parfois, quand je pense aux souffrances qu'il a endurées sans rien dire, car les plus courageux, au fond, ce sont eux, les malades, et non nous, qui refusons leur souffrance.

Mme L.

La révolte peut parfois même engendrer le désespoir et un dégoût de la vie.

Le 23 janvier 1983, nous apprenons par la gendarmerie que notre fille Catherine (22 ans le 7 février suivant) vient d'avoir un grave accident de voiture en se rendant à l'école d'ingénieurs où elle est étudiante depuis trois ans et demi. Hospitalisée dans un coma profond, elle meurt le 21 février (quatre semaines jour pour jour) sans avoir repris conscience.

Aînée de trois enfants, nous l'avons poussée à faire des études dans un domaine qui lui plaisait puisqu'elle avait assez de moyens intellectuels pour aller jusqu'au bout, en s'accrochant bien sûr !

Bientôt sept ans, elle me manque encore tellement !... Et pourtant, elle était déjà un peu partie de la maison ; pensionnaire sur son lieu d'études, elle ne pouvait revenir que toutes les six semaines, et encore... Elle s'installait ailleurs... d'autant plus que, fiancée, elle était bien reçue dans son futur lieu de vie (à mi-chemin entre ses parents et l'école).

Je préfère ne plus penser à tout cela, parce que toutes les questions que je me pose resteront toujours sans réponse.

Elle ne reviendra pas et tous nos espoirs se sont anéantis avec elle. Bien sûr, il y a les deux autres : une fille, mariée depuis, et donc partie elle aussi ; un garçon, pensionnaire scolaire à ce moment-là, qui poursuit des études supérieures qui le maintiennent très loin de la maison, donc parti lui aussi.

Même les liens d'amitié noués sur le moment se desserrent et la solitude envahit. Cette disparition brutale m'a confortée dans le dégoût de vivre et dans une solitude accablante.

Bernard et Marie-Odile.

De même, la maman d'Hélène, qui avoue :

J'ai envie de mourir, tellement je souffre. Malheureusement, le chagrin n'a jamais fait mourir personne.

Le cri de la maman de Julie ne peut que rejoindre le cœur de ceux qui ont traversé ces heures noires.

Julie, ces heures sombres où tout mon être crie le désespoir, ces jours vides de toi où plus rien n'existe, toi seule peux les connaître. C'est mon S.O.S. qui monte vers toi et Dieu, c'est ma solitude et ma souffrance qui t'appellent. Je n'en peux plus de désespérer et d'être triste ! Je n'en peux plus de devoir arracher le passé de mon esprit ! Il pèse si lourd ! Je me sens si vieille, si lasse de tout que mon rêve est de ne plus jamais me réveiller. Il n'y a plus d'issue, je suis condamnée à vivre.

Monique W.

La solitude marque cette période mais les réactions sont variées. Certains ne désirent pas en parler et instaurent un jardin secret.

Quand je regarde en arrière, un seul mot me vient à l'esprit : SOLITUDE. Quelle que fût l'activité, quel que fût le nombre de gens autour de nous, ce fut une époque solitaire et vide. Tout notre sens de la vie fut perturbé. J'aime à penser que nous avons bien fait de cacher nos sentiments. En surface, nous nous conduisions normalement, mais, juste en dessous de cette surface, nous éprouvions des sentiments trop forts ou alors comme un énorme vide. Il était dur de parler à quiconque du bébé. Le fait même de mentionner les bons moments passés avec lui pouvait conduire la conversation à un arrêt fort gênant.

Carolyn.

D'autres voient dans la parole la seule possibilité de sortir de cette période pour avancer, comme la maman de Benjamin ou celle de Mathilde.

Ce soir, mon cœur est tellement brisé, je me sens si cassée, si esquintée, que je rêve du jour de la paix, qui n'exclut ni le chagrin ni le souvenir, mais qui permet de vivre avec...

Bien sûr, il n'y a pas grand-chose à dire sur la souffrance. Et pourtant, moi je trouve que c'est vital de parler. Pour ma part, je crois qu'il est bon et qu'il est nécessaire de crier, de se révolter, de dire que l'on n'accepte pas la mort de son enfant.

Colette.

Telle a été notre règle dès les premiers temps du deuil : oser parler de tout, de tout ce qui nous passait par la tête ; ne rien se cacher, ne rien garder de douloureux en soi. J'ai osé dire les soupçons que j'avais sur la nourrice, ce qui m'a permis de me rendre compte que lorsqu'on parle de mort inexpliquée, on cherche toujours une explication personnelle, une intime conviction. C'est un besoin vital, il faut bien que quelqu'un soit responsable, comme en cas de tremblement de terre, c'est normal. A ce moment-là, il ne faut pas oublier que tout est fantasme, que cela soigne de dire que rien n'est vrai, sauf cette épouvantable réalité de la mort, qui ne peut être saisie que par fragments. Alors, parfois, il vaut mieux dire n'importe quoi que de se taire.

Maryvonne R.

Il n'en reste pas moins qu'apprendre à mettre des mots sur la souffrance que nous vivons va demander beaucoup de temps et se solder souvent par un échec. Les pères, en particulier, ont parfois du mal à exprimer ce qu'ils ressentent. J'en prends pour preuve les quelques mots griffonnés par plusieurs pères sur le témoignage que leurs épouses respectives m'ont envoyé pour ce livre :

« Je préfère ne pas en parler. »

« Je n'ai rien à dire. »

Ce désir de silence ou cette difficulté de mettre en mots ce qui est vécu vont être entretenus par la complexité de certaines situations et par la culpabilité éprouvée par les parents face à la mort de leur enfant. Les questions sans réponse, les situations sans responsables sont inconfortables et, après la révolte, le refus et le désespoir, la recherche d'un coupable va être une tentation à dépasser, une étape à franchir.

CHAPITRE III

# Sur la route de l'apprivoisement

## 1. LA CULPABILITÉ

Une réaction « normale », vitale pour les parents, va être de chercher à comprendre, à expliquer ce qui s'est passé, pour évaluer leur part de responsabilité ou trouver un bouc émissaire.

Dans le cas de la maladie ou de la mort subite du nourrisson, les parents se mettent en cause personnellement ; Carolyn et Marielle disent comment elles se sont attribué la responsabilité de la mort de leur bébé.

> Vinrent les moments où je commençai à chercher avec acharnement dans la littérature médicale et les bibliothèques une information médicale sur la mort subite, puis les jours où j'ai cru qu'il était mort d'une pneumonie, ce qui apparaissait sur le certificat de décès. Ce furent des jours où j'ai su que je devais être une mère indigne, et de toute évidence une infirmière déplorable. La pneumonie se soignait bien, mais pas chez mon enfant et probablement par ma faute. Personne ne m'accusait vraiment mais, fréquemment, je m'accusais. Et il y avait des jours où je ne

supportais plus d'entendre parler de lui, encore moins d'entendre spéculer sur la cause de sa mort. Dans la moindre conversation, la seule mention du mot « mort », ou de « la mort », me faisait mal dans tout le corps.

Carolyn.

La culpabilité que j'ai ressentie après la mort de Thomas est ce qui m'a le plus cassée, détruite. Et je dis parfois que j'attends ma mort pour savoir ma part de responsabilité dans sa mort, et ce n'est pas une plaisanterie. Mais je sais qu'à ce moment, la question ne sera plus aussi importante. Je ne me suis pas sentie coupable que de sa mort, mais aussi coupable de l'avoir mal aimé, et je m'étonne parfois de chercher des souvenirs me prouvant que je l'ai aimé. Et je me suis sentie si mauvaise mère d'avoir laissé mourir Thomas que je n'avais plus confiance non plus dans ma capacité d'aimer Florence, dans mon pouvoir de lui apporter l'amour et la sécurité dont elle avait besoin. Et cela était très douloureux aussi.

Je crois que toutes les mères du monde en ont un jour ras le bol de leur bébé qui pleure et qui les épuise, toutes ont un jour laissé pleurer leur bébé, mais si c'est justement ce jour-là que le bébé meurt, alors il faut être bien fort pour ne pas se sentir coupable. C'est un peu comme si les pensées devenaient magiques, puissantes, comme chez l'enfant ; et, du coup, on n'osera plus de colère contre personne, puisque la colère a pu tuer.

C'est très dur de parler de la culpabilité, on croit pouvoir en parler la tête froide, et on s'aperçoit que ce n'est pas possible. Il suffit d'une question mal posée, d'une bonne âme qui fait de la psychologie de bas niveau pour que tout redevienne accusation et que je me surprenne à défendre avec trop de conviction les autres parents.

Il y a des jours où je veux bien avoir une part dans la mort de Thomas, où je me dis qu'il a peut-être dormi très profondément parce qu'il était fatigué, et que l'apnée ne l'a pas réveillé, où tous les arguments objectifs des plus grands psychanalystes d'enfants me disant que Thomas est mort d'une maladie, et non parce qu'il aurait senti ma colère, me rassurent.

Mais il y a des moments où je me sens aussi coupable qu'au premier jour, et ce sera long à guérir. Les autres peuvent m'aider. Mais ils peuvent aussi me faire replonger.

J'ai acquis la conviction que les autres aiment bien toutes les théories qui accusent les parents, car ils se protègent ainsi. Le problème ne se pose pas pour eux, bien sûr, car ils sont de bons parents ; il ne peut rien leur arriver, et leur enfant ne mourra pas. Je pense que ce besoin de se sentir meilleur parent que les autres conduit à condamner les parents chaque fois qu'il arrive quelque chose de grave (échec scolaire, drogue...).

Grâce à Thomas, j'ai au moins appris un grand respect des autres parents et à ne jamais juger les difficultés qu'ils ont avec leurs enfants.

Marielle.

Ulla, quant à elle, retrace toutes les circonstances de la mort de son bébé, tant professionnelles que psychologiques et physiques, pour tenter d'élucider le mystère de sa mort, mais sans y parvenir complètement.

Le 30 mars 1988, il y a de cela bientôt deux ans, Ginger a été retrouvée sans vie par mon mari. Nous avions mis notre bébé dans une pièce de la maison où nous ne pouvions l'entendre, car, à vingt-trois heures la veille, harassés par une journée éprouvante, nous ne supportions plus d'entendre ses pleurs. La journée du 29 fut, en effet, épouvantable.

Ma fille aînée, cet après-midi-là, s'est brisé les dents de devant sur le lavabo de notre salle de bains et nous avons dû l'emmener d'urgence à la clinique dentaire de Genève, en déposant Ginger en catastrophe chez mes parents. Roxanne (ma fille aînée) souffrait également d'une pneumonie, moi-même j'étais très enrhumée, Ginger sortait d'une semaine d'otite et, surtout, toute notre existence était sur le point d'être bouleversée, car nous avions décidé de reprendre une épicerie dans le village voisin pour en faire un commerce de vins fins, mon mari étant excédé par son emploi à Genève. Il ne supportait plus en effet le milieu administratif et à la limite kafkaïen, et, après avoir passé avec lui de nombreux mois à envisager une entreprise privée dont nous pourrions vivre, cette histoire d'épicerie s'était présentée à nous.

Je ne vous cache pas que c'était à contrecœur que j'avais participé à tous ces projets qui, les uns après les autres, n'aboutissaient à rien, mais faisaient passer ses journées à mon mari, en l'occupant avec autre chose que des dossiers poussiéreux et en lui faisant espérer une issue. Si le projet de notre commerce de vins avait abouti, nous aurions dû quitter notre maison, dans laquelle nous étions merveilleusement installés depuis à peine deux ans, pour aller vivre dans le petit appartement attenant à l'épicerie. Cette perspective me mettait dans tous mes états et je m'y suis pliée uniquement parce que je sentais qu'un refus de ma part mettrait notre couple en danger, tellement mon mari allait mal. Bref, ce fut indubitablement la période la plus noire de ma vie et de notre couple. Voilà pour les circonstances entourant la mort de Ginger.

Elle avait 8 mois et 8 jours. Ce fut l'horreur de la trouver ainsi, à cet âge, alors que quelques semaines auparavant, mon mari et moi nous étions dit que nous avions dépassé le stade des morts subites. Elle était en bonne santé, savait déjà ramper, elle avait vraiment pris sa place au sein de notre famille. Et nous l'adorions.

Elle avait un caractère doux et ne suscitait que sympathie et tendresse. De toute sa petite vie, elle n'avait été qu'une source de joie.

Le 29 mars, pour la première fois, elle a fait preuve d'un comportement surprenant. Elle, normalement si rythmée, n'a pratiquement pas dormi ce jour-là et peu mangé, alors qu'elle avait bon appétit. Ces symptômes auraient dû me mettre sur mes gardes, mais les événements que je vous ai exposés ci-dessus m'envahissaient totalement et Ginger passait, je l'avoue, au second plan.

Ce soir-là, après avoir essayé cinq ou six fois en vain de la coucher dans sa petite chambre à côté de la nôtre et l'avoir redescendue au salon pour soit prendre sa température, qui était normale, soit lui présenter un biberon, qu'elle refusait, j'étais en larmes.

Le lendemain, nous devions nous rendre chez le notaire pour signer la reprise du bail, et la perspective de passer une nuit blanche à entendre les pleurs de Ginger, que nous pensions être une poussée de dents, nous a fait prendre la décision de l'écarter de nous, pour la première fois.

Avec le recul, j'ai compris, à l'écoute de ses cris qui étaient inhabituels, qu'elle souffrait probablement déjà, ce soir-là, d'apnées, mais qu'elle était encore en mesure de se réveiller en sursaut, et ce chaque fois dix minutes après que nous l'avions recouchée.

8 mois et 8 jours. Ce fut incompréhensible. Mon mari qui a été la chercher le lendemain matin (nous l'avions installée dans la buanderie de notre maison) a dû se battre pour la libérer de son sac de couchage et de son duvet, dans lesquels elle s'était complètement enroulée.

Des documents sur la mort subite informent que, souvent, lorsque l'on retrouve un bébé mort, la literie est légèrement déplacée, mais dans le cas de Ginger ce fut visiblement un acte de très grande force physique qui l'a fait se mettre dans une telle posture. De désespoir, je me suis appliqué le duvet sur le visage et l'ai trouvé suffisamment épais pour, en effet, mourir étouffé.

Ginger était sereine de visage, mais très mouillée (le sac et le duvet aussi). Elle avait la position de sommeil des bébés, les bras écartés et les mains vers le haut.

Que s'est-il passé ? Se pourrait-il qu'il se soit agi d'un accident ? Notre pédiatre a parlé de la mort subite, les symptômes de lutte, selon elle, malgré l'ampleur de celle que Ginger mena cette nuit-là, étaient normaux.

C'est la seule question qui me reste encore. Est-elle morte de mort subite ou fut-ce un accident ? Notre jeune fille au pair qui dormait juste au-dessus de la buanderie n'a rien entendu de particulier cette nuit-là. Elle a entendu que mon mari couchait Ginger en bas, elle l'a entendue pleurer une dizaine de minutes, puis plus rien. Quoi qu'il en soit, le résultat est le même, elle mourut cette nuit-là.

Ulla.

Pour Dominique, maman de Céline, et Annick, maman de Géraldine, toutes deux décédées d'un cancer, c'est jusque dans la grossesse même que se situe leur part de responsabilité.

> Je me suis toujours sentie coupable de la maladie de Céline. En quoi ? Je ne savais pas, j'avais cherché mais pas vraiment trouvé. Était-ce la nourriture ? Je fumais avant d'être enceinte, mais j'avais pourtant arrêté quand j'ai su que j'allais avoir un enfant... Elle n'était jamais battue... Alors... Mais cela ne pouvait venir que de nous, n'est-ce pas ? Je lui avais transmis un gène cancéreux ? C'était sans doute cela.
>
> C'était de notre faute. Aujourd'hui, je me sens coupable de l'avoir mise au monde. Si je ne l'avais pas conçue, elle ne serait pas morte, elle n'aurait pas souffert. Quand j'en parle, on me répond : « Elle n'a vécu que dix ans, mais dix ans de bonheur. Elle était gaie, elle aimait rire, elle était heureuse. »
>
> Dix ans de bonheur compensent-ils sa souffrance ? Non, aujourd'hui, je m'en veux de l'avoir mise au monde et que, par ma faute, elle ait tant souffert, elle s'est tellement vue glisser vers la mort. Elle ne disait rien, n'en parlait pas, mais ses beaux yeux bleus parlaient pour elle.
>
> Et puis, était-ce normal que ce soit elle qui soit malade et pas moi ? Moi, j'avais 30 ans quand elle est tombée malade, elle en avait 9. Ce n'était pas normal qu'elle soit malade...
>
> J'aurais voulu prendre sa place pour qu'elle vive, je lui aurais offert ma vie. Quand elle souffrait, j'avais, moi aussi, si mal. J'aurais tant voulu qu'elle ne souffre pas, que ce soit moi...
>
> Elle était si jeune, si innocente...
>
> Dominique M.

> Nous nous sentions coupables. Moi, sa maman, surtout, je voulais trouver une cause à cette maladie, et je me suis imaginée que, comme j'avais mis un mois à accepter la grossesse de Géraldine, qui était notre troisième enfant en trois ans et demi, cela s'était concrétisé en elle sous forme

de tumeur. Quand on vous dit que votre enfant a une tumeur embryonnaire, comment ne pas se dire que l'on y est pour quelque chose puisqu'on a fabriqué cet embryon ! A d'autres moments, je rejetais la responsabilité du cancer sur mon mari, qui en a plusieurs dans sa proche famille, et je lui en voulais, sans oser le lui dire.

Annick.

La maman de Philippe, quant à elle, incrimine son travail et les médecins.

J'ai beaucoup culpabilisé et c'était le plus dur pour moi. Je me suis inventé plein de choses. Philippe est décédé d'une leucémie de Burkitt aiguë, très rare en France mais qui existe en Afrique. Comme je suis employée par le C.R.O.U.S.[1] en résidence universitaire et que j'ai beaucoup de contacts avec les étrangers, je m'étais mis en tête que c'était moi qui lui avais apporté ce virus.

Je me suis aussi longtemps demandé pourquoi je n'avais pas accordé d'importance quand il me disait qu'il avait mal à la tête et aux dents, qu'il maigrissait, qu'il tombait endormi à l'école.

Ce n'est que maintenant que je réalise que c'était un signal d'alarme. Bien sûr, je suis allée voir le docteur, mais tout a commencé pendant la période des Fêtes. Pourquoi n'ai-je pas insisté pour faire effectuer un bilan sanguin ? Plusieurs mois après, en mars 1988, j'aurais dû insister pour le faire hospitaliser et examiner. Tout cela a traîné. Je pense aussi que certains généralistes ne prêtent pas assez d'attention à leur malade.

Mme L.

Très fréquemment, en effet, l'agressivité des parents se retourne contre le corps médical, investi par eux de tous les pouvoirs de guérison et qui a échoué dans sa mission.

---

1. C.R.O.U.S. : Centre régional des œuvres universitaires et scolaires. (N.D.L.E.)

Et puis il y a eu aussi pour moi la difficulté de communiquer avec le personnel hospitalier. Je crois que si j'avais pu tout de suite parler de Céline avec le médecin qui l'avait vue, j'aurais mieux accepté sa mort. J'ai voulu rencontrer le médecin qui s'est occupé de ma fille. Après une longue attente, j'ai pu le voir juste un quart d'heure, dans le hall de l'hôpital. C'était un dimanche de juillet, et je comprends qu'il y avait sans doute moins de personnel ce jour-là. Mais c'est justement à ce moment-là que j'aurais voulu en savoir plus... Je n'ai eu que des informations très techniques la concernant. J'ai quand même su que tout avait été fait pour essayer de la sauver. Mais je suis repartie sans avoir le courage d'aller voir Céline morte, frustrée de ne pas avoir su comment s'étaient déroulés les derniers moments de sa vie.

Par la suite, je me suis longtemps demandé si c'était bien elle qui était morte ; il m'a fallu lire et relire les certificats de décès pour m'en assurer. Et je me suis dit que j'avais été bien lâche de ne pas être allée la voir, ce qui a encore augmenté ma culpabilité.

J'ai été révoltée par l'accueil dans cet hôpital, et j'ai donc décidé d'aller voir un psychiatre pour essayer de me libérer de toute cette colère accumulée. Et puis, au bout de quelques mois, j'ai compris qu'il ne pouvait rien à ma douleur, qu'il ne pouvait pas se mettre à ma place, et j'ai arrêté de le voir.

Agnès.

Les parents passent au crible les moments qui ont précédé la mort de leur enfant, et ils y trouvent toujours des imperfections.

« Je n'aurais pas dû laver les escaliers des deux étages, quelques jours avant son décès... J'aurais dû le prendre sur mes genoux, au lieu de le laisser dans son lit. » Très souvent, pendant des mois, Geneviève a culpabilisé à cause de ce nettoyage, à cause d'une multitude de détails, au point que cela devenait obsessionnel. Elle se disait : « Peut-être a-t-il souffert pendant ce temps, et je ne l'ai pas vu. » Geneviève était très malheureuse et avait le sentiment d'avoir raté quelque chose.

Yves.

Est-ce que nous n'aurions pas pu nous apercevoir plus tôt de l'état de Marie-Christine, est-ce que la soigner plus tôt l'aurait sauvée ? J'ai eu les réponses de différents spécialistes : non. Mais la question m'a beaucoup préoccupée.

Dans un domaine très différent, je m'en suis voulu de bêtises : une gronderie, un ton un peu agacé, des punitions, même anodines et bien antérieures à la maladie. Mais, à la lumière de ce qui était arrivé, tout prenait des allures d'injustices.

Étienne et Monique R.

C'est une orientation scolaire remise en cause, toute une éducation remise en question après la mort d'Henri.

Avais-je trop pesé sur sa personnalité ? Sur son destin ? De tous nos enfants, j'avais souhaité qu'ils soient beaux, intelligents et surtout donnés aux autres. Henri avait répondu à ce désir d'ouverture au-delà de ce que j'avais moi-même jamais réalisé pour mon propre compte. Cette phrase de l'Évangile me venait alors à l'esprit : « Ils disent et ne font pas. Ils lient de pesants fardeaux et les imposent aux épaules des hommes, mais eux-mêmes se refusent à les remuer du bout des doigts... » (Mt. XXIII.)

C'est le cœur brisé que je lus ce passage d'une lettre écrite à un ami pendant sa préparation des concours aux grandes écoles : « Quand ça ne va pas, je m'assieds sur le canapé du salon, chez mes parents, et là je rassemble le peu de moi-même qui m'appartient... »

Sitôt passé le baccalauréat, il eût sans doute préféré entreprendre des études de médecine et partir au plus vite vers les pays en voie de développement. Mais nous lui avions demandé de marquer le pas.

Son père avait ses propres raisons, à commencer par sa jeunesse, mais, en ce qui me concerne, son intelligence me semblait devoir d'abord être affinée pour s'ouvrir à une culture diversifiée et non pas spécialisée, trop limitée dès le départ. Quel orgueil ! Est-ce vraiment à lui que je pensais alors ?

Le travail acharné des concours lui faisait tout sacrifier : la vie amicale, si essentielle pour lui, sorties, sport, et jusqu'à la guitare ; lorsque à une ou deux heures du matin, avant d'aller enfin dormir, il en jouait quelques notes, je le faisais taire à cause des voisins. Ne pouvais-je penser à lui et pas seulement aux voisins ?

Courageusement, il poursuivait ce qui lui était demandé.

Ainsi, tout au long de ses dix-neuf ans d'existence, je l'avais poussé à vivre à la pointe de l'héroïsme. Au service militaire, n'avait-il pas choisi le corps des chasseurs alpins, sachant qu'en montagne l'effort serait quotidien ?

Depuis l'accident, certaines paroles, certains actes, je me les reprochais aussi.

Avec le temps, j'ai compris qu'il fallait accepter — humblement — d'avoir été telle que j'étais.

Mme T.

Entre aussi en ligne de compte le rôle bien involontaire que l'on a pu jouer dans la cause directe de la mort de l'enfant, comme la maman de Céline, qui était au volant de la voiture lors de l'accident qui a coûté la vie à son enfant.

D'abord, j'ai presque regretté de ne pas être morte avec Céline dans cet accident. Pourquoi un tel déchirement ? Cela m'aurait évité de vivre avec en tête de telles questions. J'avais alors de fortes envies de suicide.

Et puis, j'ai presque repoussé les amis qui ont voulu être présents à ce moment-là, alors que j'avais terriblement besoin de présence. Quand les copains nous ont proposé des textes à lire pour l'enterrement, j'ai dit non. Il me semblait que seuls Christian et moi étions capables de parler de notre fille, et je pensais que les autres n'auraient pu que déformer notre douleur et nos sentiments.

Agnès.

Bref, c'est la période des « Si j'avais » où l'on essaie de refaire l'histoire pour qu'elle finisse autrement.

> « Si j'avais été là, j'aurais vu qu'il avait besoin d'aide, et il ne se serait pas suicidé. »
>
> « Si j'avais été lui dire bonsoir en rentrant du cinéma, je ne l'aurais pas retrouvé mort dans son berceau le lendemain matin, j'aurais vu qu'il respirait mal peut-être. »
>
> « Si j'avais (ou si le médecin avait) pris au sérieux ses maux de ventre, de genou..., on aurait découvert la maladie au début, et on aurait pu le guérir. »
>
> « Si j'avais accepté ma grossesse au lieu de la refuser quand elle a commencé, elle n'aurait pas eu une tumeur. »
>
> « Si j'avais dit au taxi de s'arrêter devant la maison, elle n'aurait pas été tuée en traversant la rue », etc.

Les parents culpabilisent face à leur impuissance. Ils n'ont pas pu empêcher ce qui est arrivé, ils ont le sentiment d'avoir manqué à leur devoir essentiel de parents, qui est de protéger leur enfant de toutes les agressions extérieures.

> Comment a-t-elle pu attraper cette terrible maladie ? Elle n'était jamais malade, c'était une enfant robuste et rien ne pouvait laisser supposer une telle tragédie. Nous voudrions savoir comment cette maladie est venue en elle, mais même les médecins ne peuvent nous répondre. C'est notre enfant, nous en étions responsables et nous avons été impuissants, nous l'avons laissée partir. Comment ne pas se sentir coupables ?
>
> Jean-Michel et Marie-Agnès.

Enfin, dans le cas du suicide, les parents ne peuvent que s'interroger sur leurs manques, leur incapacité à accrocher leur enfant à la vie, à le combler, sur les manques de la société aussi.

« Nous ne vieillirons pas ensemble. » Petit frère, jeune enfant du printemps, tu as choisi la mort, froidement, quelques semaines à peine après tes 18 ans.

Tu t'es suicidé, un superbe matin d'avril, quelques jours à peine avant Pâques. Tu avais le droit de choisir, c'est vrai. Tu venais juste d'avoir 18 ans. Petit frère, toi, notre troisième enfant au milieu de cinq, ta place n'était-elle pas la bonne ? Avons-nous eu tort de te mettre au monde ? de parier sur l'amour ? Cette *Symphonie du Nouveau Monde* que tu aimais tant, que signifiait-elle pour toi au juste ?

Qu'as-tu fait de ton goût de vivre ? Toi qui te débrouillais toujours pour ne pas rater une compétition sportive, toi qui excellais dans le sport, et dans bien d'autres choses encore... quand tu le voulais bien. Notre monde t'a déçu. La vraie vie, pour toi, était ailleurs.

A trop savoir, à trop voir, à trop vouloir, vos sensibilités n'en sont-elles pas devenues à fleur de peau, exacerbées ? Ne vous manque-t-il pas tout simplement le temps d'assimiler tranquillement, à votre mesure et à votre goût, votre culture ? Vous laisse-t-on, sans vous pénaliser, le temps de « tout oublier », afin d'être sûr que quelque chose vous reste ?...

Et tout ce surcroît d'informations, d'images, de faits divers sordides à la une (pour que « ça paye »...), dans quel état vous laisse-t-il ? L'audiovisuel n'est-il pas en train de se dépasser lui-même aujourd'hui, de se déclarer la guerre ?...

Et nous-mêmes, nous cédons à la mode, au progrès, à la course au rendement ; nous oublions de voir, et de dire, que tout va trop vite, qu'on nous demande souvent de courir tous les lièvres à la fois, et que cela ne peut convenir à tous. Nous devenons coupables, en quelque sorte.

Le premier arrivé, certes, sera considéré comme vainqueur. Mais le « forcing », le « doping », la course à tout prix, le rendement à tout prix, à quoi ça rime ? Sommes-nous des adultes suffisamment responsables, ayant le courage et la volonté de dénoncer à tous les niveaux où nous sommes que quelque chose ne va plus tout à fait comme avant. Avant, quand le suicide des jeunes n'était pas devenu la première cause de mortalité en France, et même en Europe.

Que s'est-il donc passé ? Que se passe-t-il ? Dans quel état d'esprit se suicide-t-on aujourd'hui quand on a entre 16 et 25 ans ? Est-on uniquement victime d'un état dépressif ou de l'étiquette « enfant à problèmes » ?

Acceptons-nous tous une remise en question radicale de nous-mêmes et de la société dans laquelle nous vivons ? Acceptons-nous de prendre du temps, de donner de notre temps, pour essayer d'analyser, de comprendre, de soigner nos enfants ? Ces enfants de notre société, rendus malades en quelque sorte par les peurs du XX^e^ siècle finissant.

Mais que fait-on, face à ce voyant rouge qui s'est allumé depuis quelque temps : suicide des jeunes en augmentation ?

Que fait-on pour les familles concernées ? Bien sûr, on ne les montre peut-être pas du doigt... Pourquoi les rares émissions consacrées au suicide des jeunes sont-elles toujours programmées en fin de soirée ? Nous, parents de suicidé, nous appelons vraiment à l'aide. Le problème de cette mort bien particulière n'est-il pas, après tout, le problème de la vie elle-même ? De la qualité de la vie ? Le problème de TOUS et non pas celui des uns ou des autres : des bons ou des méchants.

Quelque chose me semble être cassé quelque part...

Qui veut nous répondre ?

Colette.

Pour la maman de Maxence, son suicide la met, d'une part, en situation de dette par rapport à la société et, de l'autre, il est le fruit d'une carence de cette même société.

Je ne culpabilise pas parce que Maxence s'est supprimé, je culpabilise franchement face à la société.

Maxence avait fait un I.U.T., il était diplômé, l'État a financé ses études et elles n'ont débouché sur rien. Je me sens redevable envers la société de tout ce temps et cet argent donnés qui ne lui ont pas servi.

Par contre, un peu plus tard, je me suis dégagée de cette culpabilité, et j'en ai voulu à l'entreprise dans laquelle il travaillait de lui avoir donné trop de responsabilités, de l'avoir écrasé, de ne pas avoir su l'épauler.

Anne.

L'entourage joue quelquefois un rôle non négligeable dans la naissance de la culpabilité des parents. Des remarques anodines mettant en doute la capacité des parents à s'occuper de leur enfant vont creuser les cœurs tout en déchargeant l'agressivité née de la souffrance des uns et des autres.

Lorsque le décès a lieu en présence de tiers autres que les parents, tels que les grands-parents, la nourrice ou la baby-sitter, il est important de permettre à chacun de mettre des mots sur sa culpabilité afin qu'elle n'affecte durablement ni l'équilibre psychologique des personnes en cause, ni les relations ultérieures de ces personnes avec les parents de l'enfant décédé[1].

Parfois, les parents sont capables de réactions étonnantes face à ce problème de la culpabilité, telle la maman d'Hélène, qui, ayant pressenti les problèmes qui auraient pu survenir si l'accident d'Hélène était arrivé avec elle, préfère que cet accident soit arrivé avec son mari et ne lui en veut pas.

Quand j'ai appris qu'Hélène avait été tuée dans les bras de son papa, ma première réaction, ç'a été : « Heureusement que ça s'est passé avec lui. » Si ça s'était passé avec moi, jamais mes beaux-parents ne me l'auraient pardonné. Pour mon beau-père, Hélène était tout et il rendait son fils responsable de ce qui s'était passé. Et si cela s'était passé avec moi, c'était le divorce assuré.

1. Consulter le travail réalisé par l'association « Naître et Vivre » sur les morts subites vécues chez les nourrices, baby-sitters ou grands-parents.

A mes propres parents, qui me demandaient : « Comment est-ce possible ? Pourquoi allait-il chercher des vis à la quincaillerie à cette heure-là ? », j'ai répondu : « Cela aurait pu m'arriver exactement de la même façon en allant chercher autre chose. Son heure était arrivée. »

Mme B.

Enfin, si juste après le décès de leur enfant les parents se sentent coupables de sa mort, ce sentiment va se transférer, petit à petit, dans le domaine de leur réapprentissage de la vie.

C'est lorsqu'ils commencent à revivre, à rire, à éprouver du plaisir, qu'ils se sentent terriblement coupables et, ont l'impression d'être infidèles à leur enfant mort. Ils peuvent même aller jusqu'à penser qu'en étant heureux ils font mourir leur enfant une seconde fois.

On ne se sent plus le droit d'être heureux, de rire, quand on retrouve un plaisir, vite l'impression de le trahir surgit, et on se sent coupable, lui ne peut plus participer à cela.

Il y a quelque chose de mort en nous. L'impression d'être en dehors du temps, comme si on était là en apparence et qu'on attendait quelque chose. Quelle attente ? La mort.

J'ai envie de mourir, mais j'ai peur que ça soit dans longtemps, et en même temps j'ai envie d'un autre enfant depuis un mois. Donc, six mois après la mort de Julie, on balance entre deux extrêmes : l'envie de mourir et l'envie de vivre. L'impression qu'on peut mourir de souffrance, d'amour, mais ça ne vient jamais.

J'ai la hantise des vacances, plus rien ne me plaît, plus rien ne me fait envie. La fête des Mères, ç'a été affreux, j'ai été transformée en automate. On se sent vieux depuis que Julie est partie.

Finalement j'ai l'impression que toute la vie est un appauvrissement, un apprentissage de la mort, du dépouillement. J'entrevois aujourd'hui la mort de maman, celle de mon mari.

Julie avait 7 ans. A 7 ans, les enfants nous aiment complètement, le manque affectif est tellement grand, j'ai envie de la tenir dans mes bras, j'ai envie de l'embrasser, j'ai envie de mourir. J'ai 41 ans, le temps me presse, deux mois qu'elle est partie, j'en suis toujours au même stade, la douleur est aussi vive quand on veut se distraire, on se sent coupable, on est triste, mais cette tristesse nous rattache à elle et, quand on oublie, on a l'impression qu'elle meurt une deuxième fois. Il faut que j'apprenne à vivre avec ce vertige de l'oubli.

Monique W.

Beaucoup de parents disent être tristes, honteux, angoissés d'oublier leur enfant. Le temps qui passe estompe certains souvenirs, on ne retrouve plus les traits du visage, la voix, le rire, et surtout on se dit que l'enfant aurait changé, grandi, et qu'on ne le reconnaîtrait plus.

Il me semble que la culpabilité peut comporter un aspect positif car elle permet de faire la lumière sur ce qui s'est passé, lorsque cela est nécessaire, d'éliminer la tentation d'accuser quelqu'un de la mort de son enfant à mauvais escient (son conjoint, la directrice ou le directeur de la crèche, de l'école, la nourrice, les médecins, les responsables gouvernementaux, les chauffards, les imprudents, les autres...), et d'entreprendre la reconstruction sur les bases solides d'une acceptation, voire d'un pardon lorsqu'il y a réellement eu faute de la part de quelqu'un. Cela paraît important pour toutes les causes de décès, comme le souligne Maryvonne, maman de Mathilde.

On devait pratiquer une autopsie sur le corps de Mathilde, qui avait été transportée dans un hôpital parisien. Nous voulions cette autopsie, afin de déterminer de façon certaine les causes de son décès. Notre manière à nous de moins souffrir, c'était d'abord de savoir. Nous avons eu la chance d'avoir affaire à un hôpital qui pratiquait une politique d'accueil des parents d'enfants de la M.S.I.N.[1]. Ils nous ont reçus avec intelligence et compréhension, nous avons pu leur poser toutes les questions qui nous préoccupaient. On nous a répondu avec patience et clarté. C'était important pour nous de ne rien laisser dans l'ombre. Cette entrevue fut primordiale.

Maryvonne R.

## 2. L'AMBIVALENCE

Ces sentiments de culpabilité teintent toute la vie des parents d'une ambivalence qui est difficile à gérer : d'une part, ils ont envie de vivre, parce qu'ils sentent cet appel de vie qui donne sa saveur et son sens à toute vie sur la terre, et, d'autre part, ils n'ont plus envie de vivre parce que le sens de leur vie est mort quelque part. Ils ont envie que les gens soient naturels avec eux, qu'ils ne changent rien pour eux, mais, quand ils ne changent rien pour eux, ils les trouvent horriblement superficiels et inconscients des vrais problèmes de la vie, et cela les fait souffrir ou les agace.

Plusieurs envies contradictoires les tenaillent :

— l'envie de sortir de cette période, car tout y est tellement dense, aigu, fort, qu'ils ont l'impression que cela engendre une pression à laquelle ils ne vont pas résister, mais, en même temps, l'envie de ne jamais en sortir, parce qu'elle donne aux choses un tel relief qu'ils prennent conscience que la vraie vie est probablement là, avec cette faculté de discerner l'essentiel de l'accessoire ;

— l'envie de ne pas perdre le lien avec l'enfant qui est mort, de revoir ses amis, ses copains, ceux qui le connaissaient, et l'envie de couper le fil du passé, tant la

1. M.S.I.N. : Mort subite et inexpliquée du nourrisson.

souffrance et le déchirement que font naître ces contacts sont grands ;

— l'envie de cesser de survivre pour vivre, revivre, et en même temps l'envie de rejoindre leur enfant.

Bref, la vie d'un parent en deuil se résume pendant de longs mois à un exercice de funambule sur un fil, le fil de l'envie de vivre, où il passe son temps à perdre l'équilibre et à essayer désespérément de le retrouver.

L'apprivoisement de l'absence va consister pour lui à gérer toutes ces envies opposées, à les accorder les unes aux autres, de façon à garder cette acuité ainsi que toutes les découvertes qu'il aura faites, sans qu'elles l'abîment ou le démolissent. Le résultat qu'il obtiendra sera une densité de vie beaucoup plus grande qu'avant la mort de son enfant, en dépit et même peut-être à cause de la souffrance.

Mais, à ce moment de leur deuil, les parents touchent souvent le fond de leur désespoir et ont l'impression, d'une part, qu'ils ne sortiront jamais du gouffre et, d'autre part, que jamais plus la vie ne les intéressera à nouveau, qu'ils ne seront plus jamais heureux. Certains parents avouent leur peur de devenir fous. A force de se heurter toujours aux mêmes obstacles, de toujours espérer voir ou retrouver leur enfant mort dans la pièce d'à-côté ou dans sa chambre à l'hôpital, de l'attendre au retour de l'école, à force de ne voir aucun progrès, certains craignent de « finir à l'asile ».

L'image est forte mais dit tellement bien ce qu'ils ressentent.

Une fois esquissés ces premiers pas après la mort de l'enfant, ce qui peut leur prendre des mois, voire des années, les parents abordent alors aux rives d'un nouveau continent : celui de la reconstruction.

Cette période de révolte a été difficile, car j'avais du mal à exprimer à mon mari ce que j'avais dans le cœur, et j'avais peur de l'enfoncer plus encore dans sa tristesse. Je sentais qu'il ne me disait pas ce qu'il vivait, et la situation était compliquée par le fait que nous craquions rarement en même temps. Que c'est difficile d'accepter que le conjoint soit « au fond du trou », alors que soi-même on a l'impression d'émerger un peu...

Cette période a duré les quatre mois de la phase terminale de la maladie de Géraldine et les quatre mois qui ont suivi sa mort. Puis deux éléments sont intervenus : j'ai partagé avec mon mari à la fois mon angoisse de nous sentir nous enfermer dans notre souffrance, chacun de notre côté, et mon désir de savoir quand il n'allait pas bien pour pouvoir mieux l'aider.

Il a fallu beaucoup d'amour, à ce moment-là, pour lui faire comprendre qu'il ne perdrait pas son crédit à mes yeux en pleurant et en me disant sa souffrance, que ce qui était important pour moi ce n'était pas d'avoir un homme fort comme dans les clichés, mais un homme affectueux et présent à mes côtés, avec sa souffrance et ses joies ; un homme que j'avais choisi d'aimer tel qu'il était.

Le fait de pouvoir lui dire cela lui a permis, je crois, d'être un peu plus lui-même et de se libérer aussi de ce chagrin qui l'étouffait au point de crier quand il était seul en voiture.

Et puis notre fille nous a quittés en nous faisant la très grande joie de nous permettre d'être l'un et l'autre à ses côtés et de lui tenir la main pour le départ. Ma crainte au cours des quatre derniers mois de sa vie était d'être seule près d'elle pour sa mort. D'une part, cela me faisait peur, car je craignais de ne pas être à la hauteur de ma tâche et, d'autre part, nous avions tellement partagé et porté à deux cette épreuve que je désirais ardemment vivre cette grande étape de notre vie de parents à deux.

Pendant ces quatre mois aussi, je voyais toujours la mort comme quelqu'un qui rôdait autour de chez nous et cherchait à pousser la porte d'entrée. Je me voyais m'arc-boutant derrière cette porte d'entrée pour empêcher la mort d'entrer et espérant qu'elle passerait son chemin. Et, un jour, j'ai cessé de pousser sur cette porte, j'ai accepté de regarder la réalité en face. J'ai eu l'impression de visualiser l'entrée de la mort chez nous, et de la laisser emporter notre fille. Nous avons alors abordé une troisième étape en couple, la plus difficile : celle du partage de la souffrance.

Partager les joies n'est pas toujours facile, mais c'est possible, car on souffre moins des différences dans le vécu. En ce qui concerne la souffrance, il y a des moments où l'on n'arrive plus à rejoindre l'autre et où l'on désespère de pouvoir le rejoindre à nouveau un jour.

Annick.

Tout a basculé, changé dans la vie des parents, et dans cette nouvelle vie les attendent des joies et des difficultés, nouvelles elles aussi, un équilibre nouveau en couple, avec leurs autres enfants, avec leur famille et leurs amis, avec le monde qui les entoure.

D'ores et déjà, ils sont en route vers ce nouvel équilibre et vers un goût de vivre différent.

CHAPITRE IV

# Le travail de deuil en couple

Dans le domaine de la mort et du deuil, il existe un vocabulaire couramment utilisé : on parle de travail de deuil, de stade ou de phase du deuil. Il est vrai que vivre un deuil représente un véritable travail sur soi puisque souvent, en mourant, notre enfant a fait basculer un certain nombre de repères ou de valeurs auxquels nous nous référions dans notre vie. Changer radicalement ces repères ou les redéfinir va exiger de nous un temps d'approfondissement et de recherches auquel le terme de « travail » convient parfaitement. Ce travail va s'effectuer à la fois en couple, avec nos enfants, et enfin avec nos amis et nos relations.

## 1. LES DIFFICULTÉS

Les repères qui nous avaient permis de bâtir notre vie de couple au temps du bonheur ne semblent plus convenir à cette nouvelle vie à deux qui commence sous le signe de l'absence. La mort d'un enfant, c'est un pan entier de l'amour d'un couple qui semble perdu à jamais. C'est une page entière de l'histoire du couple redevenue vierge en apparence, puisque, une fois l'enfant disparu, il ne reste rien de tangible de ces quelques mois ou quelques années de notre amour.

Les différences de vécu, de ressenti compliquent les choses. Si déjà communiquer en couple dans la joie n'est pas toujours facile, se dire qu'on a mal, qu'on a peur de ne pas arriver à s'en sortir, qu'on a envie de mourir aussi, et que la présence de l'autre n'y change rien, est autrement plus dur, voire impossible. Se dire que l'on n'est bien nulle part et que l'autre n'y peut rien, c'est si difficile...

La plupart des parents s'accordent à dire qu'ils ne dépriment pas en même temps. Une sorte de phénomène de pendule semble jouer : les deux membres du couple sont rarement désespérés au même moment, ce qui est heureux en un sens, mais voir l'autre s'enfoncer quand on commence soi-même à avoir l'impression de s'en sortir augmente la difficulté.

> Les moments de déprime, de cafard ne sont pratiquement jamais communs, d'où la souffrance supplémentaire de ne pouvoir prendre à son compte la souffrance de l'autre, l'impossibilité de le soulager.
>
> Au lieu de nous faire plaisir, la moindre caresse semblait trahir. Tout un temps, nous ne pouvions être heureux. Pour Genevière, la souffrance était également physique : son cœur faisait mal, son corps faisait mal. Elle ne ressentait pas la présence aimante de l'autre, elle était insensible, comme un automate, elle subissait sa vie de couple, en pleurant même... Elle se sentait très seule, tellement écrasée par ce qu'elle portait en elle. Elle pensait que plus rien ne serait comme avant, que quelque chose était cassé, pour toujours.
>
> Ce fut très important pour elle de trouver chez son mari beaucoup de patience, de compréhension, de respect.
>
> Pour retrouver son équilibre, Geneviève a dû vivre son

deuil, jour après jour, cheminer pour retrouver un jour une certaine joie de vivre, avec son mari, avec ses enfants, sa famille, les autres aussi.

Yves.

Pauvre mari, la communication n'est pas facile depuis le décès de notre enfant. Je me ferme sur mon chagrin, et un jour tu as dit brusquement : « Je n'ai pas seulement perdu ma fille, je perds aussi ma femme. » Je t'aime mais j'ai si mal.

Monique R.

Nous avons tout partagé pendant ces quatre années, nous avons tremblé en apprenant le terrible diagnostic, puis nous avons lutté et espéré. Nous avons tenu bon et, même si le moral de l'un flanchait, l'autre était là pour le soutenir. Il fallait être fort, distraire David et l'aider à supporter l'hôpital et les souffrances. Pourquoi aujourd'hui ne formons-nous plus une équipe solide, notre chagrin est-il si différent ?

Martine.

Mais les parents reconnaissent également que c'est cette situation de pendule, avec ses difficultés et ses aspects positifs, qui permet au couple de ne pas couler.

Il y a aussi la détresse de l'autre, du compagnon, à affronter et à laquelle il faut essayer de faire face. Ne pas craquer, ne pas sombrer en même temps, nous y sommes à peu près parvenus jusqu'à maintenant. C'est-à-dire que lorsque Jean-Paul a craqué après avoir tenu la barre, droit et fort dans sa douleur, je me sentais responsable. Il fallait être ou sembler forte, pas effondrée, agissant, vivant comme avant. Il me semble qu'on alterne dans nos moments de déprime, sans se le dire, chacun agit ainsi. On se cache aussi un peu ces douleurs terribles qui nous assaillent au coin d'une pièce, d'un endroit, d'un meuble.

Françoise.

La vie sexuelle est perturbée, quelquefois complètement inexistante.

J'étais hantée par l'idée que nous ne serions plus jamais heureux. Pendant tout un temps, nous n'avons su que pleurer dans les bras l'un de l'autre.

Annick.

Contrairement à beaucoup de couples que la maladie déchire, notre amour a résisté, mais les souvenirs sont si cruels que mon corps se fige parfois sous les caresses. J'ai honte d'avoir du plaisir, alors que mon fils est à deux mètres sous terre ; moi qui lui avais promis de rester toujours avec lui, j'ai l'impression de le trahir. Il faut laisser passer le temps et parler librement de notre enfant qui nous aimait tant.

Martine.

Sur le plan physique, j'étais incapable d'accueillir le désir de mon mari, et j'avais l'impression d'être « pleine » de Géraldine et de ce que nous venions de vivre.

Je lui disais que, pour éprouver du désir, il faut pouvoir être à l'écoute de l'autre, à l'écoute de soi aussi, mais, submergée par la souffrance, j'en étais incapable. Lorsque parfois nous avions des rapports, je culpabilisais d'éprouver du plaisir alors que Géraldine ne vivait plus, et je ne me donnais plus le droit d'être heureuse.

Par ailleurs, j'étais angoissée à l'idée que peut-être je n'éprouverais plus jamais de désir pour mon mari, car je sentais quelque chose de cassé définitivement en moi. Pour lui, au contraire, la relation physique était rassurante ; c'était le lien qui le reliait à la vie, qui était germe de vie, et je sentais qu'il en avait profondément besoin.

Une grosse difficulté dans notre vie de couple aussi a été d'accepter notre différence de « ressenti ». Je pleurais souvent et les larmes me permettaient de décharger un peu ma souffrance et de repartir. Patrice ne se donnait pas le droit de pleurer, et je voyais bien qu'il était profondément malheureux, mais il ne partageait pas sa souffrance.

Annick.

En ces moments difficiles, la relation de couple est mise à dure épreuve. En temps normal, la communication est un long travail de fond. C'est comme apprendre à lire, apprendre les modalités et le sens des mots chargés par notre éducation, notre histoire, nos expériences, d'un contenu différent pour chacun de nous deux et qu'il faut apprendre à situer, évaluer, décrypter.

C'est un travail où les mises en cause personnelles sont fréquentes, où le non-dit se développe dans notre crainte d'être fragilisé, exposé un peu plus aux violences de la remise en cause, parfois vécue comme destructrice. Seule une attention, une vigilance à l'autre, permet de recréer l'illusion qui s'efface. C'est l'amour qui nous fait exister l'un à l'autre dans un travail jamais terminé.

Lorsque l'orage plane dans notre vie, lorsque les perspectives s'effondrent, lorsque notre devenir, celui qui était notre enfant, n'a plus d'avenir, il ne reste plus de temps, plus de force pour s'écouter, s'accueillir, se recevoir. De plus, les mots perdent leur âme. Nous nous trouvons côte à côte, deux être souffrants, tendus de toutes leurs forces, les faibles forces restant encore, vers le souvenir de l'enfant encore si présent. Nous tourner l'un vers l'autre pour nous accueillir physiquement paraît inopportun, tant parce que nous sommes encore pleins de cet enfant, j'ose dire de cette présence, mais aussi parce que, il me semble, me tourner vers ma moitié n'aurait eu comme seul résultat que de cumuler deux souffrances déjà insupportables à elles seules.

Alors il ne me restait qu'à me taire, à hurler en silence à son côté ou à hurler pour de bon dans l'intimité d'une automobile d'où nul ne pourrait m'entendre, ni soupçonner ma détresse face à moi-même, face à ce Dieu indifférent qui me reprenait mon avenir après me l'avoir confié.

Une autre raison de me taire me venait de mon sens de la mission. Père de famille, chef de famille voulait dire pour moi : sois un roc, un abri pour les tiens, un point d'appui à partir duquel il sera possible de construire, au propre comme au figuré. Dans cette optique, il n'y avait pas de place pour le doute, la faiblesse, l'angoisse. Ne pouvant communiquer ce qui était devenu mon lot quotidien, je devenais un témoin muet de ma propre souffrance. Et pourtant, elle était là qui me minait, elle était moi et me poursuivait, obsédante.

Si les mots m'étaient interdits, si le geste devenait si rare et si maladroit, mon corps réclamait de la tendresse, un ressourcement, une forme de reconnaissance de ce qu'il existait, un peu comme s'il existait de façon autonome. Dans les bras de ma femme, je retrouvais à la fois cette existence et cet abandon si comblant quand le fardeau est soudain devenu trop lourd à porter.

Mais quelle était sa demande, ou plutôt sa non-demande dans le cadre de la relation physique de couple ?

Aucun échange ne venait m'éclairer, nous n'arrivions pas à en parler. La seule chose que je percevais clairement était la blessure béante qui la minait. Là encore, il n'y avait pas communication mais coexistence de deux êtres vivant ensemble l'insupportable.

Ma femme m'a offert sa patience, elle a accepté de me recréer alors que toute son énergie était tournée vers celle qui s'en allait, elle continuait à semer des germes de vie alors que seule la mort paraissait au bout du chemin, elle a maintenu ouvert le pont qui me relie aujourd'hui à Géraldine pour l'éternité et par elle. Merci, Annick.

Patrice.

Dans ce domaine si intime de la relation physique, coexistent deux types de réactions opposées : la non-demande et une exacerbation de la demande.

Les parents doivent donc s'adapter l'un à l'autre en développant des trésors d'amour pour se permettre de retrouver très doucement un équilibre.

De tout cela résulte une grande solitude : chacun souffre de son côté et a l'impression que la souffrance de l'autre ne ressemble pas à la sienne.

Mon mari me dit : « Tu ne peux pas savoir ma souffrance. » Je lui réponds : « Je prendrais volontiers la tienne pour que tu saches aussi ce qu'est la mienne. » Difficultés à se dire la souffrance qu'on croit très différente chez l'autre parce qu'elle s'exprime peut-être différemment.

Mme B.

Je voudrais aussi parler de la souffrance dans notre couple, parce que, souffrir à deux, c'est finalement souvent constater que l'on souffre seul, l'un à côté de l'autre, même si l'on a la chance d'être à deux. La souffrance, en fait, c'est pour moi l'apprentissage de la solitude, même au cœur de la tendresse ou de l'amitié.

J'ai découvert vraiment sur le tas, si je peux dire, qu'un homme et une femme ne souffrent pas de la même façon, déjà, je pense, parce qu'un homme et une femme ne fonctionnent pas de la même façon. Et c'est très dur.

Cette souffrance, ton père et moi, nous la vivons donc différemment ; cela crée parfois une tension entre nous, une tension qui n'est pas mauvaise, puisque nous sommes unis. Mais une tension douloureuse, parce que cela a tendance, quand même, à installer le silence entre nous.

Oui, la souffrance est bien tout un apprentissage. C'est-à-dire qu'il faut apprendre à accepter que l'autre souffre différemment de soi alors que l'on partage pourtant la même souffrance. Ce qui nous a bloqués, d'une certaine façon, c'est effectivement nos réactions dans la souffrance : ton père qui pleurait, au début, moi qui ne pleurais pas.

Ensuite je me suis mise à pleurer, et maintenant je suis heureuse de pleurer, parce que je trouve que c'est humain et que c'est normal. Mais le silence de ton père quelquefois me fait mal, parce que je suis arrivée à un point où j'ai besoin de beaucoup m'extérioriser. Et ton père m'a dit lui-même qu'il ne désirait plus que l'on parle de ce drame. Il ne m'empêche pas d'en parler, bien sûr, il est avec moi, nous pensons tous les deux à « la même chose », mais son silence me fait mal parce que j'ai quelquefois l'impression de me battre avec des murs...

Colette.

Quand l'un des deux se tait dans le couple, l'autre souffre et a l'impression d'être privé d'une richesse, de la richesse du chemin de l'autre.

> Mon mari s'exprime très peu, moi j'écris beaucoup et en écrivant j'exprime ce qu'on ressent tous les deux. Mais, par moments, j'ai l'impression d'être lésée dans l'affaire, il ne me dit rien et du coup moi je n'ai rien. J'ai peur qu'avec le temps je sois reprise par une vie routinière où je retrouverai mon compte de petits plaisirs, de petites joies misérables.
>
> Monique.

Cette solitude, ces déséquilibres ne peuvent qu'aboutir à une séparation plus grande entre les conjoints.

> De ces bouleversements intérieurs, mon mari ne pouvait être conscient, car je ne lui en parlais pas, de même qu'il n'exprimait pas ce qui pouvait être souffrance en lui. D'ailleurs — à tort ou à raison —, celle d'un père me semblait ne pouvoir en aucun cas être comparée à celle d'une mère, transpercée par la mort de son enfant.
>
> Lorsque nous parlions d'Henri, sa voix changeait, elle devenait douce et grave, et je le supportais mal : cela me semblait comme un ton de circonstance, alors qu'il m'était aussi normal de parler d'Henri que de nos autres enfants, et sur le même ton ; quoique invisible, il ne cesserait de faire partie de nos vies.
>
> Était-ce de ma part un refus implicite de reconnaître sa mort ? Je ne sais.
>
> A l'égard de l'environnement aussi, nos réactions différaient diamétralement : mon mari ne voulait personne d'autre à l'enterrement, que nos frères et sœurs, alors que je souhaitais la présence de tous ceux qu'Henri aimait — ou qui l'aimaient — et même les autres. Je voulais ouvrir toute grande ma maison ; je sentais que ce serait Henri qui accueillerait et que, ce jour-là encore, tous sentiraient la chaleur de son amitié.
>
> Nous eûmes un merveilleux soleil et cette bouleversante beauté de l'automne finissant.
>
> Mme T.

Au contraire, partager avec l'autre ce que nous ressentons, l'écouter, lui dire ce que nous vivons, ne peut qu'aboutir à une meilleure communication et à une moindre déperdition d'énergie.

> Nos relations de couple ont été difficiles après le décès d'Hélène en grande partie parce que je n'ai pas pensé à demander à mon mari ce qui lui faisait plaisir. Il était hospitalisé loin de chez nous, donc il revenait tous les week-ends. Moi qui souffrais énormément toute la semaine de l'absence, de la solitude, je ne rêvais que d'une chose, c'était d'inviter du monde le week-end pour qu'il se change les idées. De son côté, il ne rêvait que d'une chose, c'était de se retrouver chez lui et d'être dans le cadre où avait vécu Hélène pour y vivre des week-ends très paisibles.
>
> Au lieu d'aider mon mari, j'ai introduit le doute dans son esprit, il a eu l'impression que je cherchais à lui cacher quelque chose et il a essayé de savoir quand il est rentré à la maison ce que je lui cachais. C'est à ce moment-là que nous avons pu nous expliquer et comprendre un peu les désirs de l'un et de l'autre : son désir de solitude, de vie paisible, et mon désir de rencontrer du monde et de me changer les idées, de fuir cette maison vide et silencieuse qui me faisait horreur.
>
> J'ai fait une grosse erreur, il aurait suffi que nous nous en parlions. C'est si simple de pouvoir se dire les choses et je lui ai reproché d'ailleurs de ne pas m'avoir parlé de tout cela.
>
> En fait, je me suis compliqué la vie en essayant de trouver des invités. Cela aurait été tellement plus simple qu'on se retrouve à deux.
>
> Mme B.

La différence profonde entre le ressenti masculin et le ressenti féminin est donc manifestement source de divergences, de solitude à deux, d'enfermement. Mais, bien souvent, elle est encore compliquée par le fait que le père et la mère ont vécu près de leur enfant des expériences très différentes.

Dans le cas d'un enfant malade, par exemple, le parent qui travaille pour subvenir à la vie de la famille passe forcément moins de temps au chevet de son enfant que celui qui reste à l'hôpital. Ce dernier subit seul tous les chocs de l'angoisse des examens et de l'annonce des mauvaises nouvelles. Le témoignage de Thérèse exprime bien cet écartèlement et ce déchirement.

> Si les mois qui ont précédé notre mariage nous ont appris à nous connaître, à nous apprécier, à préparer notre vie de couple, de parents, à nous aimer, nous n'étions pas aptes à surmonter la mort de l'un de nos deux enfants à 15 ans. L'annonce d'une maladie grave dont l'issue peut être la mort, c'est déjà beaucoup ; les traitements lourds de conséquences, les handicaps possibles, les mutilations prévisibles, puis réelles, c'était un peu trop.
>
> La mort comme point final au combat acharné pour la vie, c'était beaucoup, beaucoup trop. Cette fois, nous étions amputés d'une partie de nous-mêmes, nous étions quatre pour former notre famille et un quart nous était arraché. La famille était éclatée : ce n'était plus une famille, c'étaient trois éclopés égarés. Notre couple n'était plus un couple, mais deux êtres étrangers et étranges, hébétés et incompris, ne nous comprenant pas nous-mêmes, mal seuls, mal ensemble. Il me faisait mal, je lui faisais mal, il le savait, je le savais. Pourquoi ? Par trop de chagrin.
>
> Se réconforter, s'épauler mutuellement paraît la solution logique, s'entend-on dire et avons-nous dit aussi ; mais la réalité est tout autre, c'est plutôt le principe des vases communicants : à la place d'un fluide, mettez du chagrin, de la tristesse, de la révolte, de la colère, de l'agressivité, et imaginez la suite. Les vases déversent leur trop-plein de larmes, d'incompréhensions et de reproches. Plus de place pour la tendresse, la douceur, l'amour.
>
> Il n'est pas possible que deux êtres aussi effondrés l'un que l'autre par la même cause puissent se réconforter, se consoler, tout simplement parce qu'ils le désirent.
>
> Chacun est seul pour assumer sa propre douleur tant

bien que mal avant de pouvoir à nouveau apprivoiser l'autre. C'est un autre et rude apprentissage.

L'aide possible est celle des tiers parce que, moins concernés par le chagrin, ils pourront être aptes à recevoir le trop-plein sans rien dire en écoutant, en essayant de comprendre un peu, s'il est possible de les comprendre, les réactions de telle ou telle personne après la mort de son propre enfant.

Plus le temps passait et plus le fossé se creusait entre nous, plus j'avais l'impression que j'écartelais mon fils, que je le perdais encore plus.

Il devait nous unir à tout jamais, il fallait le vouloir et en prendre les moyens. Se reconnaître et s'accepter différent, faible, misérable, ce n'est pas chose facile. Les causes sont multiples mais viennent essentiellement des différences.

Bien souvent, c'est le père qui est obligé d'assurer par son travail les besoins matériels du ménage. Il est impensable qu'il abandonne son emploi pour être plus souvent auprès de son enfant malade.

Qu'il le veuille ou non, grâce à son travail à l'extérieur de la maison, de l'hôpital, son esprit, ses pensées sont assaillis par d'autre préoccupations que la maladie, les traitements, les résultats d'analyses, la mort toujours possible.

Je ne dis pas que cette situation est moins pénible, peut-être est-elle même source de grande souffrance, mais elle est un dérivatif. Le père ne vit pas la maladie, la souffrance, de la même manière que son épouse ou que son enfant.

Pour la maman, si elle a eu dans cet immense malheur la chance de pouvoir accompagner son enfant jusqu'au bout de sa vie, il s'est créé des liens extrêmement étroits, un état de dépendance réciproque, une symbiose jusqu'à éprouver les mêmes choses, les sentir à l'avance. La nuit, j'étais réveillée juste avant qu'il appelle ; le jour, il suffisait que je me laisse envahir par la tristesse, qu'une seule larme coule malgré moi, pour qu'il éprouve le besoin de m'appeler à cet instant.

Il fallait qu'il sache à tout moment où j'étais et ce que je faisais, et réciproquement. Il n'était plus possible que je quitte la maison, que je téléphone, il avait besoin de me voir ou de m'entendre, de me sentir présente à chaque minute du jour ou de la nuit, la prescience était là et j'en étais consciente.

Il faut bien accepter que le vide créé par son départ est ressenti un peu différemment par chaque parent, puisque la période qui l'a précédé a été vécue de manière différente. Pour la maman, c'est viscéral. Mais ce n'est pas plus facile pour l'un que pour l'autre à supporter. Le « plus » ou le « moins » n'existent pas ; c'est l'infini et le « sans-mesure ».

Bien difficile de se rapprocher dans une telle situation, quand l'un est plutôt enclin à vivre dans le passé, avec le passé, et l'autre vers l'avenir. C'est ainsi que l'un recherche son enfant dans le passé, revit par exemple chaque anniversaire de décès dans le détail, et l'autre l'imagine au paradis, resplendissant, et tend à aller vers cet être glorieux et vivant. Mon but, c'est d'aller vers lui ; mon fils est devant moi, il m'a devancée, il est sur l'autre rive.

La société dans laquelle nous vivons, qui permet aux futurs parents de programmer une vie nouvelle pour telle année, tel mois, ne programme pas la suite des événements et encore moins la fin de cette vie. Je ne pensais pas qu'en choisissant de donner la vie, j'engendrais la mort. A 20, à 30 ans, j'aurais volontiers chanté tous les jours de ma vie « Que c'est beau la vie, que c'est beau l'amour ».

En donnant la vie, je recevais un cadeau magnifique, source de bonheur infini dans le temps, même si je savais que cet enfant me donnerait quelques soucis. Il était impensable que je conduise mon fils en terre ; quinze ans de vie, de bonheur pour un enfant qui respirait la joie de vivre, la santé et la turbulence, jusqu'au jour où un cancer fut découvert à la place d'un trouble anodin.

L'acte d'amour, source de plaisir, source de vie, source de joie, aboutit à l'échec, au néant. Le refrain de mes 30 ans devenait « Que c'est triste la vie, que c'est triste l'amour ».

Non, nous n'étions pas prêts à accepter la mutilation, puis la mort de notre enfant, mais personne n'est vraiment apte à affronter du jour au lendemain de semblables imprévus. Sa mort arrivée, tout s'effondrait autour de nous ; son père, son frère, moi-même mourions un peu, et pourtant il fallait survivre pour son frère, son aîné de deux ans.

Il nous fallait apprendre à vivre à trois et souvent à deux, en couple, à parler de ce fils trop tôt parti. Parler quand on ne peut plus, quand on n'a plus rien à dire, rien à se dire, et même rien à entendre et rien à voir, parce que le chagrin vous étouffe et que tout pèse trop lourd.

C'est peu à peu, après un long et difficile chemin, beaucoup de chutes, beaucoup d'amour de l'autre et des autres, qu'une autre vie peut recommencer sans l'un de nos fils.

Des joies reviennent pas à pas, les plus petites deviennent précieuses, et la vie renaît avec le temps, la blessure reste et restera, tout prend une autre dimension, un autre sens, le couple redevient couple, la famille aussi en temps que telle ; un peu de joie, de tendresse, d'amour mutuel se mélangeront d'abord à la tristesse des vases communicants pour l'évacuer au fil du temps. La vie ne sera plus jamais comme avant, elle sera autrement.

Thérèse.

Dans le cas d'un accident, les circonstances font parfois aussi qu'un des conjoints est informé de la mort de l'enfant avant l'autre et doit donc vivre le traumatisme supplémentaire d'annoncer la nouvelle à celui qui ne la connaît pas encore, ou que l'un des conjoints se retrouve seul pour vivre le choc. La maman d'Hélène, tuée dans les bras de son papa, lui-même grièvement blessé, nous permet de mesurer la distance qui la séparait de son mari, alors qu'elle s'est retrouvée seule pour vivre l'annonce de la nouvelle, le choc de retrouver à l'hôpital sa fille dans le coma en service de réanimation et son mari grièvement blessé, le choc de lui annoncer le décès d'Hélène, seule aussi pour prendre la décision de donner les organes d'Hélène, comme l'hôpital le lui proposait, et pour vivre enfin l'enterrement de sa fille. Le souvenir de cette succession de chocs dans la solitude continue à hanter ses nuits dans des cauchemars terriblement angoissants que son mari ne peut comprendre, puisqu'il n'a pas vu les mêmes choses.

> Si mon mari avait vu Hélène morte, comme moi, il cesserait d'attendre qu'elle revienne comme il le fait aujourd'hui. Nous avons vécu cet événement séparés et tout à fait différemment. Aujourd'hui, un an après, mon mari a le contrecoup de cette période, et il ne me reconnaît plus. Quand nous avions une difficulté ou un problème auparavant, je trouvais aussitôt la solution ; aujourd'hui, je ne vois plus de solution et je ne suis pas bien.
>
> Mme B.

Pour Christian, dont la petite fille de 2 ans a été tuée dans un accident de voiture alors que sa femme Agnès était au volant, des difficultés relationnelles vont s'installer insidieusement avec la tentation de se dire que cet accident aurait pu être évité s'il avait été au volant lui-même ; de plus, il va devoir faire face à une réaction d'agressivité imprévue de la part de sa femme.

> Le plus dur dans les mois qui ont suivi l'accident a été la vie avec Agnès. Elle avait déchargé son agressivité d'une façon extrêmement violente contre mes parents. Ceux-ci, outre la perte de leur unique petite-fille, recevaient en pleine face les coups d'Agnès. Ils n'ont jamais répliqué, mais, pour moi, la coupe était pleine. A cela s'ajoutaient un certain nombre de négligences commises avant et pendant ce fatal voyage en voiture. C'est bien souvent que je me laissais aller à des réflexions du type : « Si telle ou telle règle de sécurité avait été observée, deux vies humaines auraient pu être épargnées. » Bien sûr, j'en accusais régulièrement Agnès.
>
> L'accumulation de ces négligences et des attaques sans objet contre mes parents, sans parler de provocations gratuites que je subissais, m'ont rendu Agnès antipathique.

Nous avons vécu six mois très éprouvants. Peu à peu, les orages se sont espacés. Maëlle est arrivée. Mais, pour autant, tout ne peut être effacé d'un coup. Il en subsiste des traces ici où là. Nous sommes cependant conscients de la précarité de notre relation. Aujourd'hui, personne ne souhaite rouvrir ces plaies, mais il est clair qu'à jamais il y a là une brèche potentielle par laquelle tout peut être à nouveau ébranlé et renversé.

Nous ne sommes pas seuls à en porter les stigmates, mais il serait trop douloureux de lever le voile. D'un accord tacite, chacun préfère agir comme si...

Christian.

Agnès, de son côté, souffrait de ne pouvoir exprimer la confusion qu'elle ressentait en elle et sa déception devant ses difficultés de communication en couple.

Je me suis sentie anormale de ne pas pouvoir m'en sortir seule, et de voir que, dans notre couple, rien ne marchait plus. Certains me disaient qu'à deux, on s'en sortirait mieux, alors que j'avais l'impression que c'était le contraire. J'ai compris que j'avais besoin de l'aide des autres, même si , souvent, cette aide ne me convenait pas. Il est dur de se reconnaître faible, dépendant. Il faut une certaine humilité pour oser dire : « Je ne vais pas bien, j'ai besoin d'aide. » Je me suis dévoilée et, après coup, j'ai été gênée d'avoir tant parlé, de m'être montrée si démunie ; et je me suis mise à craindre le jugement des autres.

Nous étions un « couple avec enfant », et nous nous sommes brutalement retrouvés de nouveau à deux. Certains nous ont dit : « On n'osait pas vous inviter, on avait peur de vos réactions. » J'appréciais cette franchise, mais je me sentais délaissée à un moment où j'avais tant besoin de parler, et du coup, je me sentais coupable de la mort de ma fille. De plus, il est dur de constater que l'on crée une gêne et un recul chez les autres. Et c'est nous qui avons dû faire l'effort de dire : « Ça va mieux, on aimerait bien vous voir. »

Je supportais mal qu'on me demande quand nous

aurions un autre enfant. J'avais l'impression que cela rassurerait notre entourage. Nous rentrerions dans la normalité, nous serions de nouveau trois.

Il me semblait que le fait d'avoir tant parlé de moi et de ce que je ressentais, donnait aux autres un droit de regard sur moi et sur ma vie, ce que j'acceptais assez mal.

Je crois que j'ai vécu une période de grande confusion, recherchant une aide extérieure que je rejetais ensuite.

Agnès.

En saisissant mieux grâce à ces deux derniers témoignages les différences entre le vécu du père et celui de la mère, il m'apparaît important de souligner la spécificité du travail de deuil des pères.

Trois éléments se dégagent des rencontres que nous avons faites au sein de « Choisir l'Espoir » ou des conversations téléphoniques que nous avons eues avec des pères :

— beaucoup d'entre eux éprouvent de grandes difficultés à exprimer leurs sentiments et répugnent à entrer dans ce processus, qu'ils jugent assez féminin ou qui leur fait peur ;

— un grand nombre d'entre eux également ne se donne pas le droit de craquer, car un homme doit toujours être un « homme fort ». Beaucoup de pères se sentent les protecteurs de leur famille, ceux qui assurent sa sécurité. S'ils craquent, sur qui la famille et leur épouse pourront-elles s'appuyer ?

— ils sont souvent entourés de moins de sollicitude que la mère, et cela peut être le résultat des deux premiers points.

J'en avais assez qu'au bureau tout le monde me demande des nouvelles de ma femme et que jamais personne ne me dise : « Et toi, comment vas-tu ? » C'était à croire qu'il n'y avait qu'elle qui souffrait de la mort de notre enfant !

Un papa.

Ma femme avait une vie relationnelle très riche avant la mort de Géraldine, il y avait longtemps qu'elle partageait simplement et profondément ses sentiments avec de bonnes amies. Cela a été pour elle une aide.

Pour moi, c'était quelque chose d'inconnu, et je me rendais compte que ma solitude était le résultat de mon comportement. Je ne désirais pas parler de ma souffrance et coupais court à tout essai fait par des amis.

Pourtant, à la mort de Géraldine, j'ai réalisé que, même si le lien paternel est traditionnellement considéré comme moins physique que le lien maternel, j'étais pour ma part profondément « amoureux » de mes enfants, et j'ai vécu la mort de ma fille dans ma chair.

Patrice.

Il est sûr en tout cas que les pères ont besoin d'être entourés autant que les mères, et qu'ils ont besoin de se sentir toujours aimés, même au cœur de leurs faiblesses. C'est à leur épouse ou leur compagne de les aider en le leur disant.

Un soir où mon mari m'a paru particulièrement mal, je lui ai demandé de se laisser aller pour que je puisse l'aider. « Je ne veux pas pleurer devant toi, car tu as besoin d'un homme fort et viril. » Nous avons alors franchi une étape formidable en pleurant dans les bras l'un de l'autre après que j'ai pu dire à mon mari : « Je n'ai rien à faire d'un homme fort, c'est toi que j'aime, et je t'aime aussi quand tu as mal. Cela nous rapproche de le partager, sinon nous allons nous perdre et ne pourrons pas reconstruire ensemble. » Il faut mener la vie dure au cliché de l'homme fort, car il bloque le chemin de deuil des papas.

Mon mari m'a avoué avoir crié dans la voiture sur le chemin du bureau pour pouvoir « dire » sa souffrance. D'autres pères que nous avons écoutés ont fait cette expérience du cri qui libère.

Annick.

La diversité des témoignages recueillis prouve que pour vivre son « travail de deuil », chaque couple inventera son chemin : tel fera tout ensemble et ne se quittera plus, tel autre au contraire devra sembler se séparer momentanément pour se refaire et se retrouver plus tard, comme Colette, la maman de Benjamin.

Oh ! comme je me retrouve en toi, parfois ! Ton père parle aussi à travers moi, même s'il n'aime pas toujours les mots. Je lui avais demandé, un jour, jusqu'où il voulait bien que je parle ou que je me taise, et il m'avait répondu que tout était clair entre nous et que je pouvais dire ce que je voulais.

Peu de temps avant Noël, nous avons passé la soirée avec un ami prêtre, celui qui t'a enterré. Nous l'avions appelé au secours, en quelque sorte. Et j'entends encore ton père dire que, désormais, s'il avait besoin de prendre de la hauteur pour s'en sortir, ce qu'il lui faudrait, c'est une semaine « pour se défoncer », à faire du ski, tout seul. Et moi, parallèlement, j'ai dit : « Je ne désire pas faire du ski, je voudrais du silence », et je désirerais passer une semaine dans un cadre propice à la réflexion, où je voudrais entendre la parole de quelqu'un, mais me taire, moi. Et ton père a répondu : « Il n'est pas question que je t'accompagne dans cette démarche, je ne pourrais pas la vivre comme toi tu la vivrais, mais je te laisse libre, et tu peux choisir. »

Finalement, avec notre ami, qui nous connaît bien, nous avons convenu tard dans la soirée qu'il serait peut-être bon que chacun de nous deux fasse ce qu'il avait envie de faire, seul de son côté, sans penser que ce serait nous écarter l'un de l'autre, nous éloigner, sans penser qu'il faudrait culpabiliser.

C'est tout un cheminement qu'il m'est difficile de faire apprécier à travers de simples mots, et sans le temps de la réflexion. Mais pour en arriver à accepter que chacun puisse s'éloigner de l'autre, pour, plus tard, mieux nous retrouver, c'est très dur. Effectivement, nous sommes partis chacun de notre côté.

Colette.

Ou comme la maman d'Emmanuel, qui s'est trouvée confrontée au problème suivant : après la mort d'Emmanuel, elle n'imaginait plus vivre ailleurs que dans cet appartement où elle se sentait bien, car il était habité par tant de souvenirs de la vie de son fils, alors que son mari ne supportait plus d'y vivre. Ayant demandé sa mutation, son mari est parti habiter à plusieurs centaines de kilomètres de Paris.

Après qu'elle eut essayé en vain de s'habituer à vivre loin de ce lieu qu'elle aimait, ils ont choisi de se séparer pendant quelques mois, gardant le lien par le courrier et le téléphone, pour permettre à chacun de reprendre pied. Au cours de cette séparation, ils se sont redécouverts grâce à une communication dont ils avaient perdu l'habitude (téléphone et lettre) et cela leur a permis de redémarrer ensemble, un peu plus tard.

> En refermant sur nous deux la porte de l'appartement pour un voyage en province, j'ignorais qu'Emmanuel, notre aîné, ne devrait plus jamais en franchir le seuil et que, moi, je n'y reviendrais à nouveau qu'après deux mois et demi d'hôpital.
>
> Laissant mon mari et nos deux autres enfants paisiblement endormis, je ne savais pas que, moins d'une heure après notre départ, notre vie allait brusquement basculer dans l'épreuve à la suite d'un terrible accident de voiture, nous laissant à jamais amputés d'Emmanuel, tué sur le coup, et moi grièvement blessée, mais consciente.
>
> Pas facile de retrouver sa place dans la maison et au milieu des siens, dans la vie quotidienne, après deux mois et demi d'hôpital.
>
> Pas aisé non plus d'entrer à nouveau dans la chambre d'Emmanuel, de retrouver livres et cahiers sur le bureau, les vêtements dans l'armoire et, pourtant, c'est encore un peu de sa présence qui se prolonge, et cela me réconforte le cœur malgré tout.
>
> Mon mari éprouve l'impérieux besoin de se distancer de cet appartement, de cette région devenus pour lui syno-

nymes de drame. Courant décembre, il obtient une affectation pour la région Rhône-Alpes avec une grande maison de fonction toute meublée. Il est décidé d'un commun accord que je le rejoindrai avec nos deux autres enfants en juin, à la fin de l'année scolaire en cours. Cette perspective m'angoisse tout autant qu'elle me désole profondément ! Quitter cet appartement si riche de notre vécu tous ensemble : c'est pour moi perdre Emmanuel pour de bon, et l'idée m'en est insupportable !

Pour Pierre-Olivier et Marie-Pascale, nos deux autres enfants, c'est aussi la rupture avec les copains, avec tout un milieu de vie où ils se sont épanouis. En leur imposant ce départ vers ailleurs, j'ai l'impression, par-delà le choc de la mort de leur frère, de les faire d'un coup sortir du monde de leur enfance, et cela m'est extrêmement douloureux.

Quoi qu'il nous en ait coûté de chagrin et de désinstallation, nous avons quand même tenté l'expérience de l' « ailleurs-autrement ». J'ai essayé d'y appliquer ma bonne volonté mais le cœur ne suivait pas, et d'autant moins quand j'entendais ma fille me dire : « Maman, je suis comme une plante à qui l'on a coupé toutes ses racines et remise dans un autre pot, une autre terre, en lui disant : Pousse et continue de fleurir ; moi, je ne peux pas ! Les murs de cette maison sont froids : ils ne connaissent rien de notre histoire, on n'a rien vécu ici. Ce n'est pas chez nous. »

Ma tristesse grandissait encore quand je voyais Pierre-Olivier, enfant sociable, ne créer aucun lien avec les enfants de sa classe et jouer seul dans sa chambre ou au bord de la rivière.

Aux vacances scolaires, nous retrouvions l'appartement, les amis, notre chez-nous et une certaine joie de vivre.

Mon mari ne comprenait pas notre attachement excessif à ce chez-nous, il en était même agacé et fâché, et, pour les enfants et moi, les retours en région Rhône-Alpes étaient chaque fois plus pénibles.

Je me sentais peu à peu gagnée par la dépression. A travers leurs confidences, il était clair que les enfants n'étaient pas heureux non plus.

Après onze mois, il nous est apparu comme une nécessité de faire le point en rompant le silence, pour essayer de nous « sauver » ensemble. Cela devenait urgent. Pesant le pour et le contre avec les enfants et avec des amis nous connaissant bien, il a été décidé que je reviendrais avec les enfants dans notre appartement parisien, tandis que mon mari resterait en poste où il était, puisqu'il y retrouvait peu à peu équilibre et paix.

En consentant à notre départ ou plus exactement à notre retour, il nous a donné la plus grande preuve d'amour, permettant ainsi le sauvetage de tous, et, malgré les nombreux kilomètres qui nous séparaient, nous n'avons jamais été quotidiennement aussi proches. Nous avons tout fait pour le rester, employant téléphone, courrier, visites de part et d'autre.

Peu à peu, lentement, patiemment, chacun de nous a retrouvé son équilibre, sa paix et le goût d'un autre bonheur.

De cette expérience, nous sommes sortis plus humbles, acceptant nos propres limites et celles des autres, sans culpabilité et sans jugement.

Trouver chacun son propre chemin de guérison et d'espérance demande souvent une grande audace, surtout s'il est hors des chemins battus, et sans doute aussi quelque courage pour y faire un pas après l'autre, jour après jour.

Andrée.

En plus des difficultés liées à la communication et aux différences entre eux, les parents vont rencontrer des difficultés dans la relation avec leur enfant mort. Ils pensent avoir le choix entre deux attitudes : l'oubli ou l'idéalisation et, dans ce domaine également, il est rare qu'ils soient au diapason.

En ce qui concerne l'oubli, ce serait plutôt une tentative afin d'oublier, comme pour échapper à une réalité cauchemardesque, mais cela se révèle très difficile dans la réalité des faits. Par exemple, les images si fortes des derniers moments de leur enfant ou des circonstances de sa mort hantent les parents ; ils voudraient essayer d'oublier.

Tout oublier, oui, comme si c'était un cauchemar, mais malgré la maladie de Philippe, j'étais bien et heureuse ; on s'était beaucoup rapprochés. J'ai l'impression que cette période n'a pas existé, qu'elle n'est pas là. On voudrait oublier, mais on ne peut pas oublier Philippe, donc on y pense.

Mme L.

C'est vrai que je voudrais pouvoir oublier cette période d'enfer, cette souffrance, sa souffrance, sa dégradation physique... Oui, je voudrais pouvoir fuir... retrouver le calme et la sérénité.

Après sa mort, j'aurais voulu partir, partir loin, loin de notre maison, de mon travail, des gens que nous connaissons, loin de ses copines que je vois tous les jours...

J'aurais voulu apprendre un autre travail, vivre dans un autre décor, connaître d'autres gens. Mais, elle, non, je ne voulais pas l'oublier. J'aurais voulu retrouver la sérénité tout en gardant son souvenir vivant, même dans les moments les plus douloureux de sa maladie, de sa déchéance physique. Je savais qu'elle ne guérirait pas.

Trois mois avant sa mort, je n'ai plus voulu la quitter. J'ai demandé à mon mari de bien vouloir me laisser passer toutes les nuits qui restaient avec elle. Il a accepté. La nuit, je me blottissais contre elle, je la caressais. Je voulais m'imprégner de la douceur de sa peau. Je savais qu'elle allait mourir et déjà je savais que je ne pourrais l'oublier ; je savais que je garderais le souvenir vivant de ma Céline.

La douceur de sa peau, la douceur de ses « nouveaux » cheveux, devenus noirs, si doux, alors qu'avant la chimio, elle avait les cheveux châtains, secs, d'une texture si différente. Aujourd'hui, quatre ans après, je sens toujours sa peau, ses cheveux sous ma main, comme si elle était là, comme si elle était vivante. Ce souvenir vivant n'appartient qu'à moi, sa maman. Je suis heureuse d'avoir pu garder ce souvenir, d'avoir conservé d'elle un peu de sa vie. Un peu comme si elle faisait encore partie de moi-même.

Dominique M.

Un an après la mort de Sophie, sa maman nous écrit :

> Cela fait quatorze mois que Sophie n'est plus et nous pensons toujours à elle... Je suis sûre aujourd'hui qu'il ne faut pas que je pense trop au passé, car ça me rend triste et même malade, donc je repousse tout ce qui me vient à l'esprit... On ne peut oublier, c'est impossible, mais on n'en parle pas beaucoup, car cela fait trop mal.

Et, deux ans après, elle analyse ce qu'elle a vécu :

> Je me rappelle ces moments, et je m'en veux terriblement d'avoir voulu la gommer de mes pensées. Mais c'était tellement horrible, quand je pensais à elle. Je souffrais terriblement, et c'est peu de le dire ; je comprenais que pour moi il n'y avait pas d'issue : c'était ou bien penser toujours à elle et devenir folle de chagrin, n'être plus bonne à rien, ou bien repousser son visage, les mauvais et les bons souvenirs. Lorsqu'il m'arrivait de repenser à elle sans souffrir autant, j'avais l'impression d'être égoïste. Il ne fallait pas que je perde la raison, j'avais quand même deux autres filles et un mari.
>
> Anne-Marie.

A d'autres moments, les parents seront tentés d'idéaliser l'enfant qu'ils ont perdu, de ne plus voir que lui.

> Pendant les onze mois de la maladie de Benoît, toute la vie de famille s'est orientée en fonction de lui, les deux frères aînés étaient sur la touche. Benoît n'avait pas le choix, nous avions à l'épauler pendant toute cette période.
>
> A son décès, nous ne voulions conserver que des souvenirs heureux, ne voir que son courage, sa gentillesse, sa patience. Longtemps, Geneviève a eu l'impression d'oublier les deux aînés, elle a pensé qu'elle n'aimait que Benoît, les deux autres étaient simplement là.
>
> Leur vie ne nous intéressait que moyennement. Mais notre médecin nous a aidés à découvrir que les frères souffraient comme nous, que chaque enfant est unique ; si nous avions l'impression d'avoir tout perdu après le décès

de Benoît, nous aimions autant les autres ; le même drame avec un autre enfant aurait produit les mêmes effets. Aucun enfant ne remplace celui qui est parti, c'est un miracle que des parents puissent donner tout leur amour à chacun de leur enfant.

Yves.

Pour Mme T., c'est l'idéalisation du projet de vie qu'Henri avait fait, ou aurait fait, qu'il va falloir abandonner avec sa mort. Elle expérimente, de manière dramatique, la difficulté qu'éprouvent tous les parents à faire le deuil de leurs illusions et de leurs projets sur la vie de leur enfant.

Idéaliser n'est pas le mot qui convient à ce qui s'est passé pour moi. Car jamais je n'avais cessé d'être consciente de certaines infériorités d'Henri : dès l'enfance, il ne saisissait pas toujours au quart de tour les astuces imaginées par son plus jeune frère ; adolescent, il riait parfois de plaisanteries faciles.

Bien qu'il fût toujours premier en classe, son intelligence ne correspondait pas au standard qui était le mien ; je l'avoue à ma honte, j'en étais humiliée : s'agissait-il donc de lui ou de moi ?

Et pourtant ce qui chez lui m'avait toujours surprise et émerveillée, c'était sa docilité, au sens de *docilis*, « celui qui se laisse enseigner », son obéissance, son désir de faire plaisir et la simplicité de ses goûts ; petit garçon, si pour le récompenser je lui offrais de l'argent, contrairement à ses frères et sœur, il répondait avec douceur : « Merci beaucoup, maman, je n'ai pas besoin d'argent. »

Son naturel joyeux me réjouissait aussi. Plus tard, en pension, adolescent, il devint plus grave, mais toujours si fraternel et attentif à ses responsabilités vis-à-vis de tous ceux qui l'entouraient que, lorsqu'il me dit vouloir consacrer sa vie aux pays en voie de développement, je n'en fus pas étonnée.

Je commençai alors à faire un peu mien ce projet : mère de six enfants, militant dans deux associations, mon existence passée et présente me paraissait néanmoins avoir été jusqu'à présent d'une pauvre utilité, en comparaison de mes intentions de jeunesse.

A travers Henri, je me voyais rendre enfin à mes contemporains un bien meilleur service : je m'imaginais le soutenant discrètement dans son action sociale, l'épaulant concrètement, qu'il agisse en Afrique ou en France, ou ailleurs, quand bien même il ne pourrait sûrement pas être question pour moi de le suivre.

Aussi, sa mort fut un brutal appel à renoncer au merveilleux avenir fraternel que je voyais déjà pour lui, comme au soutien que j'avais espéré lui apporter.

Je ressentais sa mort comme un abandon, une trahison, et j'étais en même temps horrifiée, indignée de me découvrir cette réaction. Penser à moi au sujet de la vie et de la mort de l'autre, c'était monstrueux.

Il me fallait comprendre que j'avais à vivre MA vie, et non pas une vie comme par procuration.

Je prenais tout à coup conscience qu'à l'égard de mes autres enfants il me fallait aussi modifier mon attitude, ne pas projeter sur eux ma propre vision du monde.

Et pourtant, les parents n'ont-ils pas un rôle d'éducateurs, de guides, à assumer ?

Mme T.

Mais très vite les parents se rendent compte qu'aucune de ces deux voies ne les mènera à la paix et à la sérénité, et ils entrevoient une direction nouvelle, qui serait celle de l' « intégration » : intégrer profondément la mort de son enfant à sa vie consiste à trouver le point d'équilibre entre le culte du souvenir et un oubli qui s'apparenterait, en réalité, à une peur de regarder la réalité en face, entre faire sans cesse référence à son enfant mort et ne jamais l'évoquer, entre se terrer, refuser les plaisirs de la vie et s'étourdir dans ces plaisirs afin de ne pas trop penser. Intégrer, c'est aussi, pour les parents dont l'enfant a été assassiné ou victime d'un accident, arriver à faire taire en eux la haine qu'ils sont tentés d'éprouver envers celui ou celle qui est la cause de la mort de leur enfant. On réalise alors l'ampleur de la tâche, et sa difficulté... (Les voies pour atteindre ce point d'équilibre sont variées. Elles sont abordées dans le chapitre VII, p. 171.)

On reconnaît l'intégration à ses fruits dans la vie : une joie et un goût de la vie, une certaine sérénité, une envie d'entreprendre et d'être utile à ceux qui nous entourent, à cause de, et grâce à ce que nous avons vécu et enduré.

> Treize ans après le décès de Benoît, ne rien oublier ! Surtout, alors oui, surtout faire en sorte que Benoît soit très présent à notre vie de couple. Nous avons eu trois fils ; nous voulons que Benoît soit aussi vivant que les deux autres.
>
> Quand il nous arrive d'entendre cette question : « Combien avez-vous d'enfants ? », dire « trois fils » est très important pour nous.
>
> Yves.

> Non, en fait, je ne veux pas oublier, même si c'était l'enfer. Tout ce qui la concerne, je veux le garder intact. Ce que j'aurais voulu, c'est que ça n'ait jamais existé ; ce que je voudrais, c'est pouvoir vivre tranquillement, sereinement, avec son souvenir intact en moi. J'avais voulu une fille, je l'ai eue... dix ans. Je ne la remplacerai pas... Je n'aurai pas d'autre enfant, d'autre fille.
>
> Son petit frère, qui avait 6 ans au moment de sa mort, nous a beaucoup aidés à surmonter cette épreuve. Heureusement, c'est vrai, qu'il était là. C'est Céline qui avait voulu un petit frère...
>
> Céline, qui aurait aujourd'hui 14 ans. Je voudrais pouvoir l'imaginer, petite jeune fille, comme ses copines. Cela me fait mal, je voudrais pouvoir savoir ce qu'elle penserait, quelles seraient ses idées, comment serait-elle physiquement... Je crois qu'elle n'aura toujours que 10 ans.
>
> Dominique M.

Cette intégration leur permet petit à petit de rendre leur enfant plus présent, comme nous le verrons plus loin.

Je n'avais aucun désir d'oublier, ni surtout de « gommer » l'enfant. J'étais toujours heureuse de tout ce qui me la rappelait. Je recherchais la compagnie de ceux avec qui je pouvais parler d'elle. Me souvenir d'elle, de son rire, de tout ce qui faisait sa personnalité est toujours une joie.

Monique R.

## 2. LES JOIES

Si vivre la mort d'un enfant ensemble est certainement source de difficultés, cela peut paradoxalement être aussi source de « joies » nouvelles dans un couple et renforcer son entente.

Lorsque nous avons perdu notre quatrième enfant, Gauthier, nous étions dans une période de notre vie de couple où nous communiquions bien, ce qui nous a permis d'exprimer notre souffrance. Nous avons pleuré ensemble, nous nous sommes révoltés, mais nous avons aussi continué à beaucoup parler de Gauthier, et cela nous a aidés. Nous étions très proches l'un de l'autre, unis par Gauthier.

Maryvonne P.

Évoquer l'enfant ensemble peut aider les parents à construire un lien nouveau.

Parler, raconter, échanger, remémorer, rappeler... tant et tant de souvenirs communs. Nous avons vécu à deux la maladie et le décès de Benoît. Nous sommes « regonflés » des mots qui résonnent à jamais en nous :

« Je t'aime bien, tu sais ! »

« Je te trouve belle ! »

Joie, treize ans après son départ, d'avoir surmonté en couple l'épreuve, les difficultés, parfois l'incompréhension, d'avoir vécu ces moments douloureux en vérité.

Yves.

Le deuil peut aussi réunir les parents dans des convictions communes. Ainsi s'exprime la maman de Julie, six mois après la mort de Julie.

> La souffrance de mon mari est aussi forte que la mienne. Mais il ne l'exprime pas de la même façon. Aujourd'hui, nous savons que nous ne sommes maîtres ni de la vie ni de la mort.
>
> Monique W.

Il peut enfin leur permettre de se redécouvrir et de se « rechoisir ».

> Quand le chagrin de l'un devenait trop insupportable, l'autre laissait tout tomber pour écouter et essayer d'apaiser.
>
> Monique R.

> Alors, où sont-elles mes étoiles ? Qui sont-elles ?
>
> Je dirais, avant tout, c'est ton père. « Étoile du Berger... » Il est là. Nous sommes deux, accrochés l'un à l'autre, en attendant que la tempête se calme... Nous avons la chance d'être deux, et pourtant, parfois, c'est difficile aussi d'être deux. C'est lui qui souvent me ramasse, quand je suis en petits morceaux. C'est lui, ton père, cet homme de ma vie, que j'aime... envers et contre tout, à travers les orages que tu sais... à travers la difficulté même d'être si différents l'un de l'autre. Si différents, certes, mais sans doute si complémentaires.
>
> C'est lui, cet homme que j'aime, qui m'a révélée à moi-même, qui a fait de moi celle que je suis, qui me prouve chaque jour, par nos vingt-trois ans de vie commune, qu'il n'est pas nécessaire de se ressembler pour construire et, s'il le faut, reconstruire... Cet homme de ma vie, dont le silence aujourd'hui signifie peut-être tout simplement qu'il « se maintient », pour être calmement présent au plus fort de la tempête, tandis que je crie...
>
> Colette.

> Nous avons éprouvé une grande joie lorsque nous avons été capables de commencer à penser à un autre enfant.

Géraldine nous avait beaucoup réclamé un bébé pendant sa maladie, et nous le lui avions promis quand elle serait guérie.

A nouveau, nous nous donnions un but à atteindre à deux, grâce auquel nous avons réappris à communiquer, à marcher ensemble en intégrant la souffrance et l'absence, à savourer la vie et le bonheur qui était le nôtre de nous aimer, d'avoir deux autres enfants, et d'être assez jeunes pour pouvoir envisager de continuer à construire notre famille.

Six mois après la mort de Géraldine, nous avions la joie d'attendre un bébé, et notre vie de famille s'est reconstruite en se recentrant autour de ce bébé que nous serions vraiment cinq à accueillir.

Le deuil est une expérience qui révèle le vrai visage de chacun. Un mari, une femme se découvrent autres qu'ils ne se connaissaient, ou qu'ils s'étaient laissés connaître par leur conjoint. On ne triche plus devant une telle souffrance. Nous nous sommes dit : ou bien nous essayons d'en sortir ensemble, ou bien nous nous perdons. C'est cette décision d'en sortir ensemble qui nous a sauvés, et qui nous permet aujourd'hui de dire que Géraldine est moteur dans notre vie relationnelle et spirituelle, et qu'elle est, comme le dit mon mari, non plus notre passé, mais notre devenir.

Annick et Patrice.

Toutes ces hésitations, ces choix, ces erreurs parfois permettent aux parents de progresser dans leur travail de deuil. Ce « travail », auquel ils s'attellent en couple, est marqué par des étapes qu'ils ne vivent pas toujours selon un ordre chronologique préétabli ou imposé. Il me semble en tout cas que chaque parent éprouve, à un moment ou à un autre de son deuil, les réactions suivantes :

— nier : ce n'est pas possible, on se trompe, c'est un cauchemar ;

— être en colère, se révolter : pourquoi moi ? Pourquoi mon enfant ?

— trouver un coupable : c'est de ma faute, c'est de la faute de X ;

— perdre pied avec la réalité, jusqu'à avoir peur d'en devenir fou ;

— se désintéresser de la vie et de ses petits problèmes ;

— avoir l'impression de voir l'enfant partout, l'impression qu'il va revenir ;

— refuser le bonheur des autres ;

— déprimer, désespérer : plus jamais il ne reviendra ; je n'ai plus envie de vivre sans lui ;

— accepter : oui, il est mort, et moi je vis ;

— intégrer, reconstruire : si je veux continuer à vivre, comment et où vais-je en trouver les moyens ?

Ce qui me gêne, cependant, c'est qu'un travail s'achève généralement un jour, que des phrases ou des stades aboutissent toujours à une étape ultérieure qui serait, pour nous, l'acceptation et l'intégration du décès de notre enfant, puis notre reconstruction.

Pourtant, au fil des témoignages recueillis, j'ai eu l'impression que, lorsqu'on a perdu un enfant, le travail sur nous-mêmes et sur la vie qui va devenir la nôtre ne s'arrêterait qu'à notre propre mort ; les étapes ne sont jamais franchies une fois pour toutes, et, sans que nous nous y attendions quelquefois, la souffrance et les larmes nous surprennent des années après, alors que nous pensions notre problème réglé.

Le deuil nous fait pénétrer au cœur du mystère de la vie, et vivre la mort d'un enfant nous fait grandir et mûrir. Ce travail sur nous-mêmes et sur la vie nous permet d'éviter de vivre à la surface des choses, de vivre sans nous poser les grandes questions du sens de la vie.

En ce qui me concerne, le travail de deuil consiste à accepter d'être sans cesse fragile, remise en cause, vulnérable, et à apprendre à m'aimer dans ce nouvel état.

C'est la tâche qui s'offre à nous, parents d'un enfant décédé, pour apprendre à apprivoiser l'absence.

Un autre défi nous est proposé : continuer à faire grandir nos enfants et à les rendre heureux, et continuer à vivre dans un réseau relationnel et amical, riche et diversifié. Cela non plus ne va pas sans difficultés, mais cela est aussi source de tant de joies.

## 3. QUELQUES CONSEILS AUX PARENTS EN DEUIL, NOUS VENANT DES ÉTATS-UNIS

La mort d'un enfant est l'une des choses les plus dévastatrices qui puissent arriver à un couple. La plupart des couples traversent une crise, et un fort pourcentage de ceux-ci fait l'expérience de problèmes graves.

Les conseils suivants, donnés pour vivre un deuil en couple, l'ont été par un groupe privé de psychologues spécialisés.

1. — Reconnaissez que vous ne pouvez pas toujours être là pour l'autre. Ce n'est pas possible et vous n'y êtes pas obligés l'un envers l'autre. Deux pièges courants dans lesquels tombent les couples sont la surprotection et le ressentiment. N'essayez pas de protéger votre conjoint(e) de vos sentiments négatifs. En revanche, partagez-les. Un dialogue ouvert est toujours une bonne chose. Le ressentiment peut s'instaurer si l'un des deux croit qu'il ne peut pas s'effondrer devant l'autre. Il va y avoir de bons et de mauvais jours pour vous deux. Osez être triste en face de l'autre.

2. — Reconnaissez que vos façons de souffrir sont toutes différentes et acceptez-les de votre époux. Il y a de grandes différences dans la manière dont les hommes et les femmes éprouvent de la peine, et c'est une chose qu'il faut respecter.

3. — Parlez de votre enfant. Soyez ouverts. C'est nier son existence que de n'en pas parler. Ne faites pas comme s'il n'avait jamais existé. Il est important de partager à la fois les bons et les mauvais souvenirs.

4. — Une caractéristique normale de la période qui suit le décès de l'enfant peut être la baisse du désir sexuel. Tout ira mieux quand votre douleur diminuera. Votre deuil ne vous a pas rendus frigide ou impuissant physiologiquement.

5. — Commencez à revoir les autres. Reprendre une vie sociale, ce n'est pas abandonner l'enfant que vous avez perdu ni le renier. Vous refuser tout plaisir, toute distraction ne vous rendra pas votre enfant.

6. — Apprenez à « refonctionner ». Revenez dans le monde des vivants. Fixez-vous des objectifs chaque jour, même s'ils vous paraissent petits, et ne vous couchez pas sans les avoir réalisés. Recréez et renforcez l'unité familiale en partageant des activités, de nouvelles en particulier. Affrontez les vacances, les anniversaires des fêtes familiales.

7. — Continuez à être les parents de vos autres enfants. Aussi dur que cela puisse être, les autres enfants ont besoin des parents. Ne faites pas de comparaison entre l'enfant mort et les survivants. Ce n'est pas une situation positive pour les enfants et cela ne peut être que destructif. Restez exigeants en ce qui concerne la discipline chez vous, car les enfants ont besoin de structures et de consistance. Et, enfin, ne cachez pas votre douleur à vos enfants.

8. — N'ayez pas peur de rechercher l'aide d'un professionnel, soit pour la famille, soit individuellement, pour une longue ou une courte durée. La mort d'un enfant est une agression extérieure faite à un couple. C'est un temps

de crise pour toute la famille. Un professionnel compétent peut vous aider à voir clair. Voici certains signes de danger dont il faut avoir conscience : instauration d'un ressentiment à l'égard de votre conjoint, y compris de la colère ou de la culpabilité implicite ; échec dans la communication ; incapacité à retourner chez vous quand vous êtes attendu ; et attraction excessive pour le sexe opposé.

9. — Si vous êtes croyants, utilisez si vous voulez les ressources spirituelles. Il est très facile d'accuser Dieu. Cela peut conduire à une amertume stérile. Dieu ne nous a pas promis de nous libérer des problèmes, mais il promet la force et l'aide.

En tant que couple, vous avez connu un revers conjugal tragique, mais vous êtes tous deux les mêmes que lorsque vous avez conçu cet enfant à travers votre amour l'un pour l'autre. Il n'y a pas réellement de raison pour que votre deuil affecte votre amour de façon négative.

## 4. COMMENT AIDER UN CONJOINT QUI SOUFFRE ?

— Donnez à votre relation conjugale la priorité numéro un.

— Cultivez la transparence, l'ouverture et l'honnêteté.

— Acceptez votre douleur. Ayez la volonté de la partager et d'écouter celle de votre conjoint.

— Soyez patient avec votre conjoint et avec vous-même. Reconnaissez que vous n'êtes probablement pas au même stade tous les deux, et acceptez-le.

— Ne demandez pas à votre conjoint d'être votre seule source de réconfort, mais seulement une source de soulagement.

— Continuez à améliorer la communication. Faites spécialement attention à votre affection l'un pour l'autre. Apprenez et pratiquez des gestes de tendresse. N'oubliez pas de conserver un contact physique entre vous. Permettez-vous personnellement un jardin secret bien à vous. Chacun a droit à l'intimité de ses sentiments et de son chagrin.

— Donnez-vous le droit d'aimer la vie et de vous apprécier l'un l'autre. Prenez le temps de rire ensemble et aussi de pleurer. Efforcez-vous de trouver des choses intéressantes ou amusantes à faire ensemble.

— Aidez-vous l'un l'autre à vous rappeler que la vie est plus que cet enfant qui est mort. Quelle que soit l'importance de cet enfant pour vous, quel que soit le degré de désespoir que vous ressentiez à propos de sa mort, votre relation conjugale ne s'arrêtera pas à cet enfant.

Extrait de *Taking Care of Yourself*,
Compassionate Friends.

CHAPITRE V

# Le travail de deuil avec les autres enfants

## I. LES DIFFICULTÉS

Depuis que vous les avez mis au monde, vos enfants vous ont habitués à des « deuils » successifs. Il vous a fallu quitter l'état du nourrisson que vous allaitiez, puis la petite enfance, supporter l'adolescence et regretter parfois les problèmes de la tendre enfance, sourire qu'ils aient pu vous paraître lourds à certaines heures, voir vos enfants quitter votre maison et se lancer dans la vie...

Mais tous ces « deuils », bien que douloureux et difficiles à vivre, sont toujours vécus en vue d'une étape de vie ultérieure, d'un changement, d'une évolution qui sont signes que la vie est à l'œuvre. Ils ne sont pas trop pesants, parce que toute notre capacité d'amour est sollicitée immédiatement par l'étape suivante qui est déjà amorcée.

La perte d'un enfant, par contre, c'est la fin inéluctable de l'évolution de la vie qui change et grandit. Elle nous laisse avec tout notre potentiel d'amour parental sans objet du jour au lendemain. Le travail de deuil, c'est peut-être de réinvestir tout cet amour, ou d'apprendre en tout cas à vivre avec toute cette partie-là de notre être, momentanément sous-utilisée.

## 1. LA PRISE EN COMPTE DE LA SOUFFRANCE DES AUTRES ENFANTS

Les difficultés que vous allez rencontrer avec les frères et sœurs de votre enfant disparu sont donc différentes, nouvelles, mais vous connaissez maintenant les ressources inépuisables de votre amour de parents. Vous pouvez donc les aborder avec confiance. Elles sont liées à deux faits :

— le fait que vous avez vous-mêmes à assumer une souffrance qui vous écrase ;

— le fait que, au moment de la maladie ou du décès de votre enfant, les autres enfants ont quelquefois été éloignés ou ont complètement disparu de vos préoccupations.

Au cours de la maladie d'un enfant, en effet, ses frères et sœurs sont mis en nourrice, confiés aux grands-parents, aux amis pour les week-ends, les vacances ou la semaine, mis en garderie le soir après l'école. La vie de famille qu'ils connaissaient est complètement perturbée, et ils vont parfois osciller entre amour et jalousie.

> Le cancer a été une épreuve terrible pour ma sœur Géraldine, et pour mes parents, qui n'avaient que leur impuissance pour l'aider. Mais, pour moi, cela a été aussi une période très difficile de ma vie. J'avais 10 ans, et j'étais écartelé entre deux sentiments : la peine et la jalousie.
>
> La peine était incontournable ; une sœur, c'est une partie de soi, une compagne de jeux, une confidente. La voir souffrir ne pouvait que générer une grande peine, surtout qu'au cours de la maladie, les liens s'étaient resserrés, les attentions s'étaient multipliées, chacun s'efforçait de faire plaisir, d'être gentil, d'être plus proche.
>
> Tout à coup est apparu un deuxième sentiment, celui de la jalousie. Je sentais que Géraldine monopolisait l'atten-

tion de papa et maman, et j'avais même parfois l'impression que je n'étais plus autant aimé qu'elle, que je passais inaperçu, que je ne comptais plus. A 10 ans, c'était très difficile à vivre.

Émeric (19 ans).

Souvent aussi, on vous a conseillé de ne pas montrer votre enfant mort à ses frères et sœurs.

Une semaine avant la mort de sa sœur, nous avons éloigné Geoffroy de la famille. Pauvre Geoffroy, nous avons été complètement « à côté de la plaque ». Nous ne lui avons même pas permis de la voir morte parce que cela nous avait été déconseillé autour de nous. Aujourd'hui, il nous le reproche constamment. Après la mort de Coralie, Geoffroy est venu dormir dans notre chambre, et cela pendant seize mois à peu près. Il ne pouvait pas être seul à l'étage, il ne pouvait plus être seul tout court.

Catherine.

Mais si la mort de votre enfant a représenté un traumatisme énorme pour vous, on commence à mieux mesurer aujourd'hui celui qu'il représente pour des enfants confrontés à la mort d'un des leurs.

Avec ses mots, Nicolas (9 ans) nous fait partager son bouleversement, le soir de ce qu'il a appelé « la nuit et le matin du désastre » :

Une nuit, je dormais chez ma nourrice, sans me douter de ce qui m'attendait. Le lendemain matin, papa téléphona à Tatie pour m'apprendre ce à quoi je ne m'attendais sûrement pas. Puis, quelques minutes plus tard, je vis maman et papa. Ils étaient tout désemparés et faisaient une tête à porter le deuil, ils ne disaient mot. Papa stoppa la voiture, maman me prit dans ses bras et m'annonça : « Ton frère Pascal est mort cette nuit ! » C'était le choc. J'étais étonné et j'avais l'impression d'être hypocrite devant lui. Car tout en dormant je me contrefichais de ce qui lui arrivait et que vers trois heures du matin son cœur

> lâcha. Arrivé à la maison, je m'agenouillai devant lui, lui parlai mais, hélas, la prédiction du destin était accomplie. Le jour de la sépulture, le jour le plus long et le plus terrible de ma vie, je me retenais de crier : « Prends ma vie s'il le faut, mais épargne la sienne ! » En effet, Pascal avait lutté pendant un an et demi contre une des plus terribles maladies après le sida, le cancer.
>
> Nicolas.

La mort d'un frère ou d'une sœur bouleverse la vie d'un enfant. Lui aussi va devoir réapprendre à vivre, à jouer, à rire, comme Gwendoline (8 ans et demi) qui a définitivement cessé de jouer à la mort de Géraldine. Elles avaient l'habitude de jouer ensemble à la classe, à la maman ou au docteur, et transformaient leur chambre en école ou hôpital à grand renfort de coussins et matériel divers. Après la mort de sa sœur, Gwendoline préparait la pièce comme avant, et sa maman la retrouvait assise au milieu des jouets, immobile et répétant : « Je ne sais plus jouer. C'est Géraldine qui avait les idées. »

Leur vie est bouleversée aussi dans les relations avec leurs amis. Il semble que cette expérience de deuil les fasse mûrir très rapidement, et cela les sépare de leurs amis du même âge.

> Très vite après la mort de leur sœur, nos enfants n'ont plus été sur la même longueur d'onde que leurs amis du même âge et se sont tournés vers des amis plus âgés. Au début, d'ailleurs, ma fille n'avait même plus d'amies du tout et, en parlant des élèves de la classe, elle disait : « Tu sais, maman, c'est toi mon amie, parce que mes amis ne peuvent pas comprendre, ils sont comme moi " avant ". »
>
> Annick.

Les frères et sœurs font souvent aussi l'expérience de la culpabilité, surtout quand le décès survient après une dispute ou quand, pendant la maladie de leur frère ou de leur sœur, ils ont souhaité sa mort.

La culpabilité de nos autres enfants a été terrible ; mon fils avait dit à sa sœur la veille, à table, à midi : « Ah ! tu m'énerves, si tu pouvais mourir on aurait une chambre de plus ici, ça serait chouette ! », et elle est morte le lendemain. Il a somatisé énormément, il s'est cru coupable de cette mort et ç'a entraîné des ennuis de santé très difficiles pour lui : il est tombé dans les pommes régulièrement, on appelait le médecin plusieurs fois par semaine. Il est difficile d'expliquer aux enfants que leur sœur est morte, alors qu'elle n'a pas été malade et qu'ils ne l'ont pas vue et que tout s'est passé loin, alors que nous étions près d'eux à la maison.

Marie-Josée N.

Quelques mois après la mort de Géraldine, Émeric et Gwendoline ont pu nous dire : « Est-ce que c'est normal qu'on ait voulu qu'elle meure, tellement on en avait marre qu'elle soit malade et que vous vous en occupiez tout le temps ? » Et nous avons pu les rassurer complètement et leur dire que nous aussi, à certains moments, nous avions voulu qu'elle meure, tellement nous en avions assez qu'elle souffre.

Patrice et Annick.

C'est quand ils réalisent que leur frère ou sœur mort ne reviendra plus jamais que les enfants sombrent quelquefois dans le désespoir et ont un immense besoin de vous.

Coralie était toujours en manque de sa sœur Cécile, elle avait donc beaucoup besoin de moi aussi. J'aurais voulu l'approbation de Bernard, mon mari, pour aller dormir avec elle ; il ne voulait pas que je le fasse et je lui en ai voulu longtemps. Coralie disait d'ailleurs : « J'aimerais habiter un appartement toute seule avec maman. »

Quant à Geoffroy, le jour où il a réalisé qu'après Cécile, Coralie ne reviendrait plus jamais et qu'il l'a formulé, il a beaucoup pleuré et il est entré dans une période de désespoir.

Catherine.

Enfin, les frères et sœurs qui réalisent que la mort emporte aussi les enfants et les jeunes vont avoir peur de mourir eux-mêmes et ils auront du mal à mettre des mots sur cette peur. Ils peuvent alors éprouver des difficultés à s'endormir, comme si le sommeil leur faisait penser à la mort. Le sommeil devient inquiétant et l'angoisse de ne pas se réveiller les pousse à ne plus s'endormir.

Par ailleurs, les enfants découvrent la fragilité de leurs parents, et font tout pour les protéger, pour ne pas les faire souffrir encore plus. Cela rend la communication plus difficile, voire inexistante, entre parents et enfants, chacun cherchant à aider l'autre en faisant comme si tout allait bien.

> Je voyais bien que papa et toi étiez tristes, que vous ne dormiez pas bien, vous aviez l'air si malheureux... Je ne voulais pas ajouter mon chagrin au vôtre.
>
> Gwendoline, 11 ans
> (trois ans après la mort de sa sœur).

> Jean-Paul avait un an de moins que Marie-Christine. Ils avaient toujours été ensemble. Il a été très difficile de savoir comment aider notre fils. Il a fallu accepter ses silences. Il n'a pratiquement jamais parlé de sa sœur depuis sa mort et il a maintenant 35 ans ! Et il ne faut jamais parler de sa maladie, d'hôpital, d'examens, car il s'en va. C'est en grande partie pour lui que j'ai écrit mon livre. Une façon de lui faire savoir que je comprenais.
>
> Monique R.

> Je ne sais pas bien quoi faire avec Grégory, est-ce que je dois le charger de ma propre souffrance ? Je sens qu'il ne veut pas me charger de la sienne; résultat, nous ne communiquons pas beaucoup. C'est difficile. Nous sommes partis à l'étranger passer les fêtes de Noël, c'était dur et les soirées étaient longues. Finalement, on n'est bien nulle part, ni là-bas ni chez nous, le retour a été difficile.
>
> Babeth.

C'est la fin, pour l'enfant, de l'image toute-puissante qu'il se faisait de ses parents, et cela est d'autant plus générateur d'angoisse qu'il a l'impression que sa présence ne peut combler le vide laissé par le frère ou la sœur mort(e). Il est là, il est vivant, mais vous êtes malheureux et vous n'avez plus le goût de vivre. Pour attirer votre attention, il va quelquefois tomber malade, et c'est au travers de leurs problèmes de santé que vous allez découvrir la souffrance de vos enfants.

> Pendant des mois, nous n'avons plus vu les aînés... Présents physiquement pour les repas, ils étaient hors de nos préoccupations. Mais ils souffraient comme nous. Si l'aîné a trouvé beaucoup d'aide chez ses camarades et s'il a pu s'exprimer aussi dans ses dessins, le second a développé un zona. « Il souffre », nous a dit le médecin de famille ; cette découverte a provoqué la prise de conscience de Geneviève et elle a fait un premier pas vers l'autre.
>
> Avec le départ de Benoît, la vie n'a plus de goût, on a perdu confiance en soi, la guerre à la maladie nous a épuisés. La vie de famille est marquée au fer rouge par l'absence ; toutes nos joies, les fêtes, les anniversaires deviennent souffrances. Parler de Benoît en famille est devenu un sujet tabou, ça fait mal. Tout ce qui était naturel devient compliqué. Il nous a fallu réapprendre à vivre, chacun a dû réapprendre la relation aux autres.
>
> La première année est terrible, tout souvenir précis est anniversaire douloureux.
>
> Yves.

L'important est donc de ne pas minimiser la souffrance de vos enfants, de prendre conscience de sa dimension en tenant compte du fait que l'enfant a une capacité innée à vivre dans l'instant présent qui fait tellement défaut aux adultes, et qui lui permet de continuer à rire, à jouer, à travailler en classe.

> Au début, je ne comprenais pas comment sa jumelle Béatrice pouvait continuer à chanter. Il n'y a plus de joie à

la maison ; elle n'est plus pareille, c'est comme si on se forçait. Mais les enfants ont continué quand même à écouter de la musique, à rire.

Mme L.

Cependant, que cela ne vous fasse pas croire qu'il ne souffre pas ! Il saura peut-être vous dire aussi sa souffrance en vous faisant des reproches sur votre attitude.

Beaucoup plus tard, à 17 ou 18 ans, Bruno me reprocha rétrospectivement notre attitude, qui l'avait choqué, tant au moment de la mort de son frère qu'au moment de ses obsèques. Elles avaient été organisées principalement par les amis d'Henri, et des gens du quartier m'avaient, à l'inverse, témoigné des réactions positives de leurs adolescents à cette cérémonie.

Là encore, je n'ai pas interrogé ni compris une réaction qui me blessait, un reproche qui me semblait par trop injuste. Tout cela m'apparaissait de l'ordre de l'irrationnel, et de nature à ne pouvoir être discuté. Mais la demande n'était-elle pas d'une autre nature et n'aurais-je pas dû avoir le courage d'interroger plus avant ?

Plus tard, bien plus tard encore, après la mort de Gérard, mort lui aussi à 20 ans, son camarade d'enfance m'apporta une cassette, un enregistrement ancien : à la fin d'un goûter amical de ces enfants de 12/13 ans, Gérard propose d'aller au cimetière du Père-Lachaise. Je ne savais pas que la mort l'avait ainsi préoccupé, ni même qu'il connaissait cet endroit.

Par la suite, au dire de ses deux meilleurs amis, c'est là qu'il aurait souhaité être incinéré avec eux. Mais comment l'aurais-je deviné puisqu'il ne m'en avait jamais parlé ? D'ailleurs, une mère peut-elle un instant penser que ce n'est pas elle qui va mourir avant ses enfants ?

Quelques années auparavant, j'avais trouvé dans l'ouvrage du docteur Ginette Raimbault, *l'Enfant et la Mort*, un avertissement à l'adresse des parents endeuillés afin qu'ils soient attentifs à leurs autres enfants : l'amour que portent les parents à l'enfant disparu, s'il semble trop exclusif, peut

> faire désirer aux frères et sœurs de s'attirer un semblable amour, soit en imitant et même surpassant le mort, soit — risque terrible — en mourant eux aussi.
>
> Bernard a, comme Henri, intégré Polytechnique, qui ne l'intéressait guère et, sitôt terminées ses années d'école, a pris une autre orientation.
>
> Gérard a intégré Normale sup, mais, à 20 ans, il est mort en mer : il fut entraîné, au dire des gendarmes et d'après leur expérience, par un courant bien connu d'eux pour sa sombre réputation, irrésistible sous certaines conditions météorologiques. Un autre homme, excellent nageur, s'est d'ailleurs noyé le même jour dans ce même courant.
>
> Mme T.

La tentation de rejoindre, voire d'imiter le frère ou la sœur décédé(e), est particulièrement forte lorsqu'il s'agit d'un suicide. La « solution » choisie par le frère ou la sœur peut alors apparaître comme la seule bonne pour celui qui reste.

> En cas de suicide dans la fratrie, les frères et sœurs ont besoin d'un accompagnement très sérieux. Plusieurs années après le suicide de Maxence, son frère, abordant une adolescence difficile, y a songé également. Il a eu la chance d'entendre des adultes en qui il avait confiance lui dire et lui redire : « Ton frère a fait ce choix, mais il y a d'autres chemins qui s'ouvrent devant toi », et l'aider à s'engager sur ces autres voies.
>
> Anne.

Certains frères et sœurs n'auront d'autre ressource que l'agressivité pour exprimer leur colère, leur tristesse et la souffrance face à la mort.

> Avec le recul, nous avons l'impression d'avoir parfois minimisé ou négligé le deuil des frères et sœurs de Géraldine.
>
> Pendant la maladie, nous ne leur avions pas fait part du fait que leur sœur était condamnée, car nous pensions que

cela était trop lourd à porter à 10 ans et demi et 8 ans et demi. Les enfants qui sont si sensibles aux atmosphères ont bien senti que quelque chose d'anormal se passait. Ils nous ont manifesté leur angoisse par beaucoup d'agressivité envers leur sœur et envers nous. Je les surprenais à donner des coups de pied dans le lit de Géraldine que tout mouvement faisait souffrir, et je ne le supportais pas.

Un soir, à la prière familiale, ils nous ont craché leur bile : « Vous n'avez plus qu'un enfant, et ça vous va très bien. Les deux autres, vous vous en foutez ! »

Ils nous ont avoué, après la mort de leur sœur, qu'ils avaient voulu et souhaité sa mort. Nous les avons rassurés en leur disant que c'était normal, et que nous aussi, nous avions éprouvé cela. Quand on voit souffrir quelqu'un que l'on aime, ou que l'on souffre à cause de quelqu'un, il est normal de souhaiter sa mort.

Nous avons tenu à ce qu'ils puissent voir leur sœur morte, la toucher, réaliser physiquement qu'elle était morte. Ils nous ont demandé d'aller à l'enterrement, et notre fille a absolument voulu acheter un bouquet de roses à mettre sur le cercueil de sa sœur pendant la messe d'enterrement. Je suis donc allée chez le fleuriste avec elle faire cet achat auquel elle tenait.

Après la mort de Géraldine, le deuil a été vécu très différemment par nos deux enfants : notre fils de 10 ans et demi « roulait les mécaniques » et passait son temps à répéter que la mort de sa sœur ne lui faisait rien, et qu'heureusement il était là dans cette famille où tout le monde pleurait ! Sa sœur de 8 ans et demi a sombré dans la dépression ; elle répétait que la vie sans Géraldine ne l'intéressait plus et avait des idées de suicide impressionnantes. Pendant une promenade en montagne au cours de l'été qui suivit le départ de sa sœur, elle m'a dit sur un chemin de crête assez abrupt : « Maman, tu sautes là dans le vide, et tu retrouves Géraldine. J'ai envie de le faire. »

Les deux types de réaction nous ont paru aussi lourds à vivre l'un que l'autre. J'avais déjà du mal à assumer mon propre mal de vivre, celui de notre fille et l'indifférence apparente de notre fils me pesaient.

En fait, j'ai découvert que c'était mon fils qui passait le plus de temps au cimetière. Dès qu'il avait cinq minutes, il prenait son vélo et filait sur la tombe de Géraldine. Un jour où je lui demandais ce qu'il y faisait, il m'a répondu : « Je lui parle. »

Le jour du baptême d'Olivia, au moment de partir à l'église, Émeric avait disparu. Il revint à bout de souffle en vélo et nous dit : « Vous aviez oublié d'inviter quelqu'un, je suis allé inviter Géraldine au cimetière. » Cela était très révélateur pour nous, du fait qu'il souffrait malgré les apparences.

Il me semble aujourd'hui que les frères et sœurs ont peur de perdre l'amour de leurs parents, et qu'ils sont très angoissés de réaliser que leur présence ne suffit apparemment pas à combler leurs parents, qui ont l'air si malheureux du départ d'un seul d'entre eux. Ils se sentent un peu inutiles, incapables de soulager la souffrance de leurs parents.

Le fait de voir mourir un enfant, un bébé, leur rappelle qu'ils peuvent aussi mourir. Ils découvrent que ce ne sont pas seulement les personnes âgées qui meurent et ils ont peur que cela leur arrive aussi. Cela se traduit par des insomnies et une peur de s'endormir et de ne plus se réveiller.

Cinq ans après, notre fille garde un sommeil difficile, mais elle a été très aidée par un entretien avec notre pédiatre, qui a su lui faire mettre des mots sur ses angoisses et l'a un peu forcée à dire ce dont elle avait peur : de s'endormir et de ne plus se réveiller, de s'endormir et de ne pas retrouver ses parents vivants le lendemain matin, etc.

La gravité des troubles qu'elle a éprouvés, aphasie, insomnie, dépression, troubles cardiaques qui ont nécessité des examens approfondis, nous a prouvé l'importance du traumatisme que représente la mort d'un frère ou d'une sœur.

Annick.

## 2. QUELLE ATTITUDE ADOPTER FACE À TOUTES LES DIFFICULTÉS VÉCUES PAR NOS ENFANTS ?

Ce qui semble le plus important est de leur donner la possibilité d'en parler. Il faut qu'ils aient un lieu de paroles pour leur souffrance, et qu'ils puissent s'ouvrir à quelqu'un sur ce qui se passe en eux. Vous n'êtes pas forcément les mieux placés pour écouter vos enfants, et, s'ils ne trouvent pas parmi leurs amis ou les vôtres l'« oreille » dont ils ont besoin, c'est à vous de leur proposer de rencontrer un (ou une) professionnel de l'écoute (psychiatre, psychologue ou psychothérapeute).

A la mort de Géraldine, j'ai subi un choc. J'ai d'abord eu du mal à réaliser qu'elle n'était plus là, qu'elle nous avait quittés pour toujours.

J'ai été très triste, et dans ma souffrance j'avais besoin de communiquer, de dire comme j'avais mal, comme elle me manquait. Mais, au lieu de cela, je me suis renfermée sur moi-même. J'ai gardé toute la souffrance que j'avais pour moi. Je me suis dit : « Ils ne peuvent pas comprendre. Je ne voyais pas qu'eux aussi souffraient, qu'eux aussi avaient besoin de communiquer.

Après, ç'a été mieux pour la famille. Mais moi, je restais enfermée dans mon chagrin. Ce n'est que deux ans après que j'ai fait ressortir ma souffrance. Je pleurais tout le temps, j'étais malade. Papa et maman me demandaient : « Qu'est-ce qui ne va pas ? », mais je ne répondais pas, et j'étais toujours aussi triste.

Un jour, j'ai pris maman dans un coin, je lui ai tout dit : comme j'avais été malheureuse, comme j'avais eu besoin de quelqu'un pour me consoler, et toutes les questions que j'avais : pourquoi, comment... Et maman me répondait, me consolait, m'apaisait.

Après ça, tout allait mieux. Je n'étais plus malade, je ne pleurais plus, et j'avais compris beaucoup de choses, et surtout qu'il ne faut pas se renfermer sur soi-même, qu'il faut dire ce que l'on a sur le cœur, sinon c'est trop lourd à porter.

Maintenant, tout va très bien. Parfois, je parle à Géraldine, je lui raconte ma journée, je lui dis ce qui n'a pas été, et j'ai toujours l'impression qu'elle est là, qu'elle m'écoute. Parce que j'ai tout dit à maman, je suis heureuse et bien dans ma peau.

Gwendoline, 12 ans et demi
(quatre ans après la mort de sa sœur).

Vous allez devoir mobiliser toute votre énergie pour rechercher sans cesse l'attitude juste avec vos enfants. Elle va osciller en permanence entre la surprotection et l'abandon, trop en faire ou pas assez. Nous avons déjà parlé de l'abandon lié au fait que vous êtes centrés, accaparés par la souffrance engendrée par la mort de votre enfant. Les frères et sœurs trouveront instinctivement le moyen d'éviter cet écueil en attirant votre attention par les difficultés scolaires, les problèmes de santé, l'instabilité ou la dépression. Ils auront plus de mal à se défendre contre la surprotection.

Vous aurez peut-être tendance à tout prendre en charge pour leur éviter de souffrir.

Vouloir enlever à son enfant une partie de la douleur, c'était une grosse bêtise. J'ai abîmé Coralie en voulant tout porter avec elle, y compris la souffrance d'avoir perdu sa sœur.

Catherine.

Bien sûr, la peur et la crainte pour la vie de vos autres enfants sont inévitables.

Le temps apaise la douleur mais ne la cicatrise pas. Nous sommes marqués à vie. Nous aimions tant Fabien et nous l'aimons toujours. Cet amour ne pourra jamais se conjuguer à l'imparfait. L'angoisse vécue durant la maladie est toujours là sous différentes formes. La peur nous habite pour notre autre enfant. Même en nous raisonnant, nous ne pouvons y échapper.

Avant, vous y pensiez l'espace d'un instant, mais vous y pensiez pour les autres, pas pour vous. Maintenant, vous savez que cela est possible. Alors la moindre rhino, la moindre fatigue vous paniquent inconsciemment. Il me semble que c'est seulement lorsque Aurélien aura passé le cap fatidique des 4 ans que nous serons plus rassurés, tout en sachant que rien n'est gagné.

Patrick et Catherine.

Qu'il est difficile de voir vos grands enfants faire du vélo, de la Mobylette, conduire une voiture, se lancer dans des aventures sportives où le danger vous semble omniprésent, qu'il est difficile de les laisser vivre !

Après la mort de ma fille, j'ai eu beaucoup de mal à laisser nos enfants s'éloigner, et je ne vivais plus dès qu'un enfant était en retard. Je leur ai fait part de mes inquiétudes et nous avons appris à apprivoiser cette angoisse ensemble en adoptant de nouvelles règles de vie à la maison : lorsqu'un enfant savait qu'il serait retardé et ne pourrait être de retour à l'heure annoncée, il téléphonait pour prévenir (en contrepartie, nous offrions la carte de téléphone !). Depuis huit ans, cela fonctionne très bien et m'a permis de retrouver peu à peu la sérénité.

Annick.

Aujourd'hui, j'ai la hantise d'une mort brutale pour l'enfant qui me reste. La hantise de ne pas m'en sortir. Il y a des jours où j'ai l'impression que si cela m'arrivait je ne pourrais plus avancer.

Catherine.

Le surinvestissement dans les enfants est un danger qui guette surtout les mères et contribue également à les éloigner de leur mari.

La balance a été plutôt négative. Si mon mari s'est beaucoup soucié des autres enfants, il est évident que c'était surtout moi qui m'en occupais. Surtout qu'Emmanuel, le bébé, était assez envahissant. Un côté fonceur et accaparant qui m'arrangeait en somme, parce que, même si je râlais d'être débordée, ça remplissait mes journées et que, si ça ne me faisait rien oublier, ça m'empêchait de sombrer. Mais... mais... côté conjugal, ça ne faisait pas l'affaire de mon mari, qui a vite trouvé que j'en faisais trop d'un côté et pas assez de l'autre.

Monique R.

Ce tiraillement permanent entre le conjoint et les enfants va demander du temps pour s'équilibrer.

Bernard a un métier difficile à vivre pendant un deuil, car il entend les gens se plaindre à longueur de journée. Quand il rentre le soir, il n'a plus qu'une idée : se détendre. J'étais toujours tiraillée entre lui et les enfants.

Après la mort de Cécile, Coralie ne voulait pas dormir seule, elle avait besoin de moi. Après la mort de ses sœurs, c'est Geoffroy qui n'arrivait pas à trouver le sommeil. Il a dormi dans notre chambre pendant seize mois.

Bernard a vécu sa souffrance très intérieurement ; je ne l'ai pas partagée, je n'ai pas su l'aider, car je préférais être aux côtés de mes enfants.

Catherine.

Les frères et sœurs ont besoin qu'on leur parle très naturellement de l'enfant qui est mort ; mais ils ont aussi besoin de sentir qu'ils existent pleinement dans l'affection de leurs parents, et que ceux-ci sont prêts à se consacrer à eux et à s'investir pour eux.

Il nous reste Aurélien, mais il est encore trop petit, et pendant ces sept mois nous avons été un peu comme des parents fantômes. Nous étions là le matin quand il se réveillait, mais partis dès le repas de midi jusqu'au soir, où nous rentrions alors qu'il dormait.

Tout notre temps gravitait autour de Fabien. Après son départ, il a fallu refaire connaissance avec Aurélien, reprendre une vie stable et surtout être gais pour lui, comme pour Fabien.

J'ai prolongé ma disponibilité de trois mois pour me retrouver avec mon autre fils, le rassurer car, inconsciemment, il a ressenti notre peine. Récemment, nous avons décidé de refaire la chambre des garçons afin qu'elle devienne à part entière la chambre d'Aurélien. Il doit vivre pour lui et non dans l'ombre de son frère, qu'il n'a malheureusement que très peu connu.

Il y a des jours avec des hauts et des bas, mais nous essayons de faire en sorte qu'Aurélien n'en ait pas conscience.

Patrick et Catherine.

Soyez attentifs à ne pas charger vos enfants du poids de votre propre deuil. Il apparaît clairement que leur propre deuil est terriblement lourd à porter, et qu'il exige d'eux un cheminement et des efforts qui les mobilisent tout entiers. Leur amour pour leurs parents les pousse parfois à essayer d'aider ceux-ci à porter avec eux le poids écrasant de leur deuil. Et il y a alors un risque que la charge ne devienne trop lourde.

Vos enfants ne peuvent ni régler vos problèmes ni trouver votre chemin à votre place, et il vous faudra être attentifs à continuer à leur dire votre amour, oralement et concrètement. Par exemple, pour leur prouver que la mort de leur frère ou de leur sœur n'a rien changé à votre amour pour eux, il sera important de ne pas mettre des photos de l'enfant mort partout, mais de veiller à en équilibrer le nombre avec celles des enfants vivants.

Il a fallu fuir l'horrible tentation de placarder dans toute ma maison des photos de toi, mon fils disparu... Et ça, c'est aussi une autre amie qui m'a donné ce conseil, une amie qui avait perdu un enfant, elle aussi, de façon tragique ; elle m'avait dit : « Pense à tes autres enfants... » Alors, tout simplement, j'ai fait un panneau, avec des photos de tous, à des âges différents, bien en vue dans notre maison, dans notre salon. En fait, je voulais montrer, au premier coup d'œil, que la vie continuait chez nous et ne s'arrêtait pas avec la mort.

Colette.

Avoir une attitude juste va signifier aussi être capable de parler simplement de la mort avec eux et de répondre à toutes leurs questions sur ce sujet :

— Est-ce que je vais mourir moi aussi ?

— Et vous, est-ce que vous mourrez avant moi ?

— Pourquoi meurt-on jeune ?

— Qu'est-ce qu'on fait quand on est mort ? Après la mort, où va-t-on ? Y a-t-il quelque chose ?

Vos enfants vont vous obliger à clarifier vos idées, à faire des recherches peut-être pour pouvoir leur donner une réponse, et à l'exprimer avec sérénité. Vous pouvez être clairs sur le fait que tout le monde meurt, car tout ce qui naît et vit meurt un jour, et leur dire que, quand on est mort, on ne bouge plus, on ne respire plus, et on ne sent plus rien.

Si vous employez les mots justes, vous leur permettrez de ne pas confondre le sommeil ou le voyage avec la mort (évitez de dire : « Il dort pour toujours » ou « Il est parti au ciel ») et de saisir clairement l'aspect irréversible, unique en son genre, de l'expérience de la mort.

N'hésitez pas à leur faire partager vos doutes, vos hésitations, vos révoltes devant l'injustice que représente la mort d'un bébé, d'un enfant ou d'un jeune, mais aussi, bien sûr, vos convictions si vous les sentez solidement ancrées en vous ; celle, par exemple, que l'amour que l'on éprouve pour une personne ne finit pas avec sa mort, et que la relation d'amour continue à se construire autrement. La seule chose dont vos enfants ont terriblement besoin à cette période difficile de leur vie est que vous soyez VRAIS.

Ne pas leur faire porter votre propre deuil exigera de

votre part beaucoup d'efforts, et, au départ, vous aurez l'impression de ne pas être très naturels. Ces efforts pour ne pas craquer, pour paraître gais, que vous impose la présence de vos enfants, vont marquer le début de vos retrouvailles avec la vie.

Il y a les larmes aussi. Je n'ai pratiquement pas versé une larme pendant les deux mois et demi qui ont suivi ta mort. Et je peux dire que je garde de cette sécheresse de moi-même un souvenir horrible. J'ai véritablement souffert de ne pas pleurer. Et je suppliais autour de moi qu'on m'aide à pleurer, parce que ton père, lui, pleurait souvent. Et cela m'était assez insupportable, et m'angoissait. Je courais véritablement après les larmes qui ne venaient pas. Et je comparais cela, auprès des amis que j'étonnais un peu, au bienfait d'un orage sur un jardin. Il faut que ça crève, mais c'est toujours bénéfique ensuite.

Puis je suis petit à petit sortie de cet état de choc, à la suite d'une semaine que nous sommes allés passer tout seuls, ton père et moi. Ce face-à-face douloureux, souvent silencieux, assez redouté... nous a finalement réappris à être à nouveau nous-mêmes. Et les larmes sont arrivées, comme la pluie...

Et quand je pense à ces larmes, j'ai été très aidée par la réflexion d'une amie, maintenant mère de famille, qui me disait qu'à l'âge de 15 ans, elle avait perdu une sœur plus jeune qu'elle. Elle se souvenait très bien qu'à chaque sortie de classe, elle appréhendait beaucoup de rentrer chez elle, se demandant toujours dans quel état elle allait retrouver sa mère... en larmes, abattue, silencieuse ou, au contraire, occupée. Son conseil fut très précieux pour moi. Elle m'avait donc écrit : « Fais bien attention, calcule toujours les moments où tu veux pleurer, pour le bien de tes autres enfants. Tu pleures soit avant la sortie des classes, soit carrément plus tard. » Et je l'ai écoutée... J'ai si souvent senti, et je sens encore, le regard silencieux, interrogateur, de mes enfants sur moi.

On souffre aussi très fort de voir souffrir ses propres enfants, sans rien pouvoir pour eux ; sans pouvoir même le leur dire. Il faut respecter la pudeur de tes frères et sœur, face à ta mort ; il faut respecter leur solitude. Il faut les accompagner, être là, mais se taire, et ça fait mal à une mère de sentir la souffrance de ses enfants.

Mais, dans ce combat, je crois que mes enfants, mes quatre enfants qui restent et qui sont là bien vivants, je crois qu'ils me fouettent et qu'ils me forcent à vivre.

Colette.

Ce chemin fait dans la souffrance partagée tous ensemble peut faire naître un nouveau lien entre vous, une complicité nouvelle, et vous révélera des joies dont vous n'auriez jamais soupçonné l'existence.

## II. LES JOIES

### 1. UNE VIE FAMILIALE PLUS DENSE

Bien plus tard revient la joie, avec la mystérieuse présence de l'absent : l'annonce des fiançailles pour l'un, la réussite à un examen important pour l'autre. Puis les préparatifs du mariage, l'orientation dans la vie professionnelle... Secrètement, au cœur de chacun, Benoît est associé à tous ces événements.

On peut dire que nous vivons plus intensément la vie de nos autres enfants ; nous apprécions, dans le présent, les joies d'une réunion de famille, la présence des enfants et petits-enfants.

Nous savourons l'essentiel et prenons au second degré les peccadilles du train-train journalier. Être là, contribuer à leur bonheur, ressentir les uns et les autres que nous avons besoin de ces échanges ; nous avons besoin d'eux, comme ils ont besoin de nous.

C'est cet amour familial qui nous a fait nous dépasser petit à petit, sans rien oublier...

Yves.

## 2. LE CHEMINEMENT DES FRÈRES ET SŒURS

Quelle joie pour des parents de voir le chemin parcouru par leur enfant, de réaliser combien ce deuil imprévu l'a construit et lui a permis de devenir adulte ! Cette joie, nous l'avons éprouvée en lisant les témoignages écrits par Émeric, à 19 ans, et Gwendoline, à 16 ans, huit ans après la mort de leur petite sœur, qui n'avait, respectivement, que trois ans et dix-sept mois de moins qu'eux.

> Aujourd'hui, la douleur s'est estompée, et le quotidien a repris le dessus. Grâce à cette malheureuse mais irremplaçable expérience, j'ai appris à aimer, à comprendre et à aider ceux qui sont différents, ceux qui souffrent, ceux que la vie a abandonnés, et tous ceux qui m'entourent.
>
> J'ai soudain réalisé que rien n'était éternel, que nous serions tous amenés un jour à disparaître et que, par conséquent, chaque jour devait être vécu pleinement pour soi et pour les autres, avec les autres et par eux aussi, car j'ai besoin d'eux pour grandir.
>
> Émeric.

> « Vieillir, c'est faire des adieux[1]. » Plus on fait d'adieux dans sa vie, plus on vieillit. C'est ainsi qu'à 9 ans, lorsque j'ai perdu ma petite sœur, je me suis sentie vieille, très vieille. Du haut de mes 9 ans, je me révoltais contre la fatalité du destin, je ne comprenais pas l'injustice de la vie. Pourquoi moi, j'avais le droit de vivre, et elle, non ? Pourquoi elle, et pas une autre ? Vers quelle vie s'en est-elle allée ? Beaucoup de questions que j'ai longtemps conservées en moi, comme une révolte intérieure.
>
> Rien, pendant deux ans, je n'ai rien partagé. Renfermée dans mon mutisme et mon obstination, je vivais contre tous ceux qui m'entouraient et j'arrivais à en haïr leurs joies et leurs sourires, qui me paraissaient insupportables. Ainsi, pendant deux ans, j'ai vécu dans le désespoir le plus complet. Souvent, je déprimais sans raison apparente, je

1. Del Castillo Michel, *Tanguy*, Presses Pocket, 1978.

pleurais silencieusement sans que personne comprenne le mal qui me rongeait.

Ce n'est qu'au bout de ces deux ans que j'ai réussi à me débarrasser du lourd fardeau qui encombrait ma vie. Ce n'est qu'en me confiant que je suis sortie de ma longue agonie. Lorsque enfin j'ai pu révéler ma souffrance intérieure, mon cheminement douloureux à travers la mort, et mon inlassable interrogation à qui personne ne pouvait répondre, je me suis libérée de cette boule atroce qui se coinçait dans ma gorge à chaque fois qu'on évoquait ma sœur.

Aujourd'hui, Géraldine vit avec moi, en moi. Cette présence me rassure et me protège. Le lien n'est pas rompu, car chaque jour elle veille sur moi ; quoi qu'il m'arrive, elle sera à mes côtés pour me redonner la force et la volonté de vivre et de sourire.

Géraldine, c'est maintenant un lien entre moi et « là-bas », c'est une union indissociable entre mon esprit et le sien, c'est un partage constant entre mon expérience et sa présence. C'est un chemin vers l'amour et la compréhension des autres, vers la vie tout simplement.

Gwendoline (16 ans).

## 3. UNE VIE NOUVELLE

Petit à petit, les joies prendront le pas sur les peines et, pour certains d'entre vous, la perte de votre enfant vous rendra créatifs, inventifs, et vous mettra sur le chemin d'une nouvelle vie. Cela pourra se manifester sous des formes très diverses : la décision de refaire confiance à la vie en mettant au monde un autre enfant, ou en adoptant un enfant, le changement de profession, la création d'une association, un déménagement ou un départ à l'étranger, etc.

Sur ce chemin, votre famille, vos amis auront un rôle

très particulier et important. Mais, de même que vos relations en couple et avec vos enfants ont été perturbées par la mort de votre enfant, de même le seront vos relations amicales et familiales.

## CHAPITRE VI

# Le travail de deuil en famille et avec les amis

## I. EN FAMILLE

### 1. LA SOUFFRANCE DE LA FAMILLE

Il est important de ne pas perdre de vue que la mort de votre enfant a été un choc et une souffrance importants pour vos parents, vos frères et sœurs et vos amis. Mais eux non plus ne trouvent pas les mots pour traduire ce qu'ils vivent, et ils ont aussi à se tracer un chemin, du deuil à la vie.

> Mes parents sont très proches de nous, et j'ai réalisé combien la mort de leur petite-fille avait été une étape de souffrance pour eux. Ils n'ont pu partager cette étape avec nous, car ils avaient peur de nous faire mal et de raviver notre souffrance, et parce qu'ils avaient du mal également à mettre des mots sur leur propre douleur.
>
> Une phrase de maman m'avait fait deviner sa peine : « C'est la chair de ma chair qui meurt, c'est comme si elle était un peu à moi aussi. » Aujourd'hui, elle dit : « Géraldine m'a appris beaucoup : grâce à elle, j'ai moins peur de la mort. »

Deux démarches m'ont révélé l'importance que cette mort avait eue pour eux :

— Maman a cousu avec amour une très jolie chemise de nuit qu'elle m'a offerte le jour de la mort de ma fille. J'ai été très émue en pensant à l'amour qu'elle avait mis dans chacun des points qu'elle faisait, à l'émotion qui avait dû être la sienne en cousant ce dernier vêtement pour l'un de ses petits-enfants, au symbole que représentait pour elle le fait de confectionner un vêtement de nuit. J'ai vraiment eu le sentiment qu'elle traduisait par ce geste tout l'amour qu'elle avait du mal à nous dire par des mots ;

— Mon père a acheté un caveau de famille de six places dans le cimetière proche de notre maison, dans lequel Géraldine occupe la première place. Il habite lui-même à douze cents kilomètres de ce caveau, mais j'ai eu l'impression alors qu'il donnait par ce geste des « racines de terre » à notre famille, et préparait indirectement sa propre mort. Il avait perdu une partie de son avenir en perdant sa petite-fille. La mort de leur petite-fille a considérablement resserré les liens familiaux entre mes parents et nous et les a définitivement situés sur un plan profond, vrai. Ils ont su entretenir un souvenir discret mais présent de leur petite-fille, et ils restent totalement axés sur la vie de tous leurs petits-enfants vivants.

Annick.

Les grands-parents de Géraldine s'expriment également sur leurs difficultés au moment de sa maladie.

Il nous est fort difficile d'exprimer ce que nous avons vécu en assistant durant quinze mois au départ de Géraldine, 6 ans et demi, notre petite-fille, à la suite d'un très mauvais cancer, parce que, compte tenu de l'extrême sensibilité de notre âge de grands-parents, nos sentiments d'affection et d'admiration tant à l'égard de l'enfant malade que des parents étaient alors très mêlés.

Il nous semble que nous avons vécu au jour le jour, avec la grâce du jour, sans vouloir penser au-delà, avec l'immense souci de voir nos enfants tenir le coup.

Avec quelque recul, maintenant que cinq années ont passé, il nous semble certain que ce qui a prédominé c'est notre souci d'aider nos enfants dans cette épreuve humainement insupportable, c'est l'amour de nos enfants. Voir ses enfants souffrir est bien dur, mais heureusement cela nous empêchait de penser à nous. Pendant longtemps, d'ailleurs, restait chevillé au corps l'espoir que, l'opération bien passée et les bonnes périodes du traitement aidant, les mieux successifs pourraient se transformer en guérison.

Et puis, au fur et à mesure qu'apparaissait la certitude de l'inévitable et que la souffrance s'imposait plus fréquente, nous avons été plus partagés encore entre notre amour pour cette enfant qui s'en allait tout droit devant elle et notre amour pour ses parents qui l'entouraient et la conduisaient. Mais il fallait avant tout aider des parents qui étaient nos enfants, qui étaient les seuls à pouvoir aider leur fille comme un papa et une maman le font, et à qui il était demandé tant de dépassement et de renoncement.

Cela jusqu'au jour où la tristesse songeuse de notre petite-fille, qui n'avait jamais été qu'un éclat de rire, a fait surface et a montré qu'elle prenait clairement conscience de son devenir. A ce moment, paradoxalement, notre Géraldine n'a plus demandé si elle allait bientôt guérir ; elle a conquis une sorte de paix basée sur la certitude qu'il y avait un au-delà de lumière, sur lequel elle interrogeait et dont elle disait : « Il ne faut pas être triste, car moi je ne serai pas triste. »

Ses parents, de leur côté, se rappelant l'engagement qu'ils avaient pris au baptême de leur fille d'en faire une enfant de Dieu, n'ont plus eu qu'un souci, celui de la conduire à Dieu ; ils l'ont fait merveilleusement, grâce à l'aide des amis, certains étant même venus de loin les relayer avec d'autres pour leur permettre de prendre un peu de sommeil le jour, puisque la nuit ils étaient tenus de donner toutes les heures et demie des médicaments. Nous avons continué à aider, avec, il est vrai, beaucoup de vague à l'âme.

Tout cela se fait naturellement. Et nous savons que les grands-parents qui ont eu la même souffrance ont, comme nous, oublié un temps leur peine et leur sensibilité, et apportent à leurs enfants une aide pleine d'amour, sans laquelle le courage des enfants ne peut tenir stoïquement.

Guite et Roger, grands-parents de Géraldine.

Mes parents, qui n'avaient pas eu d'enfants, ont accouché à travers nous. Mes filles étaient plus leurs filles que je n'ai été leur fille, moi qu'ils avaient pourtant adoptée. Ils continuaient à investir moralement dans la maison de vacances qu'ils avaient achetée pour leurs enfants et petits-enfants. Ils plantaient des arbres pour leurs petits-enfants. Nous, nous étions écrasés de les voir construire ainsi. Mais comment font-ils ? En plus, il y a leur âge, ils sont plus près de la mort que nous ; aujourd'hui, je les admire pour cette attitude.

Catherine.

Votre famille n'est pas neutre par rapport à l'enfant que vous avez perdu. Elle l'aimait aussi. Elle n'est pas neutre affectivement non plus par rapport à vous. Enfin, chacun de ses membres réagit en fonction de son histoire, de sa sensibilité, voire de ses compétences professionnelles qui compliquent parfois la situation. La tante de Géraldine fait part de ses difficultés à accompagner sa sœur et sa nièce.

En tant que médecin, j'ai éprouvé une grosse difficulté à croire en ces traitements traumatisants prescrits aux malades cancéreux, et surtout à accepter l'état dans lequel ces traitements mettaient ma nièce... Difficulté à vivre partagée entre la foi en la médecine et le désir de ne pas faire souffrir « inutilement » ; difficulté aussi à toucher aux limites de la médecine, à accepter que l'on ne puisse plus rien faire « médicalement » parlant, et qu'à ce stade le médecin soit tellement désarmé qu'il puisse en arriver parfois à en oublier l'accompagnement moral.

Ensuite, en tant que sœur de la maman de Géraldine, j'ai vécu la souffrance de voir souffrir ceux que l'on aime et la maladresse souvent très grande que l'on a pour communiquer avec eux. Ma seule façon d'être « présente », alors que j'habitais à ce moment-là à cinq cents kilomètres d'elle, a été de téléphoner régulièrement et, à la fin de la maladie, de venir passer une semaine, afin de soulager ma sœur de quelques heures de présence auprès de Géraldine. Ce fut bon pour toutes les trois. Quand, dans ma tête, je me mettais à sa place, j'étais paralysée par l'angoisse et la peur, mais quand je pensais à l'affection que j'avais pour elle, j'étais à nouveau capable de l'aider. Géraldine nous apportait aussi beaucoup par son courage et sa lucidité.

Enfin, en tant que chrétienne, la maladie et la mort de ma nièce m'ont d'abord plongée dans la révolte... Impossible de prononcer cette phrase du « Notre Père » : « Que ta volonté soit faite », tant j'avais alors l'impression que la maladie et la mort étaient Sa volonté, ce qui m'était insupportable. J'ai compris petit à petit que Dieu ne pouvait pas être ce Père très bon, et désirer, en même temps, la souffrance de ceux qu'Il aime. Au contraire, il nous entraîne vers la vie, à travers la mort de Son Fils unique, et nous appelle à ne pas nous enfermer dans notre souffrance. Ce fut un travail très long, qu'il me faut parfois recommencer à certaines étapes de ma vie.

Pascale.

Ce témoignage résume admirablement les difficultés éprouvées par vos proches, à tous les niveaux, qui retentissent forcément sur vos relations avec eux. Certaines d'entre elles vont se tisser dans les tensions, et d'autres dans l'affection. La mort de votre enfant va simplement vous permettre de prendre conscience de cette affection, ou mettre au grand jour des problèmes qui étaient déjà sous-jacents.

Tout était cassé. Nous n'étions plus les mêmes. Chacun avait d'Henri une image différente, chacun avait eu avec lui une relation unique. Nous n'avions pas perdu le même homme. Nous n'avions pas vécu les mêmes événements : moi d'abord à la clinique, en montagne, puis mon mari et moi à l'hôpital de Lyon, nos enfants à Paris.

La tour de Babel, ce dut être un peu comme cela. Nos enfants nous entouraient avec affection ; mais les mots qui étaient dits n'avaient plus le même sens pour les uns ou les autres, ou encore ils n'étaient même pas prononcés.

Il allait falloir apprendre à nous connaître, retrouver le chemin de la communication, créer une nouvelle intimité...

Disponibilité de belles-sœurs célibataires, leur écoute toujours compatissante et chaleureuse ; elles aimaient aussi notre enfant, et cela était essentiel pour adoucir notre peine. Elles l'avaient aimé dès le jour de sa naissance. Mais, bien sûr, certaines douleurs ne pouvaient être dites, celles que j'étais moi-même révoltée de ressentir.

Ma propre famille elle-même fut gravement éprouvée. Des événements douloureux n'y furent probablement pas sans lien aucun avec la mort d'Henri.

Mme T.

Ce qui m'a le plus manqué, ce sont mes sœurs et mon frère. Quand je me suis mariée je partais à 840 kilomètres, et j'épousais un agriculteur. Toutes mes sœurs et mon frère ont de hautes situations et bénéficient d'une vie facile, sports d'hiver, voyages à l'étranger. Du fait des distances, de nos difficultés, je n'ose pas écrire tout ce que j'ai entendu. Nous ne gardons que des liens de politesse...

La famille de mon époux m'offre de solides appuis. Rémy, qui est venu toujours remplacer mon époux lorsqu'il fallait voir David ; Michel, qui assume entièrement Cécile après son hospitalisation ; Joseph, qui, tout de suite après l'accident de Marie-Christine (passée à la télé aux actualités régionales), est venu en plein janvier de l'Ardèche.

Oui, j'aurais aimé la présence de mon frère et de ma sœur. Mais l'affection, c'est gratuit, et notre société est une société de consommation. Nous sommes riches d'enfants et non d'argent. La terre est dure, très dure, il faut de longues heures de travail.

Élise.

Je ne supporte guère non plus les réunions de famille, que ce soit la famille de mon mari ou la mienne. Tous les frères et sœurs sont là, avec leurs enfants. Tous le monde est là, sauf Céline. Et personne n'en parle... jamais ou presque.

Les relations avec les autres enfants sont difficiles, que ce soit avec mes nièces, neveux ou avec les autres. Je les aime bien, mais j'ai toujours ce sentiment d'injustice, ce pincement au cœur quand je les vois rire, jouer, être heureux.

Et comment expliquer ce que je ressens quand je rencontre ses petites copines ? Toutes mignonnes avec leurs 14 printemps. Des jeunes filles maintenant. Moi qui rêvais toujours d'avoir une fille quand j'étais enceinte ! Elle serait sans doute comme ses amies maintenant !

Dominique M.

Importance de permettre à l'entourage de mettre des mots sur la souffrance.

La plus grande difficulté semble être de pouvoir parler de sa souffrance de parents en famille. La souffrance dérange, et elle dérange encore plus quand elle touche quelqu'un avec qui nous avons des liens affectifs.

Dans notre cas, un constat : nous n'avons pas eu la famille proche de nous par le cœur ! Notre souffrance a dérangé et nous avons reçu des réflexions comme celles-ci : « Vous avez fait tout ce que vous avez pu ! » « Vous pouvez être tranquilles, vous n'avez rien à vous reprocher. » « Vous avez fait votre devoir. » Mais nous n'avons pas eu un contrat à remplir ! La relation d'amour avec Benoît se situe à un tout autre niveau...

« Il faut vous secouer ! » Un tel argument avait le don de nous démolir plus encore, au lieu de nous aider ; une souffrance supplémentaire, qui nous poussait à l'angoisse : et si nous perdions définitivement Benoît ?...

La famille voulait que nous vivions comme si rien ne s'était passé, la page était tournée, alors qu'en nous tout parle de lui. Physiquement disparu, comment devions-nous faire pour qu'il continue à vivre en nous ?

Fort heureusement, nous avons eu des amis !

Yves.

Difficultés à parler d'elle, surtout avec d'autres personnes de la famille, dont certaines qui, dès qu'on prononce son prénom, ont les larmes aux yeux. Je ne critique pas, je comprends tout à fait, mais je ne peux supporter, alors je choisis les personnes pour parler d'elle, je sais comment elles réagiront.

Anne-Marie.

Difficile d'en parler. Efficace dans les premiers temps (malgré des éléments assez lourds dont les réactions égoïstes enfonçaient plutôt), la famille est devenue très vite assez lointaine. Crainte peut-être de nous importuner ?

Monique R.

Deux difficultés paraissent particulièrement aiguës : la première est que le fait de parler du deuil en famille nous oblige à nous révéler mutuellement notre vulnérabilité. La seconde est qu'il nous faut une grande dose d'humilité et de tendresse pour pouvoir nous dire que nous avons besoin les uns des autres. Confrontés à ces difficultés, certains choisissent le silence.

Pour mon père, Hélène n'existe plus, on ne peut plus en parler, elle n'a jamais vécu. Je m'en suis rendu compte le jour où j'ai entendu mon père dire qu'il avait trois petits-enfants, alors qu'Hélène était la quatrième et qu'aujourd'hui on ne la mentionne plus. La mort d'Hélène a rendu difficiles mes rapports avec mon père.

Avec ma maman, les rapports sont bons ; elle souffre autant que moi et elle me dit : « Chaque fois que je te vois, je vois Hélène, parce que Hélène était toujours avec toi ; il faut absolument que tu te reprennes et que tu t'en sortes, mais nous on ne peut rien pour toi. »

Mme B.

D'autres choisissent de juger, de condamner.

Aucune de mes quatre sœurs n'accepte que je craque au bout d'un an et que je sois déprimée aujourd'hui. Pour elles, je n'en ai pas le droit. Elles critiquent un peu ma démarche, elles ne comprennent pas le pourquoi de ma démarche.

Mme B.

D'autres, enfin, nient le problème.

Alors que j'allais très mal, ma famille, qui a horreur des « psy », me disait que j'allais mieux, et essayait de m'en persuader. Le résultat, c'est que dix-huit mois après la mort de Cécile je me suis retrouvée dans une clinique pour une dépression très grave. La famille nous reprochait de ne jamais rien leur dire. Mais qu'est-ce qu'ils voulaient qu'on leur raconte ? Ce n'est pas parce qu'on ne dit rien qu'on ne craque pas en soi.

Catherine.

C'est au cœur de la famille que vous vous retrouvez aussi dans votre rôle de fils ou de fille, et que peuvent surgir des blessures qui remontent loin dans le temps. Comme cette jeune femme qui a perdu son fils unique, et qui ne supporte plus de fêter la fête des Mères à sa propre mère, car elle souffre de ne plus se sentir une mère. On ne lui fête plus la fête des Mères. Elle revit aussi la façon dont sa mère l'a accompagnée dans la phase terminale de son fils et lui reproche d'avoir « enterré » son fils avant même qu'il ne soit mort.

Certains « règlements de comptes » seront douloureux, comme ce couple ulcéré d'avoir été abandonné par leurs frères et sœurs pendant les deux ans de maladie de leur fils, et qui leur fermera les portes de l'église au nez le jour de l'enterrement. Ils voulaient signifier par là qu'ils avaient désespérément eu besoin d'aide avant la mort de leur fils et qu'il était trop tard pour venir les aider. Mais il y a gros à parier que leur geste sera mal interprété et que les relations familiales s'en ressentiront pendant longtemps.

Et pourtant, lorsqu'un climat serein et ouvert est

entretenu autour de la mort de l'enfant, l'entourage vit mieux cette période difficile, comme en témoigne le récit suivant :

Reconnaissance(s)

Géraldine était malade et nous le savions. Ça ne se voyait pas encore, mais nous le savions. Ses parents nous l'avaient dit.

Et puis ça s'est vu. La chimio lui a fait perdre ses cheveux d'enfant. Ses jolies joues se sont creusées. Sa maladie n'était pas cachée, ni physiquement ni dans les mots. On ne l'étalait pas, mais on ne la dissimulait pas non plus.

Les « nouveaux » cheveux qui n'étaient plus les siens et qui lui couvraient la tête étaient destinés à la rendre plus jolie, pour elle et pour les autres.

Mais je l'avais vue plusieurs fois la tête nue, sans cheveux ni perruque, comme on n'a pas envie de voir quelqu'un, surtout pas un enfant. Et c'est mieux ainsi. Pour elle, pour nous ; je n'avais pas peur de voir tomber sa perruque, parce que dans un jeu, par un geste maladroit, elle aurait pu glisser. Ça n'était pas une honte, là n'était pas le drame. C'était dur pour tout le monde, mais c'était ainsi.

Et puis elle a été très malade, malade et découragée, ne supportant plus son mal. Je n'oublierai jamais ce jour de février où son papa m'a dit alors que je le questionnais sur Géraldine : « Maintenant, ça n'est plus qu'une question de temps. » Ça m'a fait l'effet d'un immense précipice, comme si le ciel me tombait sur la tête, un vide...

Je me suis demandé pendant longtemps comment il avait pu me dire cela, comment on peut dire, imaginer une telle chose. Je ne me l'imaginais pas. J'avais presque 15 ans, mais je crois que l'âge n'y est pour rien.

Quelques semaines après, Géraldine nous a quittés. Je n'étais pas préparée, bien sûr (peut-on l'être ?...), et le fait que son papa m'avait dit auparavant qu'il n'y avait pas d'autre issue n'a rien enlevé à ma douleur. Mais je le remercie maintenant de m'en avoir parlé avant, d'avoir trouvé la force, le courage de me le dire.

Cela ne pouvait pas diminuer sa souffrance, mais cela a été et c'est aujourd'hui pour moi une preuve de confiance, d'amour, que d'avoir su me faire part de son impuissance devant une telle épreuve, d'avoir su me dire simplement le drame qu'il portait en lui.

Et puis la vie a continué et continue encore. Géraldine est toujours là, sur les photos de nos maisons, dans votre maison, vous ses parents, dans vos paroles et dans les nôtres.

De même que, quand elle était malade, sa maladie n'était pas dissimulée, de même aujourd'hui les souvenirs que nous avons d'elle font ouvertement partie de notre vie.

Je vous remercie, vous, ses parents, d'avoir parlé de Géraldine, telle qu'elle était, avec sa maladie et aussi avec ses joies, et d'avoir continué ainsi après sa mort. Vous nous avez, de la sorte, permis et aidé à faire de même.

Ainsi, j'entends encore maintenant retentir son rire ; non pas un rire que l'on étouffe, que l'on veut oublier à tout prix. Non, un rire qui éclate au grand jour comme celui de l'enfant qu'était Géraldine et qui nous permet de rire ensemble aujourd'hui en pensant à toutes ses joies et à toutes celles qu'elle nous a procurées.

Caroline, 22 ans.

## 2. JOIES DU PARTAGE EN FAMILLE

Pour certains d'entre vous, heureusement, la famille sera vécue comme un lieu de ressourcement, comme une « étoile ».

Mes étoiles, ce sont aussi nos familles et nos amis. Et là, je voudrais insister sur la découverte prodigieuse que nous avons faite : nous avons été merveilleusement entourés, aimés, portés par eux tous. Et nous le sommes toujours, de près ou de loin. Et je peux dire que c'est une grande chance. Et, sans eux, nous n'en serions pas là. Nous aurions déjà sombré.

En fait, il faut se donner la peine d'être heureux quand

on est malheureux. C'est-à-dire qu'il faut être très attentifs à mille petits signes quotidiens. Sans nos amis, nous aurions déjà cédé à cette terrible tentation que beaucoup connaissent, et qui est le laisser-aller.

Sans leur présence, visible ou invisible, je n'aurais pas essayé, du fond de ma nuit, de tendre la main à plus malheureux que moi. Sans eux, nous n'aurions pas cherché de toutes nos forces à nous reconstruire une nouvelle vie. Je voudrais le redire encore : qu'on le veuille ou non, on a besoin des autres !

Et cependant, je tiens à ajouter aussi : certains jours, nous nous sentons terriblement seuls, comme abandonnés, découragés, avec ton père. Quelquefois, nous avons comme l'impression de ne plus rien avoir à nous dire, parce que nous n'osons pas nous avouer que plus rien n'a véritablement d'importance pour nous, hormis la vie ou la mort... nos amis, notre famille. Je crois aussi que, si j'ai éprouvé si fort le besoin de parler de ma souffrance, le besoin de l'écrire, de la décrire, alors que nous sommes pourtant encore très à vif, c'est tout simplement parce que nous avons fait cette découverte extraordinaire : nous n'en serions jamais arrivés où nous en sommes aujourd'hui si nous n'avions eu autour de nous, comme un feu clair, depuis le soir de ta mort, ce formidable courant d'affection, d'amitié et de tendresse. Tu sais, la tendresse des autres, c'est cela qui nous maintient la tête hors de l'eau...

Colette.

Les membres de votre famille, qui sauront vous manifester leur tendresse et parler naturellement de votre enfant avec vous, vous apporteront une aide inestimable et vous aideront à le garder « vivant ».

Je voudrais remercier la maman de mon mari. Il n'y a pratiquement qu'elle qui ait su parler avec moi, parler de mon chagrin, de Céline.

Bien sûr, nous pleurions toutes les deux en parlant d'elle. Elle l'aimait aussi beaucoup. La plus grande partie des vacances, Céline la passait chez elle. C'était sa

« Mémère Yvonne ». Elle sait que j'aime qu'on me parle de Céline, alors nous en parlons, car beaucoup de choses ou d'événements se sont passés chez elle. Souvent des choses gaies ! « Mémère Yvonne » aime aussi parler de Céline. Alors on raconte... de temps en temps.

Il est rare que les autres membres de la famille me parlent d'elle. Peut-être croient-ils me faire du mal en en parlant ? Je ne sais pas. Ma sœur ne m'en parle que rarement. Mais quand elle vient nous voir, elle passe au cimetière déposer des fleurs. Elle ne manque jamais ni sa fête, ni son anniversaire, ni l'anniversaire de sa mort. Et cela aussi me fait du bien de savoir que « Tante Nini » pense toujours à sa Céline.

Mes frères, sœurs, beaux-frères et belles-sœurs sont très gentils. Mais je n'aime pas quand on se retrouve tous ensemble. Je ne sais pas exactement pourquoi. Ils parlent de leurs petits problèmes, auxquels ils attachent tellement d'importance... Leurs petits maux me paraissent ridicules, et cela m'énerve. Je ne dis rien, non, je ne leur fais aucune observation. Je ne leur souhaite pas non plus de souffrir comme nous avons souffert. Je parle de leurs petits problèmes, mais quand il s'agit de joie, de plaisir, là non plus ça ne me plaît pas.

Pourquoi, eux, sont-ils heureux ? Pourquoi suis-je devenue si amère ? si jalouse du bonheur des autres ?

Dominique M.

Si vous savez demander de l'aide, accepter d'être aidés et partager ce que vous vivez, votre famille y gagnera en richesse relationnelle, et sera plus à l'aise pour vous exprimer sa compassion et vous aider concrètement.

Nous avons vu l'unité familiale se resserrer. Souvent, l'impression prévaut maintenant que Géraldine aide les siens.

Il nous est apparu avec évidence que le support des amis a été essentiel pour nos enfants, douloureusement atteints dans leur chair. Pour nous, nous avons essayé d'être présents, sans prendre la place des parents de Géraldine, répondant parfois à une demande de leur part, proposant l'aide à des moments où nous sentions qu'ils craignaient de nous déranger, nous rendant utiles sur le plan matériel et continuant à leur dire que nous les aimions de tout notre cœur.

Guite et Roger, grands-parents de Géraldine.

## II. AVEC LES AMIS

### 1. LA GÊNE, LA MALADRESSE, LE SILENCE

Si les réactions de votre famille vous surprennent parfois, celles de vos amis, dont vous avez tant besoin, peuvent aussi vous étonner et faire naître des malentendus. Certains d'entre eux, mal à l'aise, vont faire comme si de rien n'était et ne plus oser en parler avec vous, et cela va vous blesser profondément.

Il y a deux mois que Julie est partie. Au début, les amis nous écoutaient beaucoup, puis nous avons repris le travail ; du coup, les gens ne nous parlent plus de Julie. Même des amis très proches n'osent plus nous parler de notre tristesse. Ils ont l'impression que nous allons bien parce que nous composons, alors que pour nous rien ne va, rien n'est plus comme avant.

Les gens n'en parlent plus pour ne pas nous faire de peine, et c'est ça qui nous fait de la peine. On fait un effort pour que les gens ne nous fuient pas parce qu'on n'est plus « marrants », et donc on est de plus en plus isolés dans notre tristesse et on n'a personne à qui la dire.

Les premiers temps, les gens étaient tellement sensibilisés par cet événement, ils étaient différents. Aujourd'hui, tout a repris comme avant pour eux.

Monique W.

Ce qui est terrible, c'est qu'on a l'impression que pour les autres la mort de notre fils est devenue une péripétie.

J'ai cherché le mot longtemps, je l'ai trouvé... C'est vraiment ça, une péripétie.

Les amis commencent à nous dire que, maintenant, il faut aller de l'avant, regarder vers l'avenir, ne pas nous tourner vers le passé, alors que, en ce qui nous concerne, notre vie est complètement bouleversée.

Babeth, six mois après la mort de Cédric.

D'autres vont tenter une parole maladroite qui voudra rassurer, et au contraire creusera votre cœur.

Nous sentons un grand vide entre les autres et nous. Lorsqu'on vous dit : « Ça va ? », les gens s'attendent à un oui. Nous en avons conscience. Si vous leur dites : « Non ! Je suis triste ! », vous les dérangez. Alors nous en avons pris notre parti. A la question clé, nous répondons invariablement : « Nous faisons aller ! » Ils sont contents.

Nous nous sommes entendus dire : « Mais vous avez Aurélien et puis vous pouvez toujours en faire un autre... » Que les gens sont simplistes ! Un enfant est un enfant et rien ni personne ne pourra le remplacer. Je pourrais avoir treize enfants, que la perte de Fabien sera toujours aussi cruelle. Plusieurs fois, nous en avons discuté avec d'autres parents dont les enfants sont encore en traitement ou morts comme Fabien. Il est impossible de faire partager à d'autres personnes nos angoisses, nos espoirs, nos joies. Il y a comme un mur. Vous envoyez les messages, mais ils les reçoivent différemment. Ils sont dans leur petit monde et vous, ailleurs.

La mort de Fabien est encore proche, nous nous apprêtons à faire notre premier Noël sans lui. Noël, fête des enfants, fête de la joie et du bonheur. Nous ferons pour Aurélien « comme si », mais le cœur n'y sera pas. A cette fête, il nous manquera une petite tête blonde qui chantait sous le sapin : « Petit Papa Ronelle... » Il y aura, je le sais, d'autres moments de bonheur, mais ils seront à jamais marqués d'un « oui, mais » !

Patrick et Catherine.

Je suis rentrée au bureau, mes collègues m'ont retrouvée comme avant. Ils ont eu l'impression qu'il n'y avait rien de changé. Ils se disaient : « C'est que tout va bien. » Je ne parlais jamais, sauf quand on m'interrogeait. Mes collègues sont venus me demander : « Est-ce que c'est vrai que tu as fait un don d'organes ? Est-ce que c'est vrai que tu le regrettes ? » Et je leur ai dit que j'avais, en effet, fait un don d'organes, et que je ne le regrettais pas du tout, parce que les organes de ma fille avaient permis à d'autres enfants de vivre. Mes collègues me disaient que si cela leur était arrivé, ils n'auraient pas pu le faire. Mais je ne leur demandais pas de se mettre à ma place.

Mme B.

D'autres enfin vous évitent, et cela vous choque profondément.

Ce n'était pas nous qui nous marginalisions, mais bien plutôt les autres qui tout à coup s'éloignaient, semblaient nous considérer comme des anormaux. Dans notre quartier, m'apercevant de loin, des gens qui m'auraient d'habitude saluée joyeusement changeaient de trottoir : je ne leur en voulais pas, ils avaient peur de ne pas savoir comment m'aborder. A mon tour, je traversais et entamais directement la conversation avec naturel, disant mon chagrin, puis demandant avec intérêt de leurs nouvelles.

Je ne pouvais supporter cette coupure artificielle de la vie en deux, comme si nous ne vivions pas tous la même condition de fragilité !

Ma belle-fille américaine me suggérait de chercher un groupe de soutien où retrouver d'autres parents en deuil ; pour les raisons ci-dessus évoquées, j'en étais choquée. Était-ce, en profondeur, refus d'accepter la mort d'Henri ? Peut-être... Car il est vrai que je n'étais plus tout à fait comme les autres : je ressentais comme déplacée la question habituelle et banale de tout un chacun : « Comment allez-vous ? » On ne peut aller bien quand on est meurtri jusqu'au fond de soi-même !

Désormais, j'ai compris qu'avec ceux qui sont éprouvés

dans leur corps ou dans leur cœur on ne peut interroger qu'avec délicatesse, et seulement sur un point dont vous parle ou vous a parlé celui qui se trouve en situation de souffrance aiguë — qu'il s'agisse de lui ou de l'être cher qu'il a perdu, ou de tout autre souci. Bien souvent, d'ailleurs, le silence compatissant est autrement éloquent que le banal et égoïste questionnement « Comment allez-vous ? ».

Mme T.

Mon mari a été six mois à l'hôpital, j'ai donné tous les organes d'Hélène, j'ai tout supporté.

Quand mon mari est sorti de l'hôpital, il est parti en balnéothérapie de longs mois ; j'étais enceinte et j'ai perdu mon bébé à neuf semaines et demie en août.

Quand Hélène est morte, je me suis promis d'opposer la vie à la mort. La vie est terne ici, la maison est silencieuse, je tourne en rond, j'astique, je frotte et je me dis que ça fait dix minutes que je n'ai pas pleuré. Tant mieux.

Quand je partais travailler, les gens baissaient les yeux et faisaient semblant de ne plus me voir. C'est terrible. On est venu me demander trois fois si je mettais ma maison en vente, puisque je n'aimerais plus y vivre après la mort de ma fille. Les collègues de travail n'osaient plus me parler. Quand elles parlaient de leurs enfants, elles s'en allaient dans la pièce d'à côté.

Mme B.

### 2. LE PROBLÈME DES PRÉSENTATIONS OU LA RECONNAISSANCE PUBLIQUE DE L'ABSENCE

Le fait d'être en relation avec d'autres, de ne pas vous cloîtrer chez vous, vous mettra dans des situations parfois difficiles, douloureuses. Une de ces situations se répétera jusqu'à la fin de votre vie : celle de la présentation de votre famille aux personnes qui ne vous connaissent pas.

La question qui me fait le plus mal aujourd'hui, c'est : « Combien avez-vous d'enfants ? » J'ai l'impression que répondre que j'ai un enfant, c'est effacer mes filles, les faire mourir une deuxième fois, mais dire que j'ai trois enfants me paraît difficile. Je n'ai pas de solution, car ne pas dire la vérité me fait mal, et la dire fait mal à mon interlocuteur...

Catherine.

J'ai résolu la question en répondant que j'ai *eu* cinq enfants. Si je sens que je peux aller plus loin sans provoquer une gêne ou un malaise, je le fais, sinon j'en reste là. Mais cela me permet d'être en accord avec moi-même et de ne pas gommer cette enfant que j'ai portée et élevée pendant presque huit ans.

Annick.

### 3. LE BONHEUR DES AUTRES

Enfin, ce qui vous paraît le plus insupportable, c'est que les autres sont heureux. La vie qui s'est arrêtée pour vous continue pour les autres.

Cela fait presque huit mois que notre fils est parti. Il y a des dates qui sont dures à vivre. Le jour de la rentrée scolaire, j'ai beaucoup pleuré. Je n'ai eu la chance d'amener mon fils à l'école maternelle qu'une fois. J'adorais aller le chercher, j'étais très fière de mon grand bébé. Il n'y est allé qu'un mois.

Cette année, je suis restée seule, pas de rentrée. J'enviais ces mères qui allaient emmener leurs enfants et qui ne savaient pas la chance qu'elles avaient.

Fabien n'avait que 4 ans quand il est parti. Jeune, trop jeune ! Nous sommes frustrés de tout ce que nous n'avons pas pu faire avec lui et que nous ne ferons jamais. Le comble serait qu'il neige cette année car tous les ans nous voulions qu'il neige pour pouvoir faire découvrir à Fabien la luge, les bonshommes de neige. Il aurait tellement aimé visiter un zoo, un parc d'attractions. Nous trouvions qu'à 3 ans, il était encore trop jeune... nous pensions le faire plus tard... et puis la maladie... et plus rien.

Patrick et Catherine.

Ils rient et ne savent pas. Sans avoir mal, ils peuvent se lever, se coucher, sans arrière-pensée, sans se poser de questions, ils font des projets, ils parlent vacances, ils décident de... Et ces visites chez les amis !

On les envie, quelle chance ils ont de pouvoir vivre sans porter cette masse dans la tête, sur le cœur... Parce que, tout un temps, un enfant de 5 ans qui courait dans la rue nous faisait chavirer.

Yves.

## Cela vous rend parfois agressifs.

Oui, j'étais jalouse ; je sais que ce n'est pas beau mais au début quand je voyais une personne, je me disais : « Pourquoi pas elle ? » Même envers mes collègues, pourquoi Philippe et pas un des leurs ? Quand elles parlent de leurs enfants, alors que, moi, je ne peux en parler qu'au passé, je serre les dents, elles ne comprennent pas. Le travail, je voulais partir, tout quitter, et finalement je suis toujours là.

Mme L.

Deux ans après la mort de Céline, des amis n'osent pas nous téléphoner. Je ne les revois plus parce que je ne peux plus accepter cela.

Juste après la mort de Céline, j'avais des sentiments très violents envers les autres, envers ceux qui étaient heureux, et en même temps j'étais honteuse de penser ça. J'avais en moi beaucoup d'agressivité.

Deux ans après, ça m'arrive encore de penser ça. Tout le monde autour de moi continue à rire, à chanter, à danser, et pas moi.

Dominique M.

Pendant une longue période, je ne pouvais plus supporter les gens superficiels, qui riaient, qui s'amusaient. Je me disais : « Ils n'ont rien compris. » Ils ne peuvent pas comprendre !...

Pour moi, plus rien ne sera comme avant et je ne pourrai plus jamais rire...

Je ne supportais plus physiquement de voir une femme enceinte ou une tétée. Lorsque je voyais un bébé dans la rue, je restais prostrée et le dévisageais, de même je restais plantée devant les magasins de layette... J'étais écorchée vive... et certaines attitudes ou paroles m'étaient insupportables.

Maryvonne P.

Les périodes de fêtes ou les étapes de l'année sont particulièrement insupportables.

Et ne parlons pas des fêtes de Noël, de nouvel an. C'est le moment où je déprime le plus, où la rancune envers la vie est insupportable. Quand je vois tout le monde qui achète des cadeaux, je fais des emplettes, je fais semblant... pour mon fils, mon mari, ma famille, les personnes qui m'entourent. Je joue le jeu. Je ne dis rien. Je fais comme si... Je ne leur dis jamais ce que je ressens ; ils ne savent pas. Oui, je n'arrive pas à accepter le bonheur des autres...

Le plus insupportable, ce sont les fêtes des écoles. J'y vais pour Julien, je fais l'effort, ou plutôt nous faisons, mon mari et moi-même, l'effort d'y aller. Mais que c'est dur de les voir tous profiter pleinement de leurs fêtes...

Dominique M.

Tout était devenu ambigu : nous redoutions les fêtes, les anniversaires, les occasions de joie, quelles qu'elles soient. A chaque occasion de se réjouir, nous nous disions : « Elle n'en profitera pas, elle ne verra jamais cela », etc. Le bonheur des autres devenait insupportable à certains moments. On se demande pourquoi ils ont la chance d'avoir tous leurs enfants, pourquoi ils se plaignent sans arrêt de broutilles. On a sans cesse envie de minimiser ce que vivent ceux qui nous entourent, et de leur dire : « Ce n'est pas grave. »

Annick.

Oui, il faut être francs et honnêtes envers soi, le bonheur des autres fait quelquefois mal. Alors qu'Élodie nous manque tellement, des familles autour de nous ont la joie de voir grandir leurs enfants. Nous avons toujours un pincement au cœur quand nous voyons ses petites copines et copains jouer devant chez nous. Il y a un an, elle partageait leurs jeux. Passer devant l'école où elle allait fait mal ; elle aimait tellement y aller, elle aspirait à rentrer à la grande école et apprendre à lire et à écrire, elle s'entraînait à la maison à faire de belles lettres sur un cahier. Aller dans les endroits où nous allions ensemble fait mal. Tout la rappelle, nous la retrouvons partout. Si, par exemple, nous allons nous promener dans un parc, nous la revoyons courir devant nous et nous voudrions sentir sa petite main dans la nôtre. Nous aimerions tellement la serrer de nouveau contre nous, l'embrasser, lui dire que nous l'aimons.

Jean-Michel et Marie-Agnès.

Affronter le bonheur des autres quand on est écorché vif, cela reste très difficile, particulièrement quand l'enfant que l'on a perdu était un enfant unique, et que l'on reste seul dans la vie.

Ce qui reste très dur pour moi aujourd'hui, c'est quand on me demande si j'ai des enfants. Je préfère dire non, ne pas en parler à tout le monde, mais ça me fait très mal.

Je sors, je m'amuse, j'entraîne les autres, même quand je suis à l'extérieur, et rien ne se voit. Mais quand je suis toute seule, c'est dur.

David voulait que je sorte, il me disait : « Je veux que tu sortes, maman, tu me diras ce que tu as mangé. » Il me l'a demandé, alors je le fais.

David voulait un petit frère ou une petite sœur ; sans vouloir le remplacer, j'aimerais un jour refaire ma vie.

L'an prochain, je vais demander la messe d'anniversaire de David décalée de huit jours par rapport à la fête des Mères. A sa messe d'anniversaire, on parlera moins de la fête des Mères, ça sera moins dur, parce que, pour moi, c'est épouvantable.

Yvette (après la mort de son fils unique,
le jour de la fête des Mères).

### 4. LA MARGINALISATION

Vous avez alors l'impression d'être complètement en marge de ce monde et d'habiter une autre planète, sur laquelle l'avenir n'a plus de sens.

Des amis proches nous font signe ; nous éprouvons de la sympathie pour eux, car nous les sentons très sincères et soucieux de nous aider. L'idée de les inviter à la maison vient très naturellement. Plaisir de se retrouver, d'échanger... Malgré tout, un sentiment de solitude s'installe très vite. L'évocation d'un de leurs enfants, de ses projets d'études médicales, de ses goûts musicaux en particulier, de ses centres d'intérêt, l'admiration bien naturelle qu'ils ont pour ce fils... nous renvoient à Pascal, si plein de promesses aussi, qui voulait lui aussi devenir médecin ! La souffrance se réveille, elle est là, indicible.

Comme il est difficile d'accepter la différence, de ne plus avoir de projet humain pour Pascal ! Il nous faut vivre autre chose avec Pascal, et c'est plus difficile... On aurait tellement voulu le voir grandir.

Michel et Éliane.

Après la mort de mon fils, ce n'était pas une impression, j'étais en marge. Je ne pouvais plus vivre comme les autres familles, j'étais constamment en manque, tel le drogué qu'une piqûre peut satisfaire. Comme lui, je faisais partie des marginaux pour ceux dits « normaux ».

Les parents endeuillés par la mort d'un de leurs enfants vivent pour un temps plus ou moins long, et parfois définitivement, sur une autre planète. Comme beaucoup d'autres parents dans le même cas, j'étais un automate, parlant le moins possible, n'ayant aucun désir, n'aimant plus rien. Tout me donnait la nausée, la nausée de vivre, je ramais à contre-courant. Aucune émission de radio, télévisée, aucun livre ne pouvait retenir mon attention, hormis ceux qui avaient rapport avec la mort, l'au-delà ou le cancer : sujets souvent tabous.

A ce jour, si je crois être sortie de cette marginalisation, je suis sûre que certaines personnes pensent que j'y suis à nouveau, depuis que j'accompagne volontairement les enfants atteints de cancer, leurs parents, les enfants en phase terminale ou les parents qui viennent de perdre ce qu'ils avaient de plus cher au monde.

Je crois qu'il faut « marcher sur la tête » pendant un temps pour revenir les pieds sur terre et survivre à la souffrance et à la mort de son propre enfant.

Thérèse.

Depuis la mort de Laura, je vis comme si j'étais sur une autre planète. Je suis à part, et des personnes en me voyant dans un supermarché disent : « C'est la maman qui a perdu sa petite fille de 6 ans », et ne m'adressent ni une parole ni un geste en signe d'amitié.

Souvent, je vois et je croise la meilleure amie de ma petite Laura sur le chemin de l'école avec sa grand-mère ; c'est Valérie, elle me sourit et se retourne de nombreuses fois pour me faire signe de sa main, sa grand-mère qui lui tient l'autre main fait semblant de ne pas me voir, ne me dit plus bonjour, elle m'ignore complètement ; elle passe tous les jours devant chez moi et regarde toujours de l'autre côté, cela me fait mal, m'attriste. J'aimerais tant parler avec Valérie, je saurais devant elle ne pas pleurer, lui sourire, lui offrir quelque chose, elle me parlerait sûrement de Laura, cela me ferait plaisir et je crois qu'elle serait contente elle aussi, car elle ne me verrait pas triste.

Mme A.

La difficulté, bien sûr, c'est que de nos jours les morts d'enfants sont considérées comme exceptionnelles ; elles ne font pas partie du vécu douloureux des familles.

Il y a quelques générations, c'était différent, tout le monde avait dans son histoire familiale récente un ou plusieurs décès d'enfant, c'était une fatalité… Les progrès de la médecine ont amélioré cette situation tout en rendant inconcevable qu'une mort n'ait pas d'explication médicale (ce qui est le cas pour la mort subite et inexpliquée du nourrisson).

Dans ma famille, j'étais la première depuis deux générations à perdre un enfant, je me retrouvais donc dans une situation que ni ma mère ni mes grands-mères n'avaient connue. Privée de l'expérience séculaire, vivant un traumatisme que personne ne connaissait, obligée d'improviser en quelque sorte. Différente.

Différente, nantie d'une expérience peu partagée, marquée par le deuil, il fallait bien cependant montrer que, pour le reste, j'étais comme les autres, afin de ne pas me retrouver plus seule encore dans ma tête, dans mon corps.

Parce que, ce qui est dur aussi dans la mort d'un tout-petit, c'est que la vigilance de la mère ne disparaît pas avec l'enfant. L'oreille dressée au moindre bruit, longtemps on continue à entendre les pleurs de son enfant. On a ce manque dans les bras, ce manque physique du doux poids du bébé. Il m'a fallu accepter que mon compagnon vive les choses différemment, que son manque soit ailleurs. Le chagrin ne peut pas se hiérarchiser. C'est une histoire personnelle. Il était malheureux à sa façon, qui n'était pas la mienne.

Maryvonne R.

C'est vrai, on ne se trouve plus pareil aux autres familles, surtout à l'intérieur de notre cœur. A l'extérieur, à moins qu'on ne le dise, personne ne peut deviner ; on ne montre pas toujours nos problèmes.

Anne-Marie.

« Ils » ne nous comprennent pas. « Ils » ne peuvent pas savoir. L'émotion passée, les autres reprennent leur vie. Pour nous, c'est l'inverse ; avec le temps, c'est la découverte de l' « irrémédiable ». La vie a basculé, nous avons à réapprendre, à retrouver un équilibre, nous sommes hors circuit de la vie normale des autres familles. Nous avons perdu notre raison de vivre. Un anniversaire, un mariage, une fête de famille élargie, tous ces temps forts dans l'année, nous ne les vivons qu'écorchés, car il n'est plus là. Ce poids sur le cœur, plus lourd quand les autres sont à la fête, nous marginalise, nous nous tenons à l'écart.

Incapables d'assumer une souffrance quotidienne, on se

situe à côté de la vie. Moralement et physiquement abattus, il faut se refaire une santé avec l'aide des amis, proches, discrets, attentifs, réapprendre à vivre avec sa peine et se retrouver pour être en accord avec les autres.

Yves.

Il faut arriver progressivement à accepter notre nouveau statut social, statut sans nom, car la langue française n'a pas de nom spécifique pour désigner un parent ayant « perdu » un enfant. On parle de veuf ou de veuve, on parle d'orphelin, mais rien ne désigne notre condition.

Et pourtant, à la mort de notre enfant, nous nous sommes sentis soudain basculer dans un autre monde. On a le sentiment d'être devenu anormal par rapport à l'entourage. On se sent presque coupable de ne penser qu'à cet enfant qui est mort. On se sent devenir marginal. Les vieilles habitudes sont rompues. Nous nous trouvons dépossédés d'une partie de nous-mêmes. Pour notre enfant, nous faisions des projets d'avenir. Mais la réalité a été différente. Et il faut apprendre à vivre avec cette dure réalité, faire face à ce vide que rien ni personne ne peut combler. Vivre avec cette absence odieuse, quotidienne, insupportable, révoltante.

Agnès.

Le sentiment d'injustice nous remue le cœur. Pourquoi les autres familles ont-elles la chance de vivre toujours heureuses ? Pourquoi ont-elles tous les enfants qu'elles ont mis au monde ? Pourquoi, de plus, la société refuse-t-elle aujourd'hui de parler de la mort ? Pourquoi semble-t-elle repousser, rejeter ceux qui ont été touchés par la mort ? Vers qui se tourner pour en parler ?

A qui ai-je parlé de la mort de Thomas ? A personne, sinon peut-être à Marielle, ma femme. Je lui ai dit que c'était de ma faute, ce qui lui était arrivé. Il avait été insupportable toute la nuit, et je l'avais mis dans une autre chambre, à l'étage au-dessus, pour ne plus l'entendre. C'est là qu'il est mort. Mort au moment où on lui en voulait tant de pleurer. De cela, j'ai réussi à parler avec elle, parce que c'était trop dur de le garder pour moi.

Je n'avais aucune envie de parler à qui que ce soit, mais, en même temps, j'attendais tout des autres. Je voulais qu'ils soient révoltés surtout, que la mort de Thomas leur fût insupportable ; cela, je l'ai senti dans une ou deux lettres, et chez très peu de personnes. Elles m'ont apporté beaucoup, mais ne m'ont pas aidé à parler.

Je n'avais rien à dire à ceux qui n'avaient pas, comme moi, perdu leur enfant, étant certain qu'ils ne comprenaient pas. Je crois maintenant que c'est la raison profonde pour laquelle je ne parlais à personne de Thomas. Je ne sentais pas qu'ils pouvaient comprendre. Certains lançaient le sujet entre la poire et le fromage, parce qu'ils étaient venus pour ça, ou qu'ils devaient le faire. Je parlais de la pluie et du beau temps. Le climat n'était pas à parler de Thomas. J'étais pourtant content qu'ils soient là, cela me suffisait.

J'avais la même attitude quand Marielle parlait de Thomas à des réunions ou au cours de rencontres. Je lui disais et lui dis encore : « Pourquoi leur dis-tu tout ça ? Ils vont en avoir marre de nous. » J'avais peur que ces gens nous cataloguent, c'est-à-dire nous classent comme parents à problèmes, véritable barrière à la communication ultérieure.

Je ne faisais pas confiance aux gens, à leur capacité de partager ce que Marielle disait. C'est là, je crois, ma vraie difficulté. Je n'avais jamais parlé de la mort avant. Qui parle de la mort aujourd'hui ? Ce que je vivais ne pouvait être partagé qu'avec des gens qui savent ce que c'est, soit parce qu'ils le vivent aussi, soit parce qu'ils l'ont appris. Et je crois maintenant que les seules personnes avec qui l'on ait vraiment parlé de Thomas, par la suite, sont d'autres parents d'enfants décédés, ou des professionnels.

Peu de discussions ou de rencontres avec d'autres m'ont réellement aidé. Entre hommes, nous n'abordons jamais de sujets où transparaissent nos sentiments. J'ai beaucoup envié ma femme d'arriver à parler avec d'autres femmes de ce qu'elle ressentait. Nos discussions dans mon travail ne portent que sur l'actualité, nos conditions de travail, nos loisirs, ce que font nos enfants, mais jamais sur nos soucis, nos joies, nos convictions profondes... Vraiment, il y a là une réelle impossibilité de parler de la mort de son enfant. Ce serait tellement inhabituel, à la limite de la décence, que je sais que l'aveu de ma souffrance ou l'expression du souvenir de mon fils seraient interprétés comme une mutilation de ma personnalité, une infirmité soudainement étalée.

C'est terrible de vivre dans une société où l'on nous fait jouer un rôle qui nous empêche d'être nous-mêmes dans toutes nos dimensions. L'entreprise, en imposant ses règles du jeu, sa hiérarchie, ses critères de réussite et d'échec, la carotte du salaire perçu comme une récompense, nous impose de laisser au vestiaire toute une partie de nous-mêmes. C'est comme cela dans la mienne. Il y existe certainement des solidarités, mais ma position ne m'en fournit pas.

Notre enfant est mort. Pour les autres, il n'y a plus lieu d'en parler. La vie a repris le dessus, rien ne sert de remuer tout cela.

Et pourtant, notre enfant, nous savons qu'il continue à être, qu'il n'a jamais cessé d'être. A qui en parler, de cette relation à lui, relation particulière, personnelle, mais si vraie et si forte ? Là aussi, nous sommes et resterons seuls. On a parfois besoin d'en parler, de cet enfant-là. Nous en parlons quand c'est trop dur de s'en empêcher, au cours de rencontres, quand on se présente à d'autres, quand on échange avec d'autres sur tel ou tel sujet. Oui, cela nous arrive souvent de parler de Thomas et de sa mort. Trop souvent ? Et si on finissait par embêter les gens avec cela ? Je ne veux pas qu'on nous catalogue comme parents d'un enfant mort, comme cas pathologique.

Pourquoi j'ai peur d'embêter les gens ? Je n'en sais rien. Peut-être parce que la mort est refusée par notre vie moderne. En tout cas, pour moi, c'est un peu comme si Thomas mourait une seconde fois.

Dominique L.

Ce que je regrette maintenant, c'est de voir combien il est difficile d'aborder le problème de la mort, alors que, dans cet étrange voyage qu'est la vie, l'étape ultime et commune à tous, c'est la mort, expérience par laquelle tout être passera un jour ou l'autre, mais qui reste si effrayante parce que inconnue.

Ce sont souvent de jeunes enfants qui sont le plus à l'aise pour parler de Céline. Ils osent poser, sans aucune gêne, les questions primordiales, et ils vont au cœur même des choses.

Encore maintenant, je sens de la gêne de la part de certains adultes. Quelque chose s'est cassé, et j'ai l'impression que notre relation avec eux ne sera jamais plus la même. Je pense que c'est dû au fait que jamais nous n'avons parlé de la mort avec eux. Une certaine pudeur fait que l'on parle rarement de ce qui nous touche profondément. Certains ont profité de la naissance de notre deuxième fille pour me dire combien ils pensaient encore à Céline, et combien sa mort les avait touchés. J'ai été très sensible à cela ; il semble qu'il faille des événements importants pour oser exprimer ce que l'on ressent.

J'ai été gagnée par le sens de l'éphémère. J'ai pleinement réalisé que tout sur cette terre a une fin. D'une certaine façon, j'envie ceux qui, apparemment, ne sont pas trop conscients de cela. Mais, en même temps, cela tend à mettre une distance vis-à-vis de mon entourage. Souvent, j'ai envie de me taire plutôt que de parler de choses qui, à mes yeux, paraissent bien futiles par rapport à la mort de ma fille, et que je juge être des banalités.

Agnès.

### 5. JOIES AVEC LES AMIS : L'AMITIÉ MANIFESTÉE

Mais, au-delà de ces difficultés, les amis peuvent être aussi source de joie profonde par leur délicatesse.

Merci au docteur X. Qu'il ait deux ou dix personnes dans sa salle d'attente, il a tout son temps. Quand il monte à la maison, c'est pareil. Cela a aidé les enfants, les parents. Son métier est d'abord l'écoute, et les soins ; l'argent est secondaire. Merci aussi à sa femme qui m'a appelée les soirs de grand cafard, les soirs d'hospitalisation. Vous avez toujours été là, sans être toujours là, vous avez souvent arrangé les choses. Le docteur a toujours fait partie si j'ose dire de la vie de famille, on est heureux. Grâce à son seul sourire, on s'est soudés, on est plus à l'écoute.

Élise.

Par leur capacité à parler de l'enfant mort, ils apportent l'aide espérée.

La meilleure amie de ma fille (même classe, même âge) m'a été d'une aide précieuse. Peut-être parce que comme moi elle avait besoin de parler de Marie-Christine et qu'elle comprenait le réconfort que cela m'apportait.

Monique R.

Par leur fidélité à son avenir aussi.

Les très bonnes amies de Géraldine ont tellement fait partie de notre famille aussi ! Nous n'avons pas bien réalisé juste après le décès de Géraldine le choc que cela avait représenté pour elles. Cela nous a toujours beaucoup touchés de trouver régulièrement des petits mots cachés dans des fleurs, sur la tombe de notre fille, qui répétaient inlassablement « Tu es mon amie » et « Je t'aime ».

Puis la lettre reçue de l'une de ses meilleures amies nous a un peu révélé la profondeur du choc (lettre reçue le 30 janvier 1989, soit cinq ans et demi après son départ, elle allait avoir 13 ans) :

« *Moi je rencontre jour après jour des personnes, des copines, personne dans ma vie ne remplacera ma meilleure amie... personne ! Elle l'était, elle l'est, elle le sera toujours toute ma vie.*

« *Je l'aime bien trop pour l'oublier, j'ai envie de la revoir au Ciel, je serai si heureuse auprès d'elle et de Dieu, j'imagine nos retrouvailles, nos sourires, c'est comme une petite sœur pour moi !...*

« *Je dis " petite " car elle voulait que je l'appelle comme ça.*

*En plus, lorsqu'on jouait au docteur, quand je dormais chez vous, c'était moi sa maman et je faisais en même temps le docteur, elle était aussi docteur, mais jamais la maman, elle était donc mon bébé... Je la vois encore accroupie comme un bébé qui pleure avec sa grande mallette de docteur. Je suppose que vos deux filles jouent ensemble avec cette mallette, si vous l'avez encore.*

*« Souvent, je lui écris des lettres que je lis pendant ma prière et, ensuite, je la mets dans mon coin-prière avec son Snoopy et toutes ses photos. Je prie et je sais qu'elle me surveille, qu'elle me guide vers le bon chemin. Ce n'est pas toujours le bon que je prends mais j'essaie, je reconnais que c'est quelquefois dur. Aussi, quand je suis seule, elle me parle, joue et est avec moi et me fait me tourner vers quelqu'un que je ne connais pas ou que je n'aime pas et elle m'aide à aimer ces personnes, et alors elle m'appelle Bibiche comme avant. Elle sera toujours ma petite sœur. »*

Signé : « Bibiche, je vous aime. »

Suivait une lettre intitulée « Lettre à ma meilleure amie » :

*« Chère petite sœur,*

*« Je t'aime, je ne t'oublierai jamais, je peux te le promettre. Je pense à toi et à ta famille chaque jour et je t'adore. »*

En lisant cette lettre, nous avons réalisé que Bibiche avait besoin d'aide et avons pu en parler un peu à la fois avec elle et avec son papa et sa maman, et nous avons réalisé aussi le temps de maturation qu'il fallait à tous les proches d'un enfant qui nous quitte. Cette année, le 31 décembre, le téléphone a sonné chez nous à minuit, et c'était Bibiche qui nous souhaitait une bonne année...

Annick.

### 6. LES AMIS SONT VOS GUIDES VERS LA VIE

Vous éprouverez sans doute le besoin de parler avec des gens qui ont perdu un enfant, car vous aurez l'impression qu'ils vous comprennent complètement. Telle cette maman d'une petite fille morte à 5 ans de leucémie qui croise au cimetière une voisine dont la fille a été tuée par un chauffard le jour de l'an, et qui l'écoute pendant une heure.

> Vous qui êtes passée par là vous savez ce que je veux dire, vous pouvez comprendre, les autres ne comprennent pas.

Mais vous avez besoin également de ne pas voir autour de vous que des gens souffrants. Voir des gens heureux permet de refaire confiance à la vie aussi, et de se redire que le bonheur existe et sera à nouveau un jour pour vous.

> J'avais une soif de voir les autres heureux, de pouvoir constater que la vie n'est pas que douleur, qu'il y a un espoir, un avenir : Henri lui-même se serait réjoui, comme il l'avait toujours fait, des rencontres, des réussites, des naissances...
>
> Je m'en réjouissais pour mon propre compte, mais presque plus encore en son nom.
>
> Mme T.

> Nous avons eu la très grande chance d'être entourés par des amis merveilleux pendant les dix-huit mois de la maladie de Géraldine. Nous avons été émerveillés par leur délicatesse, par leurs gestes de tendresse et d'affection, par les services offerts avant même que nous ayons eu besoin de les demander, par leur écoute et leur indulgence, alors que nous étions pour eux des amis totalement repliés sur leur problème. Nous nous sommes sentis profondément aimés, tels que nous étions, et cela nous a permis de vivre ce que nous avions à vivre.
>
> Bien malgré nous, nous leur avons apporté aussi une autre vision de la vie, et ils nous ont dit avoir redécouvert que le bonheur est à portée de main chaque jour ; il faut donc le prendre où il est et non le chercher ailleurs en risquant de ne jamais le trouver.
>
> Annick.

Mais vos amis ont aussi besoin de votre aide pour jouer leur rôle.

Pour l'avenir de vos enfants, de votre famille et de vos amis, il est capital que chacun puisse exprimer ce qu'il ressent, ses sentiments, et sache écouter également ceux des autres. Cela exige une attention à l'autre dont vous ne serez pas toujours capable au début, mais vous vous apercevrez vite que, si vous permettez à votre interlocuteur de parler de lui, il devient alors lui-même capable de vous écouter et vous gagnerez beaucoup en terme de richesse relationnelle et dans vos échanges.

Vous aurez à les guider. Vous avez envie de parler de votre enfant, d'évoquer avec eux les bons moments passés ? Dites-le-leur ! Vous ne voulez plus parler du passé, vous préférez vous changer les idées, faire des projets nouveaux, vous tourner vers l'avenir ? Dites-le-leur également ! Ils ne peuvent pas deviner ce que vous ressentez...

> Avec le recul, je me rends compte que c'est à moi de faire l'effort de m'adapter aux autres, et non l'inverse. Mon hypersensibilité à la mort de ma fille m'avait rendue très exigeante vis-à-vis de l'entourage. J'aurais voulu voir chacun réagir comme moi, éprouver le même chagrin que moi. La mort était devenue le centre de toutes mes pensées. Mais il faut accepter le fait que tout le monde ne peut pas faire l'effort de comprendre ce chagrin. J'aurais voulu n'entendre que ce qui pouvait me réconforter, et certains commettent des maladresses. Je n'étais pas prête à entendre n'importe quoi, car, pour moi, rien de pire ne pouvait arriver. Il faut donc essayer de comprendre l'entourage, les amis, qui voudraient aider, réconforter, mais le font parfois de façon maladroite. Une douleur si profonde nous laisse dans un état de profonde solitude. Il faut apprendre à « vivre avec », réapprendre à vivre avec cette nouvelle réalité. La mort fait taire en soi tant de

choses inutiles ou vaines qu'on ne garde que l'essentiel ; et qu'on n'arrive plus, pendant un certain temps, à s'intéresser aux petites choses qui font le quotidien de notre existence. Je n'arrivais plus à m'intéresser à la grippe ou au rhume des petits de mes copines. Je ne comprenais pas qu'elles se fassent du souci pour ce que je considérais comme étant vraiment futile par rapport à la mort de ma fille. Et pourtant, il faut essayer de ne pas s'exclure de ce qui fait la vie de tous les jours. Juste après la mort de Céline, je parlais d'elle à tout le monde, même à des inconnus. Il me semblait que, de toute façon, ma douleur était apparente, se voyait immédiatement...

Agnès

Pour leur faire comprendre ce que vous vivez, vous pouvez leur dire :

... que le deuil est un bouleversement fondateur dans une vie. On peut le comparer à deux autres bouleversements fondateurs, par exemple la rencontre d'un conjoint lorsque la relation de couple est réussie, ou la naissance d'un enfant. Après ce type de bouleversement, la vie n'est plus jamais la même. Le fait d'être aimé, le fait d'aimer un enfant bouleversent au quotidien la vie de chacun. Plus jamais nous ne retrouverons l'état d'avant, c'est-à-dire l'état de célibataire, l'état de cœur de célibataire ou l'état de cœur de parents sans enfant.

Pour le deuil, on assiste au même phénomène : plus jamais les parents ne retrouveront l'état d'avant, c'est-à-dire l'état du bonheur avec tous leurs enfants. Par ailleurs, la sérénité vient aux parents lorsqu'ils n'ont aucun regret, elle est proportionnelle aux regrets que l'on a par rapport au passé. Là aussi, vous pouvez nous aider en évoquant avec nous tout ce que vous avez perçu de positif dans notre vie de famille et dans nos relations avec notre enfant décédé.

Annick.

### 7. À VOTRE TOUR, VOUS DEVENEZ LES GUIDES POUR VOS AMIS

Vous pouvez aussi les guider avec douceur, vers une vie plus centrée sur ce qui est important, puisque, aujourd'hui, vous avez la chance de pouvoir distinguer plus facilement l'important de l'accessoire. Votre amitié s'en trouvera sûrement renforcée.

> Il ne faut pas non plus se murer dans sa douleur, devenir intolérant, insensible aux problèmes des autres. Il est évident que ce que nous avons vécu est le plus atroce. Il est risible d'entendre des gens se plaindre car leur lave-vaisselle est en panne, ou que sais-je ? Je ris en moi-même et je leur dis tout simplement que s'ils n'ont que cela comme problème, c'est bien peu de chose. J'essaie de leur inculquer une nouvelle philosophie : tout problème matériel a sa solution ; si la santé va, tout va.
>
> Patrick et Catherine C.

Petit à petit, vous sentez que vous progressez sur le chemin de l'apprivoisement. Une vie de couple plus profonde, un amour plus généreux, plus conscient, des relations familiales plus simples, plus à l'écoute, des relations amicales qui donnent le droit à chacun d'exister ; vous vous acheminez vers l'intégration profonde de la perte de votre enfant à votre vie, et vers les débuts d'une vie différente où tout est à réapprendre.

Il vous reste encore des étapes difficiles à franchir, mais la « nouvelle présence » de votre enfant se fait sentir par intermittence, et il y a même des moments où vous avez l'impression d'être à nouveau heureux.

CHAPITRE VII

# Revivre : les difficultés, les étapes, les temps forts, l'intégration

## I. LES DIFFICULTÉS

Dans la redécouverte progressive de la vie, le temps sera à la fois votre ennemi et votre allié.

Votre ennemi, parce qu'il a chargé vos épaules d'un poids trop lourd, qui vous donne l'impression d'avoir vieilli prématurément.

> On se sent fatigué et vieilli, on prend un coup de vieux. Quelque chose de lourd sur les épaules vient de se produire dans votre vie, la tristesse se lit sur votre visage. On continue à vivre, mais quelqu'un nous manque. J'en ai voulu à Philippe d'être parti et de m'avoir laissée seule, pour moi il était un peu le chef de famille sur qui je pouvais compter.
>
> Madame L.
>
> Le tournant dans la vie des femmes de 45 ans, je l'ai fait à 35 ans. Je me sens vieille, très vieille, comme une grand-mère. Je n'ai pas l'impression d'avoir 42 ans, mais 70 ans. Je ne peux jamais partager cela avec les autres, ils ne

comprennent pas et me disent que j'ai besoin de me faire soigner. Ils habitent un autre monde que moi.

Catherine.

Je me sens vieille. J'ai vécu des choses que ma propre mère n'a jamais vécues.

Maryvonne R.

A 26 ans, je me sens vieille... J'ai perdu l'insouciance, la confiance en la vie.

Madame B.

Votre ennemi aussi, parce que avec lui vient la peur d'oublier, et le désir de vivre tourné vers le passé.

Avec le temps qui passait, j'éprouvais une espèce de vertige à l'idée que j'allais oublier. Juste après le décès, chaque fois que l'on prend un petit plaisir ou que l'on a une joie, on culpabilise en se disant : « Ça y est, je l'ai oublié... » un petit peu comme si notre tristesse nous reliait à notre enfant et lui permettait encore d'être là. Puis, peu à peu, les traits s'estompent. Dans les rêves, par exemple, on ne retrouve plus la voix ; les photos sont muettes et on a le vertige en réalisant que le corps, et tout ce qui est physique, disparaît vraiment à tout jamais. C'est peut-être après cette expérience de vertige que naît le désir d'aller plus loin et de retrouver son enfant dans la partie de lui qui ne meurt pas, c'est-à-dire tous les liens d'amour qu'il a tissés avec nous et sa capacité d'aimer.

Monique.

J'avais l'impression après la mort de Géraldine que tout passerait, sauf l'amour que j'avais dans le cœur pour elle, qui me remplissait le cœur de manière très vive et qui me le remplit toujours aujourd'hui.

Avec le temps, vient aussi la tentation de retourner vers le passé et de ne plus vivre le présent et ses joies. Nos autres enfants, nos amis nous deviennent indifférents.

Avec le temps, également, naît le sentiment confirmé par les réflexions de certaines personnes qui nous entourent, que l'on ne peut pas passer sa vie à parler de cet événement, qui est pourtant central dans la nôtre, « qu'il faut tourner la page », « que le passé est passé »... Et pourtant, les années ne diminuent pas le besoin d'en parler, le besoin de partager pour atteindre petit à petit une sérénité qui, elle non plus, n'ôtera pas complètement ce désir de partager et de parler.

Avec le temps, enfin, vient quelquefois une déception : au moment de la mort de l'enfant, tout le monde se mobilise, on a l'impression que le monde a changé, que quelque chose de radical s'est produit. Puis la vie reprend pour chacun, et petit à petit les parents réalisent qu'ils restent seuls avec leurs problèmes et que c'est à eux seuls de le porter et de le résoudre. Pour moi, c'était un peu comme ce qui se passe au moment d'une naissance : à la clinique, c'est merveilleux, les amis défilent, l'enfant est gâté, la maman aussi... ; mais quand elle rentre chez elle, elle retrouve les tâches quotidiennes, la surcharge de travail et la fatigue, et elle se sent très seule. Après le décès de Géraldine, j'ai refait cette expérience.

Annick.

## II. LES ÉTAPES

### 1. LE RÔLE DU TEMPS

S'il est parfois votre ennemi, le temps peut aussi être votre allié. Celui, en tout cas, qui va atténuer petit à petit l'impression d'être écorché vif en permanence. Vous resterez blessé à vie, mais une blessure cicatrisée n'empêche pas de vivre.

Un an après la mort de Julien, sa maman constate :

On y pense tous les jours. C'est sûr, il y a des hauts et des bas, mais aujourd'hui ça va quand même un petit peu mieux qu'il y a un an et c'est moins dur.

Le temps tranche les liens douloureux les uns après les autres : c'est la chambre que l'on retapisse (quelquefois des années après), ce sont les enfants suivants qui atteignent l'âge auquel votre enfant est mort, et qui n'ont plus de vêtements ou de jouets lui appartenant. C'est l'appartement ou la maison habités avec lui qu'il faut quitter, c'est la voiture qui a transporté votre enfant qui part à la casse. Ce sont les petits cadeaux qui pâlissent à la lumière ou sont cassés, égarés. Chaque jour qui passe rend la séparation plus réelle, plus irrémédiable, et semble mettre un espace entre votre enfant mort et vous.

Et pourtant, c'est à partir du chemin réalisé dans le temps, et grâce au temps, que vous allez peu à peu vous diriger vers la vie.

> Le plus difficile, c'est de vivre le non-retour de l'absence, le « plus jamais ». Si seulement on pouvait avoir un coup de fil, une lettre pour nous dire que tout va bien... Un enfant qui part en colo, il écrit, il téléphone. Un enfant qui meurt, on n'a plus rien du jour au lendemain. Et moi je ne voulais pas perdre ce qui me restait de lui, je me cramponnais à sa voix, son visage, son rire, je me suis tournée vers le passé complètement. Le jour où j'ai réalisé qu'il aurait grandi, qu'il aurait changé, que j'aurais dû lui acheter d'autres bottines, d'autres pantalons, j'ai appris un autre rapport avec lui.
>
> Geneviève.

## 2. LES EFFETS PERSONNELS DE L'ENFANT. QU'EN FAIRE ?

Un des premiers problèmes à traiter va être celui des affaires de votre enfant. Que faire de ses vêtements, de sa chambre, de ses souvenirs ?

Les parents oscillent entre tout supprimer et tout garder. Et il n'y a pas de réponse unique à cette question. Il apparaît important que vous soyez capables de repérer peu à peu ce qui vous fait du bien et ce qui vous détruit, ce qui vous fait souffrir, et que vous preniez la décision de ne garder que ce qui vous fait du bien. Les témoignages suivants, par leur diversité, rendront compte du chemin unique fait par chaque famille.

> Nous avons gardé tous les vêtements, les jouets, les affaires de notre petite Élodie. Elle a toujours sa place dans notre maison. Elle aimait beaucoup dessiner et nous regardons souvent ses dessins. Des photos d'elle sont exposées dans chaque pièce de la maison. Nous avons réuni toutes ses photos et nous les avons classées dans un album. En regardant cet album, nous revivons tous ces merveilleux moments passés avec elle. Nous sommes très fiers d'elle. Au cimetière, nous lui avons fait faire un beau monument représentant un de ses dessins. Nous le lui avons offert comme un cadeau. Nous lui apportons des fleurs, nous savons qu'elle nous voit et que cela lui fait du bien.
>
> Jean-Michel et Marie-Agnès.

> La chambre de Céline n'a pas changé. Quatre ans après, ses bibelots sont toujours rangés à la même place sur son étagère ou sa table de nuit, ses vêtements n'ont pas bougé non plus, tout est toujours à la même place. Son petit calendrier, accroché au mur, est arrêté à avril 1986, date à laquelle son état de santé s'est aggravé. Je ne veux pas qu'on y touche. Je veux dire par là que je ne veux pas reléguer dans un coin tout ce qui lui appartenait, ses livres, ses affaires personnelles...
>
> Je veux garder un peu de son souvenir vivant à travers tout cela. Pourtant, Julien profite de « la chambre de Céline », comme nous disons pour la désigner. Il y fait ses maquettes, déballe son « cirque » sur le lit ou sur le bureau, profite de ses livres, mais jamais il ne dérange les affaires de Céline. Sans doute a-t-il compris ce que cela représentait pour moi.
>
> Quant aux souvenirs, c'est la même chose. J'aime me rappeler... J'aimerais pouvoir en parler, revivre les bons moments, j'aime regarder les photos. Souvent, j'ai

demandé à mon mari de repasser les films. Il ne l'a jamais fait. Cela le ferait trop souffrir et je pense qu'il a raison. Moi, je l'ai fait une fois, toute seule. Le dernier film où on la voit avec presque plus de cheveux, mais pourtant si en forme, si vivante... Je l'ai fait quelques mois après sa mort, et j'ai souffert atrocement. Je n'ai plus recommencé. Pourtant, je crois que j'aurais envie de repasser ces films, de la revoir. Mais je n'ose pas. J'ai peur d'avoir trop mal.

Dominique M.

Après l'enterrement, la chambre de David vide de sa présence m'a paru odieuse, insolente. Mon mari et moi nous sommes assis sur le lit vide, on a pleuré et on a retiré les mobiles du plafond, les dessins des murs. On s'est regardés dans la glace de l'armoire et cela nous a fait si mal de ne pas y voir le visage de notre fils qu'on a décidé de la démonter et d'enlever le lit. Personne ne dormira dedans, je ne veux pas obliger un enfant à reprendre cette chambre, c'est un héritage bien trop lourd à porter. Cela deviendra une salle de jeux avec un bureau pour mon fils aîné.

L'odeur de la mort est toujours présente et nous portons le matelas dans le jardin pour le brûler. La vision des flammes ravive notre souffrance.

Les jouets du dernier Noël sont encore enveloppés, neufs car David était déjà très mal et n'avait plus la force de s'amuser. Cela me fait tant de peine aujourd'hui encore de contempler la jolie tente d'Indien rouge que l'on n'a jamais montée... Je garde précieusement ses derniers jouets, il en avait tellement envie, c'est un peu comme s'il pouvait venir les chercher. David avait un porte-monnaie avec lequel il dormait, comme un trésor qu'il tenait serré contre lui. Aujourd'hui, en fermant les yeux, je retrouve son odeur sur les billets froissés.

Six ans de sa vie tiennent maintenant dans quelques dizaines de photos, souvenirs de sa naissance, de ses premières années avec ses frères, au milieu de la nature, et aussi les autres clichés d'hôpitaux où nous avons vécu pendant un an et demi.

Tant de choses familières nous rappellent son passage parmi nous. Bébé Renaud a 20 mois maintenant, on lui montre son visage et il vient fleurir sa tombe. Je veux qu'il sache combien son frère l'aimait et comme il aurait été heureux de le voir grandir...

Jacky et Martine.

Ce moment du rangement reste toujours un moment très dur à vivre, un peu irréel. Il est bon de s'y mettre seulement quand vous vous y sentez prêts, et que vous vous sentez capables d'encaisser la douleur que cela va représenter. Suivez votre instinct de vie qui vous dira si vous avez envie de couper les liens en douceur.

A part ce qui rappelait la maladie, les premières semaines, même les premiers mois, j'ai tout gardé, j'ai laissé intacts le bureau, le travail scolaire, la table de nuit, tout. Un peu pour le souvenir, un peu parce que je n'avais pas de courage devant les blessures qu'infligeait chaque détail. J'évitais donc de m'attarder dans la chambre, mais je n'aurais pas supporté non plus qu'on y modifie quoi que ce soit. Ce n'était ni logique ni raisonnable, mais c'était comme ça.

Puis, quand je m'en suis sentie capable, j'ai commencé à trier les vêtements. La première fois où j'ai ouvert les tiroirs ou l'armoire, ç'a été très dur. Je n'ai pas tenu le coup. Peu à peu, j'ai trié, distribué ce qui pouvait l'être. J'ai gardé certains effets qu'elle aimait particulièrement. Au fil des années, j'ai continué à donner, j'ai rarement jeté, sauf ce qui ne représentait rien de personnel.

Encore maintenant, après dix-huit ans, j'ai gardé le bureau avec ses objets préférés, une robe de chambre légèrement tachée que je ne pouvais pas donner et dont je ne peux me résoudre à me séparer, et son coin bibliothèque, tel qu'elle l'avait disposé. On y fait souvent des emprunts, mais on remet en place ensuite. C'est le « coin Marie-Christine ».

Monique R.

Si vous jugez qu'il vaut mieux que vous vous sépariez définitivement et immédiatement de tout ce dont vous ne pouvez plus supporter la vue, faites-le.

> Après la mort d'Hélène, j'ai rangé toutes ses affaires dans des cartons, j'ai fait le ménage de tout ce qui lui appartenait dans la maison, j'ai fait cela toute seule, c'était épouvantable, mais je ne voulais pas que mon mari retrouve tout cela en rentrant de l'hôpital. Je me disais qu'en enlevant l'ensemble des affaires qui avaient appartenu à Hélène, ça lui permettrait quand il rentrerait à la maison de repartir sur de nouvelles bases, et de ne pas avoir le cœur remué encore une fois, il avait déjà suffisamment souffert.
>
> Quand mon mari est rentré à la maison, il m'a demandé ce que j'avais fait des affaires, je lui ai dit que j'avais tout rangé, tout plié, et il m'a dit qu'il irait les revoir. Mais je ne le sens pas encore prêt à aller les voir. J'avais aussi fait des photos d'Hélène morte et je ne le sens pas encore prêt à les voir non plus.
>
> Mme B.

> En ce qui concerne les affaires de l'enfant, pour Cécile, je ne voulais rien toucher ni enlever. Mais, dans des moments d'exaspération, je prenais une chemise de nuit ou n'importe quel vêtement lui appartenant et je le jetais violemment à la poubelle ou au feu, avec un sentiment d'horreur et de douleur pour toujours.
>
> Catherine.

Lorsque vous vous sentez prêts à franchir cette étape importante, réfléchissez bien à la façon dont vous voulez répartir les affaires de votre enfant. Pour votre sérénité, il est important que vos désirs profonds soient respectés et que vous n'ayez pas de regrets.

> Les effets personnels, les souvenirs matériels, je souhaitais qu'ils réintègrent le plus vite possible le circuit de la vie. Je souhaitais que ses frères, sa sœur et son père décident avec moi des affectations : pour un frère, pour la sœur, pour un ami, pour le Secours catholique ou pour la poubelle.
>
> L'argent dans sa poche, la solde de militaire allèrent à un

cadeau de mariage aux amis qu'il voulait justement rejoindre pour cette fête le jour de l'accident, et aussi pour doter l'école d'un enfant mongolien qu'il connaissait bien. Il eût aimé ce choix.

Les médailles gagnées aux championnats sportifs, je les gardai, non par piété maternelle, mais seulement parce qu'elles n'intéressaient personne d'autre ; je ne savais à qui les attribuer, cependant les jeter m'eût semblé dévaloriser ses efforts de jeunesse.

Il est cependant un objet que je n'eus pas le courage de jeter, une boîte que je n'ai pas encore détruite — dix-huit ans après —, et pourtant je voudrais en être capable : elle contient quelques lettres de ses amis, et surtout la totalité de celles que je lui ai écrites durant six ans de pension — années de séparation que je vivais douloureusement sans le lui dire, comme j'avais aussi vécu l'internat de deux autres de ses frères, internat jugé par mon mari indispensable à la formation de ses fils.

A travers ces lettres, j'essayais qu'au moins ces années (qui me coûtaient) lui apportent force et jugement pour la vie, confiance et joie pour chaque jour. Je lui écrivais souvent.

Mais ces lettres, adressées à un enfant puis à un adolescent, aujourd'hui, ses frères et sœurs, adultes, les liraient peut-être avec déplaisir, soit qu'ils y trouvent une conception éducative trop différente de la leur, soit qu'ils ne sachent pas situer ces lettres dans le contexte où elles furent écrites.

Je ferais mieux de les jeter : pourquoi ne les avoir pas encore détruites ? Est-ce un refus voilé d'accepter la mort de mon enfant ? Est-ce possessivité vis-à-vis d'une relation qui m'a tant apporté ? Je n'y vois pas clair.

Mme T.

Je me souviens qu'ayant rencontré des amis durant ces quinze jours, nous les avions étonnés et aidés moralement par notre attitude sereine et joyeuse. Ils nous ont dit que cela les avait soutenus dans un moment difficile pour eux.

Au retour, j'ai rangé et classé les affaires d'Annick, étant pour cela aidée par Martine, qui avait 16 ans. C'était une tâche difficile, mais nécessaire pour que tout reprenne d'une manière équilibrée.

Martine, qui est maintenant maman de quatre garçons, a eu, il y a deux ans, la nuit de Noël, le gros chagrin de perdre une belle petite Armelle à la naissance.

En quittant la maternité, elle a voulu passer chez elle pour ranger la layette dans des cartons avant de passer quelques jours chez nous. Elle m'a dit : « C'est le souvenir que j'ai gardé de ce rangement des affaires d'Annick qui avait été si douloureux qui m'a poussée à tout ranger immédiatement afin que la vie reprenne plus facilement. » Elle vient de prêter toute la layette à sa sœur, qui attend son troisième enfant pour fin juillet, et le berceau qui aurait dû servir à Armelle a servi bien des fois depuis aux bébés de ses amies et de ses frères et sœurs.

Je n'ai gardé d'Annick que quelques souvenirs très précieux pour nous. Les tableaux qu'elle a peints, ses chaussons de danse classique et autres objets personnels. Le reste a été donné à une jeune fille de son âge n'habitant pas sur place. Nous pensons qu'il y a quelque chose de morbide à trop conserver les souvenirs tels quels, il faut tout faire pour appréhender la vie d'une manière positive, éviter tout ce qui peut altérer notre courage.

Lily.

Pendant l'année de sa maladie, Benoît a été extrêmement gâté. Chaque visite se traduisait par un cadeau et, fatalement, il y en a eu des doubles. Alors, au départ des visiteurs, Benoît nous disait : « J'en ai déjà un, celui-ci ce sera pour Guillaume », le petit copain aveyronnais de son âge.

Après le décès de Benoît, ses vêtements, son lit tout équipé sont partis par le Sernam[1] dans l'Aveyron. A chacun de ses cousins, cousines, camarades, nous avons offert un jouet de Benoît, lui qui voulait donner...

Nous n'avons conservé que quelques objets très personnels qui ont marqué l'année de sa maladie.

1. Sernam : Service national des messageries. (N.D.L.E.)

Nous avons encadré quelques dessins, des photos, des posters qui nous sont très précieux.

En deux albums, nous avons reconstitué les cinq années de la courte vie de Benoît et, à ce jour, nous avons la joie profonde de partager en confiant nos albums à de nouveaux amis qui connaissent mieux ainsi Benoît et comprennent notre engagement au sein d'une association d'aide aux enfants atteints de cancer et notre raison de vivre.

Yves et Geneviève.

Quand David est parti, il a laissé une grande armoire de jouets et de vêtements. J'ai seulement demandé deux souvenirs pour chacun des enfants et pour nous, le reste je l'ai donné. Tout cela c'est le mystère de David, on n'y touche pas. Ses photos, la maison respirent David.

Il ne faut ni effacer ni cultiver le passé. Il faut le garder dans son cœur.

Élise.

Faites-vous aider par quelqu'un que vous aimez beaucoup (vos parents ou une très bonne amie), qui ne va pas risquer de vous blesser par des indélicatesses. Tout est tellement important à ces moments et prend tellement de relief...

Que vous décidiez de faire démonter la chambre de votre enfant par vos amis pendant son enterrement et de donner sur-le-champ tous ses jouets à l'hôpital ou à une association, ou que vous gardiez cette chambre intacte pendant plusieurs mois ou plusieurs années, il est important que vous soyez conscients que ce lieu peut être un refuge pour beaucoup d'entre vous, un endroit où vous aurez l'impression de « retrouver » un peu votre enfant. Mais si le temps passé dans ce refuge vous abîme et ne vous aide pas à aller de l'avant vers la vie, alors c'est sans doute le signe que vous avez une étape à franchir dans l'acceptation de la séparation.

Je repense, par exemple, à ce dimanche de juillet où j'ai vidé ton armoire, pour tout donner. A ton lit, que nous venons de donner aussi. Il n'existe pas de mots pour dire sa douleur à ces moments-là.

Nous souffrons en silence, et dans la solitude... Mais je me dis en même temps que ce qui est fait n'est plus à faire. J'ai donc fait un pas... Et je me cramponne véritablement à ce pas pour me dire : « Je viens de faire un pas... et si j'ai réussi à faire celui-là, j'arriverai bien à en faire un autre. Et un pas, plus un pas... »

Ces deux efforts pour me séparer de tes affaires personnelles m'ont en quelque sorte fouettée. Et je me réfère souvent à eux dans les moments de découragement.

Colette.

# III. L'INTÉGRATION

## 1. NOUVELLE PRÉSENCE DE L'ENFANT

Intégrer la mort de son enfant, c'est parvenir graduellement à regarder en face cet événement qui vous a mis le cœur et le corps à nu, à lui laisser une juste place dans votre vie, entre le gommage et l'omniprésence, et à le laisser pétrir votre cœur dans la paix et la sérénité. C'est le travail de toute une vie !

Pour revivre, il faut continuer sur la lancée de la vie, en transformant cette présence qui n'est plus non pas en fantôme obnubilant, parce que rappelant le passé et le présent qui pourrait être, mais en mémoire, c'est-à-dire ce qui n'est plus, certes, mais dont le fait d'avoir été a quand même un poids sur le présent.

J'ai eu quatre enfants, dont deux n'ont fait qu'un court passage sur la terre, et pourtant j'ai mille fois plus que celui qui a deux enfants. Ma famille a déjà un pied dans l'universel, et mon champ d'action ne peut être étroit.

Christophe.

Ces pas que vous avez faits, un à un, vous mènent vers l'intégration profonde du décès de votre enfant à votre vie, et vers la prise de conscience d'une « nouvelle présence ». Cette nouvelle présence n'a rien à voir avec des hallucinations ou des expériences ésotériques, car elle naît simplement de la communion de cœur entre vous et votre enfant, et le signe de sa justesse est qu'elle vous aidera à ne pas centrer votre vie sur vous-même et qu'elle ouvrira les portes de votre cœur aux autres de manière authentique.

Où es-tu, Stéphane, toi qui viens de nous quitter ? La réponse qui me venait à l'esprit était : « Je suis là, maman, à côté de toi, en toi. » Bien que cette réponse me fût inspirée dès l'instant de sa mort et se précise plus de trois ans après son départ, il m'a fallu, il nous a fallu, en chercher d'autres qui m'ont fait passer par toutes sortes d'états, du plus déprimant au plus réconfortant.

La littérature nous offre une variété de livres dont les auteurs prétendent nous donner une réponse sur l'au-delà. Plusieurs écrivains relatent les expériences de mourants revenus à la vie (ils n'étaient donc pas passés par la mort), d'autres tentent de nous prouver que la réincarnation est le lot de beaucoup d'êtres vivants avant d'arriver à un état de perfection, d'autres encore interprètent avec beaucoup de précision leurs recherches philosophiques et théologiques et arrivent à idéaliser une vie future. Beaucoup tentent de prouver une existence réelle après notre passage sur terre. J'ai donc avalé toutes sortes de livres pour trouver une réponse à cette question obsédante qui me hantait. Où es-tu, Stéphane, mon fils ? J'ai cheminé jour après jour, ayant la foi en Dieu, pour arriver à penser ce qui suit.

La mort serait la preuve de l'absurdité de toute vie humaine si l'au-delà n'existait pas. Si toute vie sombrait dans le néant, Dieu n'existerait pas.

Il n'est pas possible qu'après plus de trois ans d'absence, Stéphane, mon fils, occupe une place primordiale dans ma vie quotidienne, mes pensées, s'il avait sombré dans le néant. Cette séparation évidente à mes yeux, à mes sens, le rend plus présent que tout autre être physiquement présent et que j'aime tout autant. Comment dire autrement que l'absent rend présent d'une présence qui me fait vivre, que le temps ne fait pas oublier l'absent, qu'il aide simplement à supporter son absence ?

Il n'est pas possible qu'il ne soit plus ; alors où est-il donc ?

Sûrement pas au cimetière ; seule son enveloppe corporelle est retournée à la terre, comme on aurait déposé un vêtement inutile à l'être invisible, mais lui est bien là, dans mon cœur, dans mon corps, dans mon âme, plus jamais il ne me quittera et il ne m'a jamais quittée.

C'est cette présence invisible qui me fait vivre, agir, me fait lui ressembler ; il m'arrive de penser : qui suis-je ? moi ou lui ? Parfois, je ne sais plus qui me commande. Il habite aussi son père et son frère, ce dernier a pris certaines de ses habitudes, de ses manies, il parle comme il aurait parlé, mais il ne s'est sûrement pas réincarné. Ils sont mes deux fils, Stéphane avec sa personnalité, Emmanuel avec la sienne.

C'est une présence qui ressemble à une fusion dans le cœur, une communion dans la pensée. Que de fois je lui parle au cours d'une journée, non pour attendre la bonne inspiration ou la consolation, mais pour le mettre au courant, le faire participer, vivre avec lui.

Ce n'est pas de l'utopie mais un amour infini qui inspire une confiance sans limites, qui n'exclut pas les moments de grande tristesse.

Je ne m'aventurerai pas à parler de signes, de messages reçus pour prouver cette présence, cette vie après la mort ; peut-être qu'ils existent et qu'il ne s'agit pas de coïncidences ou d'interprétations, mais là n'est pas l'essentiel, car c'est peu scientifique, donc peu crédible.

Ce dont je suis sûre, c'est que mon fils absent m'a ouvert le cœur et les yeux à bien des détresses et qu'il me fait revivre par une présence mystérieuse. Notre vocabulaire manque de mots pour expliquer cette relation ; les mots les plus simples de la minute qui a suivi sa mort sont les plus vrais : « Je suis là, je suis en toi, je vis. »

Thérèse.

Tout est différent. Les choses n'ont plus la même importance. Nous sommes déphasés par rapport aux autres. Il faut réapprendre à vivre sans la présence physique d'Élodie, et c'est très difficile. Elle est pourtant présente dans notre vie, car elle vit en nous dans nos cœurs. On parle d'elle, on l'aime et nous savons que, là où elle est, elle nous aime et veille sur nous.

Marie-Agnès.

Mais, pour beaucoup d'entre vous, l'expérience de cette nouvelle présence est très forte, sans lien aucun avec une foi en Dieu.

Quand je ne vais pas bien aujourd'hui, six mois après la mort de Nicolas, je vais au cimetière, je lui parle et je suis bien. C'est un peu comme si c'était moi qui lui avais donné des forces jusqu'à sa mort, et c'est lui qui m'en donne aujourd'hui.

Mme I.

Hélène est partout, dans toutes les pièces de la maison. Dans mon salon, dans ma chambre à coucher, dans ma cuisine, dans la salle à manger, et je lui parle sans arrêt, elle est partout parce que je la sens partout. J'ai du mal à l'exprimer, mais quelque part son esprit est là. Quand je ne vais pas bien, je lui dis : « Écoute, Poussinette, maman, ça ne va pas, il faut que tu lui donnes un petit coup de main. »

Je connais des amis dont la fille aussi est décédée, elle avait presque l'âge d'Hélène, et quand j'ai besoin de l'aide d'Hélène, je lui dis : « Va aussi voir Géraldine et demande-lui comment elle a fait pour aider son papa et sa maman, et vous trouverez le chemin ensemble. »

Mme B.

David m'a quittée de corps, mais jamais de cœur. Je n'oublierai jamais, jamais David. Moi je ne t'oublierai pas, je t'ai gravé sur la paume de ma main.

Élise.

Un deuil, c'est très long. Il faut vivre, jour après jour, et ce n'est pas forcément difficile. Tout n'est pas douloureux, heureusement. Le temps passe, et la vie s'organise. Petit à petit, savoir que son bébé est là-bas, au cimetière, devient supportable. On accepte la dégradation de son corps. Et c'est important. Nous avions planté des fleurs et des arbustes sur sa tombe. C'était joli. De temps en temps, je pleurais, nous parlions.

Retravailler, rire, sortir, recommencer à faire l'amour et puis, le temps aidant, revivre vraiment.

Un jour, longtemps après, quelque chose se passe. Les détails de l'enfant se sont estompés, mais cela n'a plus d'importance. C'est comme si l'enfant, une fois de plus, avait été détaché de soi, nouveau cordon coupé. L'enfant est restitué dans sa vérité, il est celui qui est passé, a donné du bonheur, est reparti, trace lumineuse, bonheur secret. Il n'est plus synonyme de chagrin, mais de vie indestructible. Il en reste la trame, la substance, une musique le symbolise, un rayon de soleil le contient. Il ne peut plus être oublié. Et quand son prénom revient à la surface, appelé par un souvenir, un moment heureux, on sourit intérieurement. Mathilde, je t'aime.

Maryvonne R.

L'Au Revoir que nous a adressé Élodie restera gravé à tout jamais dans notre cœur. Elle est partie apaisée, sereine et, avant de nous quitter, elle a tendu sa petite main tremblante vers mon cou en me disant « Je t'aime, maman ». Alors je l'ai serrée contre moi, ressentant cet immense amour qui nous unissait, et elle s'est endormie pour toujours. La mort nous a séparés de notre enfant mais l'Amour est plus grand, plus fort et nous unira pour l'éternité. *L'Amour est éternel.*

Jean-Michel et Marie-Agnès.

## 2. L'ENFANT CONTINUE À FAIRE GRANDIR SES PARENTS

Et cette expérience nouvelle vous ouvre parfois des horizons dans votre vie de parents et d'éducateurs…

Surtout, ne pas se résigner ! Les résignés sont des refoulés. Nous tenons à vivre notre souffrance pleinement en lui donnant un sens. Nous voulons faire vivre Benoît autrement en assumant cette souffrance. Quatorze ans de recul nous permettent de dire que certains événements et circonstances ravivent la souffrance, mais, avec le temps, Benoît nous a envahis, au plus profond de nous-mêmes. Il vit nos joies et nos peines. Il est aussi présent que les deux aînés... ce n'est plus le vide des premiers mois.

Il s'est créé une communion de cœur, il est là, avec nous ; bien sûr, son absence physique est une blessure, une cicatrice, mais Benoît est pour nous absence remplie de présence, indéfinissable autrement... Nous avons découvert que chaque enfant est unique ; à sa mort nous avions « tout » perdu, l'amour ne se divise pas, aucun enfant ne remplace jamais un disparu, c'est à la fois terrible et extraordinaire : chacun de nos fils est aimé pour lui-même, complètement.

Yves et Geneviève.

... voire dans votre vie personnelle, tout simplement.

Adieu, mon fils. A plus tard. A toujours. Et bonjour la vie, quand même !

Nous portons la responsabilité de ta mort, comme nous portons la responsabilité de ta vie.

Je me souviens de ta naissance, juste au début du printemps. Tu as crié, pour signifier que tu vivais. Aujourd'hui, tu as choisi de mourir au printemps. Mais j'entends cependant, avec tout mon instinct de mère, le cri de ta mort et je l'entendrai toute ma vie.

Aujourd'hui, je me tiens près de toi, au-delà de la mort, et je dis qu'il faut qu'on s'arrête un peu de vivre si vite, pour mieux prendre le temps de cerner l'essentiel. Mieux nous mettre à votre écoute (vous qui étiez, et qui demeurez, l'avenir du monde). Pour mieux comprendre et assimiler la croissance du monde. Le monde nous concerne tous. Mais pour que le monde change, et pour que ton geste serve à quelque chose, il faut que pour commencer, je me change moi-même.

Chers enfants du silence, enfants chers à nos cœurs, enfants nés pour la vie, étiez-vous faits pour vivre ? Avons-nous su capter, tous autant que nous sommes, parents, éducateurs, enseignants, responsables de la société, médecins, psychiatres, psychologues, sociologues, amis ou simples voisins, avons-nous su capter le silence de vos mots intérieurs ? Pas toujours faciles à comprendre, certes...

Avons-nous seulement essayé de faire taire le tintamarre autour de vous ?

Avons-nous su rendre notre société séduisante ?

Aurions-nous oublié d'aimer ?

La vie nous rappelle à l'ordre durement, mais tendrement.

Colette.

Pierre et Mireille, partageant avec leurs amis le fruit de dix années d'absence d'Isabelle (la troisième de leurs filles, morte dans un accident à l'âge de 7 ans), résument cette nouvelle présence à leur façon, et précisent ce qu'elle leur a fait comprendre.

Isabelle, notre joie.

Dakar, mardi 11 janvier 1977, 17 heures.

Détails, peut-être, mais on n'oublie rien et on ne s'habitue pas. Hésitation à marquer plus que les autres ce dixième anniversaire, dans quelques jours. Le mot même d' « anniversaire » n'a guère de sens pour ce qui, depuis, se vit au quotidien. Dix ans qui, d'une certaine façon, se réduisent à un instant.

Un accident bête, celui qui n'arrive qu'aux autres et qui nous arrivait à nous, faisant éclater notre bonheur tranquille et nos certitudes, nous confrontant à la souffrance, au doute, à la révolte.

Étrangers à nous-mêmes, aux autres parfois, tout était à refaire, inventer, recréer.

Un instant suspendue, la vie a repris son cours. Bien souvent spectateurs, nous l'avons un moment regardée passer.

Mais la vie ne va pas en arrière, ni ne s'attarde avec hier.

Expérience difficile à vivre. Véronique et Nathalie nous ont invités — nous invitent — par leur présence et leur amour à ne pas trop figer le passé, à vivre le présent et l'avenir avec espérance.

Espérance née aussi, peut-être, de la présence désormais tout intérieure d'Isabelle, de l'amour donné et reçu, de l'amitié partagée si souvent avec tendresse.

« Aimer, c'est créer de l'éternel. » Noël 1986.

Pierre et Mireille, Véronique, Nathalie.

Quand ils mettent leurs enfants au monde, les parents ont la mission de les mener à l'âge adulte. Ce faisant, ils grandissent également.

Lorsque l'enfant les quitte, cette mission continue en s'inversant. C'est l'enfant décédé qui va les mener vers un état plus adulte, et qui va les faire grandir, chacun à sa façon unique. De même que la naissance de leur enfant les avait introduits au mystère de la vie, de même sa mort va continuer ce travail dans leur cœur.

### 3. CHOISIR DE REVIVRE

Les témoignages des parents concordent pour affirmer bien haut que la découverte de cette nouvelle présence et la redécouverte de la vie et de sa saveur sont le fruit d'une décision de leur part. La mort de leur enfant a complètement changé leur vie. Elle aurait pu y mettre fin également mais ils ont choisi de vivre, et cela s'inscrit, paradoxalement peut-être pour ceux qui les entourent, dans le contexte de mort qui a été le leur.

Nous ne voulons pas attendre que le destin frappe de nouveau à notre porte pour recommencer à vivre vraiment. Nous voulons voir dans ta mort ce signe amical qui nous rappelle doucement de ne pas remettre à demain ce que nous voulons faire : vivre ; oui, vivre, que diable ! Nous réjouir de la chance de vivre. Connaître l'enthousiasme.

Aimer. Faire confiance. Nous débrouiller seuls, cependant. Et rechercher intensément la fraternité.

A l'avenir : me battre toujours, certes, mais cesser de me révolter. Ne pas craindre de pleurer parfois, les larmes sont libérantes. Choisir une bonne fois pour toute la vie, et l'amour de la vie, parce que c'est le meilleur pari possible, et que nous devons tout faire pour le gagner avec nos enfants.

Mon credo de la vie passe par ton suicide.

J'ai compris... oui, j'ai compris beaucoup de choses, durant cette nuit de dialogue intense. Peu à peu, j'avais l'impression que des pans de mur s'écroulaient, que des zones d'ombre et de nuit reculaient... que je venais de gagner une bataille, même si je n'avais pas encore gagné la guerre... oh, que non...

J'ai compris que la lumière était en train de revenir, plus douce, tamisée, bienfaisante, nouvelle, mais qu'il faudrait encore du temps pour que mes yeux s'y habituent vraiment. J'ai compris enfin que beaucoup de choses ne dépendaient que de moi-même, que personne ne pouvait rencontrer Dieu à ma place, que personne ne pouvait s'abandonner à Dieu à ma place, de même que personne ne pouvait souffrir à ma place ni traverser mon deuil. J'avais eu raison de crier... Cela faisait partie de ma nature et de ma capacité à revivre.

Colette.

Réapprendre le goût de vivre... pour nous-mêmes, c'est difficile ; pour nos autres enfants présents avec nous, nous le ressentons comme une nécessité. Qu'il est douloureux de se laisser aller aux joies de l'existence alors que la blessure profonde sera toujours là, mais qu'il serait injuste pour le frère et la sœur de Pascal de ne pas pouvoir se réaliser dans leur vie par notre attitude...

Se réfugier dans le désespoir, ou dans le refus de vivre, nous fait éprouver le sentiment d'une nouvelle perte de Pascal... nous donne l'impression de couper les ponts avec lui. Au contraire, dans les moments de plus grande confiance, il nous semble que nous portons Pascal en nous et qu'il nous aide à continuer de vivre au jour le jour et à nous investir dans notre travail.

Nier toute espérance nous apparaît comme une faute d'orgueil contre Pascal... péché, diront certains. Une telle faute est inacceptable pour nous. Souvenir précis des dernières paroles de Pascal, qui nous demande de vivre malgré tout... beau message d'amour et d'espoir. Oublier ce message, refuser de tenter de le réaliser au jour le jour serait comme un abandon.

Éliane.

# IV. QUELQUES CHEMINS D'INTÉGRATION

## 1. L'ACTIVITÉ, L'ENGAGEMENT AU SEIN D'ASSOCIATIONS

La mort d'un enfant, c'est un mur qui se dresse sur le chemin devant soi. Il faut passer au-dessus, le contourner ou creuser un tunnel, mais faire quelque chose.

Christophe.

Ce réapprentissage de la vie aboutit pour certains à une vie plus « utile », mise au service des autres, de ceux qui souffrent.

Après la maladie, la mort de notre fils Stéphane, ma vie s'est brisée tel un bel objet en porcelaine d'abord ébréché (c'est la maladie) puis cassé en mille morceaux (c'est la mort).

Cette porcelaine m'était si précieuse que je m'appliquais à récupérer tous les morceaux pour les recoller mais, hélas, ce n'était plus qu'un objet cassé sans valeur auquel il manquait une partie importante. Heureusement, son frère était là, par amour paternel et maternel nous ne pouvions lui offrir une vie brisée à tout jamais.

A 17 ans, un jeune vit à deux cents à l'heure et veut vivre ainsi ; il fallait de toute urgence retrouver une vie dite normale et non rafistolée. C'était épuisant et contraignant d'entendre la musique, de penser un repas, de préparer une fête à en avoir la nausée, et pourtant c'était vital pour un jeune. Il le fallait et nous l'avons fait.

Pour survivre d'abord, puis vivre et revivre, il m'a fallu trouver des activités en grand nombre qui me bousculaient sans me laisser le temps de penser. Ce n'était pas sans risques, mais d'autres les ont pris avant moi. Se renfermer et croupir chez soi en comportait plus encore.

En plus des occupations il me fallait des motivations. Les souffrances physiques et morales, les traitements presque inhumains subis par mon fils, sans résultat, ne pouvaient rester inutiles. Si je pouvais aider un peu une famille dont l'un des enfants était atteint par un cancer, il me semblait que ce ne serait plus tout à fait pour rien.

Il me paraît sain de penser et de dire que si les souffrances subies à cause de la mort de notre enfant peuvent aider d'autres parents à sortir de leur effondrement, notre épreuve prend un sens qui nous soutient et nous fait aller vers la guérison.

Donner un peu d'amour, un peu de temps, devient un mobile qui fait vivre et redonne le goût de vivre. Il n'est pas possible de porter le fardeau de toutes les misères de notre monde et il faut faire un choix et se limiter à telle ou telle détresse. Nos moyens sont faibles, individuellement nous sommes vulnérables, impuissants, c'est au sein d'une association, d'une équipe, d'un groupe, que nous aurons plus de chances d'être efficaces et soutenus en même temps.

Ce sont là de gros chantiers à mettre en œuvre, mais il n'était pas plus facile au lendemain de la mort de Stéphane de trouver qu'une rose peut être belle, qu'un chant d'oiseau est beau à entendre, qu'un peu de ménage et de rangement rend une maison plus accueillante, qu'un plat cuisiné peut être bon, qu'une nouvelle jupe ou qu'une mise en plis peut vous aller mieux. Tout cela paraît bien futile après la mort d'un enfant mais peut être aussi des messages d'amour, d'intérêt pour autrui.

Après la mort d'un enfant, il faut, pour repartir, tout

recommencer, tout réapprendre. Les années passent avant de récolter la moisson : le goût de vivre.

Pour les mamans qui ont participé à la vie de l'hôpital, aux traitements et soins de leur enfant pendant des mois ou des années, je précise qu'il a fallu que je m'arrache du monde des enfants cancéreux, du service de pédiatrie dont je connaissais les moindres recoins et qui était devenu un peu ma maison, et de tout le personnel. J'espérais tant sa guérison et je croyais qu'en ces lieux il la trouverait, il me semblait qu'une partie de mon fils était restée dans ce service et je me demandais si j'allais pouvoir ne plus y retourner, bien que la tristesse, l'angoisse ou la mort aient régné souvent dans l'une ou l'autre chambre. Qu'allaient devenir ces enfants aux yeux perdus dans le vide, ces grands adolescents prompts à se rebeller ou à vous épater par leur courage et leur dynamisme ou qui parfois vous attristent par leur mutisme hostile, passant d'un excès à l'autre ?

Comme tout parent, je voulais la guérison de mon fils, mais aussi celle des autres. Trois ans après la mort de mon fils, je côtoie à nouveau les enfants cancéreux et leurs familles. Je n'ai donc pu m'y arracher, mais c'est un choix que j'ai fait après réflexion et qui me donne une raison de vivre, un nouveau départ pour la seconde partie de ma vie. Décision absurde pour certains, enclins à vous voir profiter de la vie. Les joies, les plaisirs, les « mieux-être » ou les « mieux-vivre » que promettent les publicités des magazines ou de la télévision sont des insultes à ceux qui sont dans l'épreuve, et, après avoir connu la vraie souffrance, les bonheurs éphémères illusoires nous laissent de marbre. Les vraies joies ont une autre dimension.

S'entendre dire : « Heureusement que vous avez été là... » « Avec vous, je peux parler, vous me comprenez... » Ce genre de réflexions vous fait chaud au cœur et vous êtes toute surprise de vous entendre dire : « Je suis contente » ou « Je suis heureuse ». Cela, vous n'y croyiez plus. Ce sont de petites pierres précieuses que vous savourez et qui vous permettent de trouver un peu de paix, comme si vous retrouviez un peu votre enfant au plus profond de votre être, de votre corps.

Thérèse.

Chacun fait son chemin avec sa sensibilité. La route d'un papa n'est pas la route d'une maman, alors qu'ils cheminent ensemble. Pour l'un, sur cette route, il y aura des pierres qui le feront chuter, et, au même moment, l'autre y trouvera de l'herbe fraîche... Les moments de déprime ne sont pratiquement jamais communs.

Il y a eu une vie avant le décès de Benoît, une tout autre vie après le départ de Benoît. Nous sommes persuadés, après treize ans de recul, que le plus important est de trouver un sens à cette vie nouvelle qui est la nôtre, sachant que rien n'est définitivement acquis.

S'il a fallu des années à Geneviève pour cheminer et sortir de sa révolte, j'ai certainement été aidé d'abord par ma vie professionnelle très accaparante.

Nous sommes aujourd'hui à un constat et une certitude : Benoît nous a quittés à 5 ans. Il ne savait ni lire ni écrire. Il n'a rien bâti.

Matériellement, il ne reste de lui que quelques photos et des dessins qui d'ailleurs pâlissent déjà avec le temps. Mais son passage parmi nous a engendré un tel capital amour que nous avons trouvé un sens à nos interrogations.

A notre départ, il ne restera de chacun de nous que l'amour vivant que nous aurons reçu, que l'amour vivant que nous aurons donné.

Et s'il est impossible de prendre ne serait-ce qu'un gramme de la souffrance de quelqu'un, qu'elle soit physique ou morale, au moins pouvons-nous toujours apporter des kilos, des tonnes d'amitié et d'affection. Ce que nous faisons aujourd'hui au sein d'une association.

Yves et Geneviève.

Immédiatement après la disparition et l'assassinat de Delphine, nous avons dit : « Plus jamais cela ! » Il faut que la mort de Delphine soit la dernière. Et pourtant...

Il ne faut pas que sa mort soit inutile, il faut que sa disparition ait un sens. Mais comment donner un sens à ce qui n'en a pas ? Comment faire revivre Delphine dans le souvenir de tous, pour qu'elle fasse partie de la mémoire collective et qu'on ne l'oublie pas. Cela pourra-t-il nous aider à supporter l'insupportable ? A accepter l'inacceptable ?

A chaque nouvelle disparition d'enfant, la même angoisse revient, la même attente à la radio, la même douleur intérieure, physique et morale.

Espérer, sans savoir. Nous sommes projetés trois ans en arrière, nous revivons le même espoir, la même peur, comme si Delphine était assassinée une nouvelle fois.

Il faut recommencer à vivre pour aider les autres, pour sauver d'autres enfants, au nom de Delphine. Ainsi est née notre association [1], avec d'autres parents unis par la même douleur, pour se parler, se comprendre, s'aider. Et tout faire pour que les enfants puissent vivre en paix.

Et si nous arrivions à sauver ne serait-ce qu'un seul enfant, ce sera la victoire de Delphine.

Alain.

## 2. L'ATTENTE D'UN AUTRE ENFANT

Pour certains d'entre vous, l'envie de refaire confiance à la vie va se concrétiser par l'attente d'un autre enfant.

Cette démarche est difficile, car, d'une part, elle va vous faire revivre de nombreux événements liés à votre enfant décédé...

Je voulais un autre bébé et j'avais peur d'en avoir un. Ma relation avec mon mari en fut perturbée de façon subtile. Nous parlions sans parler. Nous partagions sans partager. Il était soit fort et compatissant, soit en colère, sans exprimer aucun sentiment. Et parfois nous nous détestions l'un l'autre ou nous-mêmes, mais jamais ouvertement. Notre vie sexuelle fut plutôt mauvaise. La tendresse peut

1. Association d'aide aux parents d'enfants victimes. Voir page 377.

être gâchée par la peur d'une grossesse et la crainte d'être incapables d'être de bons parents, et par la peur en soi.

Caroline.

... et, d'autre part, elle va vous faire toucher du doigt que chaque enfant est unique et qu'aucun enfant n'en remplace un autre, car l'enfant que vous mettez au monde sera forcément différent de celui qui vous a quittés.

Même lorsqu'il s'agit de jumeaux, chacun est différent, et finalement chaque être est unique. Rien ne peut remplacer l'enfant qui nous a quittés. Si nous avons refait un enfant, c'est parce que cette maison vide quand nous rentrions le soir nous paraissait ne pas avoir de sens et que nous avons envie de vie en nous et autour de nous.

Quand j'ai su que j'étais enceinte, j'ai vraiment désiré que ce soit un garçon parce que je me disais que si j'avais une autre fille, elle allait vivre dans l'ombre de sa sœur et qu'on serait tenté de dire « Hélène n'était pas comme ça, Hélène ne faisait pas comme ça » ; je veux que cet enfant ait sa vie propre.

Je suis contente d'attendre un fils, car il vivra autre chose, et nous serons plus prêts à réaccueillir éventuellement une autre petite fille. J'avais très envie d'avoir un autre enfant et je me disais : « Quand j'aurai un autre enfant, le soleil brillera à nouveau devant ma porte. »

Cela va être difficile pour moi de ne pas trembler tout le temps pour cet enfant, Hélène participait aux sorties organisées par l'école, je l'aurais certainement envoyée en colonie de vacances, c'est son papa qui allait la chercher tous les soirs à l'école, et c'est un soir que cet accident est arrivé. Il faudra que je réapprenne à ne pas le faire souffrir de mes craintes permanentes.

Mme B.

Quelles ont été les conséquences concrètes de la mort de Ginger ? Voulant croire résolument à la vie et pour suivre cette voix qui, au moment de la mort de notre fille, me dictait intensément de reconcevoir un enfant, nous avons conçu un autre enfant soixante jours après sa mort.

Le 10 mars 1989, il y a maintenant déjà un an, j'ai accouché d'un merveilleux petit garçon, après une bonne grossesse, très motivée. Cette année, passée en sa compagnie, je l'ai vécue, dans l'ensemble, avec confiance et n'ai qu'à de rares reprises cédé à la panique devant l'éventualité de devoir revivre le traumatisme de le trouver mort de mort subite. Je veux avoir confiance dans sa destinée, dans la mienne, et je travaille sur moi-même pour arriver à une sérénité face à l'existence. Celle-ci me permettra d'affronter les épreuves qui m'attendent encore, aussi difficiles soient-elles, y compris la mort des êtres chers qui m'entourent, si c'est cela que j'ai à vivre, sans pour autant que mon attitude devienne de l'indifférence et de la froideur.

J'investis beaucoup dans ce sens et je sais que la route est longue. La mort de Ginger m'a beaucoup fragilisée. J'étais déjà de nature sensible, son décès n'a fait que renforcer cet état, d'où une détermination encore plus grande d'atteindre le but que je me suis fixé.

Mon mari a changé d'emploi et est actuellement très heureux et plus épanoui que jamais. Là aussi, la mort de Ginger a été le moteur de ce grand changement. Notre relation de couple s'est renforcée par cette épreuve. Nous avons, dans les grandes lignes, traversé des phases difficiles, identiques à celles qui sont rapportées dans les témoignages, mais, là encore, le bilan se révèle positif.

Je suis devenue une femme au foyer, alors que j'avais toujours travaillé. Je trouve un nouvel équilibre à me consacrer à mon foyer et à mes enfants, et légitime ainsi mon existence de femme pour l'instant. Je n'aurais pas pu vivre ce rôle avec autant de satisfaction sans la mort de Ginger, car, comme tant de femmes, je me suis beaucoup identifiée à l'image de la femme moderne, engagée sur tous les fronts, dans la vie professionnelle aussi bien qu'au foyer. Je me plais à essayer d'être ce pilier, cette force tranquille sur laquelle repose ma petite famille, tout en ayant, bien évidemment, mes moments de faiblesse, de dépression et d'agressivité, car je ne suis pas épargnée par les soucis quotidiens.

Ulla.

Dans la plupart des cas, cette nouvelle grossesse va être l'occasion de poser un nouvel acte de vie.

> Je peux le dire sans honte, jamais je n'ai sombré dans la déprime, dans le refus de vivre. Pour moi, une seule chose comptait : Christophe s'était battu durant un an, jamais il n'a pleuré, jamais il n'a baissé le regard lorsque les médecins le regardaient tristement. Mon devoir était de lui faire honneur et de vivre pour lui.
>
> J'ai donc reconstruit ma famille, l'équilibre de mes enfants. Cela ne s'est pas fait en une semaine, mais c'est arrivé. Et puis, pour reconsolider le tout, j'ai voulu un dernier petit bébé que me réclamait mon fils. C'était risqué pour ma santé (quatre bébés en sept ans !), mais j'étais sûre que ce serait une bonne chose.
>
> Un enfant ne remplace jamais un autre enfant. Christophe est unique pour nous, comme Sébastien et Émeline le sont. Mais peut-être qu'inconsciemment on a besoin de créer la vie, alors que la marque de la mort est à jamais sur nous. Une chose est sûre : ce fut une chose merveilleuse.
>
> Nicolas a 8 mois, et notre vie est agréable et calme. Christophe ? Il est là avec nous quelque part. Il ne se passe pas une journée sans que nous parlions de lui entre nous mais jamais en pleurant. Nous parlons de sa force, de son rire, de ses blagues... Sébastien parle souvent à sa petite sœur, qui a 2 ans et demi maintenant, de ce frère qui « vit dans les étoiles »... Résultat, j'ai une fille fascinée par la Voie lactée !
>
> Henri et Sylvie.

Mais ce nouvel acte de vie posé ne va pas sans scrupules, sans angoisse par rapport à la fidélité des parents envers leur enfant disparu.

> Quand nous avons un bébé après avoir perdu un enfant, avons-nous le sentiment de trahir l'enfant mort, de ne pas lui être fidèle ?
>
> C'est vrai que la peur de ne pas lui être fidèle, ou plutôt de voir les autres penser que, avec un autre enfant, « tout

ira mieux », nous fait du mal. Comme si, pour les autres, en ayant un autre enfant, on pouvait tourner la page, repartir de zéro. C'est cette peur, ce désir d'être fidèle à Thomas, qui m'a poussée à écrire à tous nos amis, quand j'ai attendu Guillaume, pour prévenir leurs réactions et pour leur dire : « Ce bébé ne remplacera jamais Thomas. »

Quand je regarde les photos de moi avec Guillaume après l'accouchement, je n'ai pas le sourire radieux de circonstance. Je regarde cet enfant d'un air grave, comme étonnée. Sur le faire-part de naissance, nous avions écrit : « Thomas, son frère, partage notre joie. »

Mais pour Guillaume et ensuite pour Mathias, né deux ans plus tard, c'est vis-à-vis du regard des autres que je voulais garder la place de Thomas. Pour moi, pour nous, je savais bien qu'il avait sa place à lui dans la famille, place que ses frères et sœur lui reconnaissaient en en parlant facilement et en présentant souvent notre famille comme une famille de quatre enfants.

Et puis, pour ma cinquième grossesse, tout a été différent. Sept années avaient passé, nous avions eu deux garçons pour qui tout s'était bien passé, tout aurait donc dû être plus facile pour cet enfant-là. Et c'est là que les choses ont été le plus difficile. C'est vrai que l'association existait, que des parents me téléphonaient, que j'en connaissais beaucoup plus sur la mort subite, et j'ai longtemps cru que c'était la raison de mes difficultés. Mais c'est la parole d'une maman du groupe qui m'a fait justement comprendre que ce n'était pas seulement ça.

J'ai eu une grossesse très angoissée, avec un épisode où j'ai déprimé, je me repliais, me renfermais, me coupais des enfants et de mon mari, à tel point que je suis retournée voir la psychothérapeute qui m'avait aidée après la mort de Thomas.

Elle m'a demandé : « Combien d'enfants vouliez-vous avoir ? » Si nous ne nous l'étions jamais dit objectivement, quatre enfants, la taille de nos familles, devaient représenter, au moins pour moi, la taille de la famille dont nous rêvions.

Cet enfant qui venait, quelle place avait-il donc ? La

quatrième ou la cinquième ? Si elle, puisque c'est de Perrine qu'il s'agit, si elle devenait notre quatrième enfant dans la réalité de notre famille, que devenait Thomas ? Quelle place gardait-il ? Est-ce que Perrine en venant devait obligatoirement chasser Thomas ? Et si Thomas gardait sa place, quelle place avait alors Perrine ?

A cette séance de psychothérapie, j'ai pleuré, pleuré Thomas qui était mort, pleuré comme je n'avais pas pleuré peut-être depuis sa mort. De retour à la maison, libérée, je me suis allongée, et Perrine a bougé dans mon ventre — j'en étais à sept mois de grossesse — comme elle n'avait pas bougé depuis longtemps. Que voulait-elle me dire ? Qu'elle était là et avait besoin de sa place, ou alors que, libérée elle aussi, elle pouvait trouver sa place ?

C'est la maman qui a utilisé le mot « trahir », qui m'a permis de terminer ce travail. Si, pour les enfants précédents, c'est de la trahison des autres dont j'avais à me défendre, pour cet enfant-là, c'était de la mienne propre. A Guillaume me disant « Si Thomas n'était pas mort, je ne serais pas né », je pouvais répondre « Si, car nous voulions d'autres enfants ». Je n'aurais pas pu le dire à Perrine. Si Thomas n'était pas mort, je n'aurais peut-être jamais attendu un cinquième enfant. Ce cinquième enfant n'aurait pas dû être là. Il était là. Je l'aimais, et j'étais déchirée entre ces deux enfants que j'aimais partiellement, et à qui je ne savais pas quelle place donner.

Comme cette maman enceinte du troisième, après la mort du deuxième et qui pleurait, ayant l'impression de trahir puisqu'elle ne voulait que deux enfants, ou cette autre maman vue à la maternité, et qui disait « Je l'aime, mais l'autre me manque et je l'aime aussi ».

Les autres ne comprendront peut-être pas que nous puissions ainsi nous déchirer, nous torturer comme volontairement, pour une simple raison de taille de famille rêvée peut-être à l'adolescence. Et pourtant c'est vrai.

Pour prendre conscience de ce problème, il faut arriver à l'enfant qui fera basculer la famille au-delà de la taille prévue dans nos images, pas tout à fait conscientes, de famille idéale. Cet enfant-là pourra être l'enfant immédiadiatement suivant, mais pourra arriver trois enfants plus tard, comme pour moi.

Comme le mythe cher aux « psy » d'un enfant suivant, « enfant de remplacement », se trouve ici balayé ! Mais je ne nie pas pour autant que cela puisse exister dans certains cas. Non seulement, il ne remplace rien, mais on ne sait même pas la place qu'on pourra lui donner. Et ses difficultés à lui viendront non pas de remplacer l'enfant mort et de combler ainsi un vide que nous aurions à combler, mais bien au contraire de trouver sa place dans un cœur rempli de l'absence ou de la présence en nous de cet enfant aîné, mort depuis peut-être longtemps. Comme si nous avions un nombre limité de places, et que l'arrivée d'un autre ne pouvait qu'en chasser un, que nous ne voulions pas chasser.

J'émets l'hypothèse que certaines difficultés à avoir un enfant suivant peuvent être dues à cette peur de trahir plus que seulement à un manque de confiance dans la vie, manque de confiance qui a expliqué mes peurs pendant la grossesse de Guillaume.

Perrine bébé a été une petite fille très angoissée, ne dormant que dans mes bras, se réveillant en hurlant au bout de quelques instants dans son lit. C'est pour elle que j'ai eu le plus peur de la mort, peut-être parce que je n'avais pas fini de résoudre cette question de place. Maintenant, elle a 6 ans, elle va bien, elle est heureuse de vivre, bien dans sa peau. Elle est toujours très sensible à la place qui lui est faite, contestant facilement lorsqu'elle estime ne pas avoir celle dont elle a besoin.

Thomas a aussi pris une autre place. Aux autres, je n'éprouve plus le besoin de dire que j'ai cinq enfants ou que j'ai quatre enfants, mais que j'en ai eu cinq. Thomas ne reste vivant que dans notre famille et aussi par l'association qui me prend beaucoup. Tout ce que j'y fais est pour moi une façon de lui rester fidèle, de faire quelque chose pour lui. Défendre les parents contre l'ignorance des autres, le vide qui se crée autour d'eux, c'est aussi défendre Thomas et lui garder une place dans ma vie, dans notre famille, dans la société et dans la vie du monde.

Je suis tellement sûre de le porter en moi que je n'ai plus peur de ce que pensent les autres. Comme le dit le beau poème d'Aragon :

*Mon bel amour, mon cher amour, ma déchirure,*
*Je te porte dans moi comme un oiseau blessé*
*Et ceux-là sans savoir nous regardent passer*
*Redisant à leur tour les mots que j'ai tressés*
*Et qui pour tes beaux yeux tout aussitôt moururent*
*Le temps d'apprendre à vivre, il est déjà trop tard.*

*Marielle.*

Votre décision de revivre ne peut être que le fruit d'un cheminement intérieur, et il n'y a pas de temps minimum ou maximum imparti pour y parvenir.

Votre travail de deuil durera le temps dont vous aurez besoin pour pouvoir commencer à entrevoir sereinement la mort de votre enfant et découvrir peu à peu ce qu'elle vous a révélé, les fruits qu'elle a donnés.

## V. LES FRUITS DU DEUIL

### 1. UN CHANGEMENT PERSONNEL

Vous êtes unanimes à dire que vous avez changé, et tellement changé que parfois vous ne vous reconnaissez plus.

Il y a neuf ans que Thomas est mort, et j'ai tellement changé que je ne sais plus qui j'étais avant, comment j'étais avant. C'est l'événement qui m'a le plus changée. J'ai été détruite par sa mort, et je me suis aussi reconstruite.

C'est vrai que je suis plus réfléchie, plus mûre, plus disponible. Je sais écouter et je sais mieux aimer. Mais je refuse de dire qu'il y a un bien dans tout mal. Je n'avais pas le choix : c'était « marche ou crève ». Et comme je ne voulais pas crever de douleur, je me suis battue et je me bats. Je crois que j'aurais réagi violemment si on m'avait dit, quand Thomas est mort, que j'en sortirais grandie, et je n'oserais jamais le dire à personne. Ce serait scandaleux. C'est peut-être vrai pour moi, mais c'est faux pour tant d'autres qui sont détruits. Je n'avais pas le choix. Je ne pouvais pas refuser la mort de mon enfant, que la vie m'a imposée. Il fallait donc que je m'en sorte.

Mais j'ai aussi changé en gagnant tellement de fragilité à l'abandon, tellement de perméabilité à l'angoisse, tellement de peurs qui me font mal. Nous avons appris que la mort était possible dans notre vie, et qu'elle est encore possible à nouveau. Et c'est du négatif. J'accepte que le cours entier de ma vie ait été modifié. On ne peut pas dire : c'est bien ou c'est mal ; c'est comme ça.

Par rapport à Thomas : Thomas me manque aujourd'hui. Il aurait 9 ans. Le monde avait besoin de ses deux bras. Cette souffrance, nous sommes maintenant complètement seuls à la porter en famille. A ce propos, j'ai réalisé combien notre vie de famille était aussi la vie de Thomas, que nous avions concrètement prise sur sa vie à lui et de façon fondamentale sur son histoire ; en ayant eu le pouvoir de lui donner des frères et sœur, nous avons bouleversé encore son histoire. Cela, je le ressens très fort en vivant avec ses petits frères et sa petite sœur. Nous sommes aujourd'hui et concrètement ses père et mère.

C'est vrai que, depuis neuf ans, le souvenir a évolué. J'ai moins besoin qu'avant de revoir des photos. J'ai peut-être plus intériorisé son absence. Je veux me donner l'impression que mon corps n'a plus le souvenir de Thomas, et que j'ai avec lui une relation intellectuelle. Mais je sais que c'est fragile et faux !

Je veux garder la place de Thomas dans notre famille. Les historiens marquent le début de l'humanité à l'apparition de rites funéraires. Alors le souvenir de Thomas est nécessaire, comme est nécessaire pour les autres enfants que soient gardés trace et souvenir de lui. Et s'il faut que les autres enfants sachent que Thomas a été notre fils, pourquoi nous, ses parents, devrions-nous pour être sains d'esprit faire un blanc sur sa vie, alors qu'il a fait partie de notre famille pendant un an ?

Marielle et Dominique L.

Et même lorsque certains événements me blessaient, je cherchais alors à les percevoir ainsi qu'il l'eût fait : peu après sa mort, l'approche de Noël transforma la ville. Dans les rues apparaissaient chaque soir de nouvelles guirlandes lumineuses, les vitrines étaient éblouissantes, et la fièvre des achats envahissait les citadins.

D'abord profondément blessée par ce qui m'apparaissait comme un état d'inconscience générale quant à la gravité de la vie (il me semblait que tous ces gens cherchaient à s'étourdir), je me pris à me demander comment Henri eût contemplé ces spectacles de fête : c'eût été avec un regard d'enfant émerveillé, cela j'en étais sûre.

Avec lui, mon regard changea et je m'émerveillai à mon tour, sans plus être choquée que plaisir et souffrance puissent cohabiter ainsi.

Comme je l'ai dit plus haut, à cause de lui, je comprenais qu'il me fallait changer, et non seulement changer mon regard, mais aussi changer mon attitude à l'égard de mes autres enfants, mieux percevoir et respecter le cheminement unique de chacun d'entre eux, sans vouloir pour eux tel ou tel type d'accomplissement.

A travers la perte d'un enfant, j'apprenais à mieux respecter la liberté des autres.

Mme T.

## 2. UNE AUTRE CONCEPTION DE LA VIE

La mort de votre enfant vous a fait mûrir et vous a fait prendre conscience de valeurs ou de richesses que vous ne soupçonniez pas.

Notre souci aujourd'hui est de ne pas perdre les valeurs que Géraldine nous a permis de redécouvrir en l'accompagnant, et en premier lieu le fait que la vie est un cadeau et non un dû, et que chaque jour, avec ses difficultés et ses joies, est une aventure dans laquelle nous nous embarquons.

Une autre valeur que nous lui devons est que nous savons maintenant où se trouve l'essentiel. Géraldine nous a appris à faire la différence entre l'essentiel et le superflu ou l'inutile, et à sa façon, douloureuse, elle nous a donné des repères dans la vie. Nous savons que l'essentiel est de rester conscients que seul l'amour peut être le vrai moteur dans la vie. Par amour, nous nous sommes surpassés pour donner à Géraldine le meilleur de nous-mêmes, et grâce à notre amour, nous avons pu donner à nos trois enfants ce dont ils avaient besoin pendant cette période de leur vie. C'est également notre amour qui nous a donné la force de mettre au monde deux autres enfants, et qui nous aide aujourd'hui à nous occuper d'enfants atteints par la même maladie que notre fille.

Toutes ces richesses, découvertes grâce à elle, nous permettent de relire positivement, cinq ans après, ce qui sur le moment nous paraissait relever de l'ordre de l'absurde.

Annick et Patrice.

Le cheminement que j'ai fait après la mort de mes filles m'a rapproché de la nature. Je m'en sens très proche maintenant, et je suis très sensible aux cycles de la vie que j'observe, les intempéries, les saisons, les cycles de reproduction.

Aujourd'hui, je suis totalement différente avec Bernard, mon mari ; je prenais mal ce qu'il me disait, je prenais tout au premier degré ; aujourd'hui, je sais prendre les choses au deuxième degré.

Pourquoi j'arrive à être heureuse aujourd'hui alors que je n'ai plus mes filles ? Ma vie était tellement plus belle avant ! Combien de fois ai-je eu envie de claquer la porte et de partir quand Coralie a rechuté. J'aurais voulu hurler comme une louve, je n'ai pas pu.

Je compare souvent mon horreur à celle des camps de concentration. Ces gens qui ont tout perdu. J'ai perdu deux enfants, et je vis en communion aujourd'hui avec tous les gens qui perdent ceux qu'ils aiment. J'ai le cœur tellement plus ouvert aux souffrances du monde...

Catherine.

Quand on a connu la mort d'un enfant, on connaît la valeur, le prix de la vie. Le printemps, l'hiver, avant, tout était naturel ; maintenant, c'est l'espoir, la vie. Il faut apprendre à vivre, à s'attacher à tout, au détail, à la joie seulement d'un sourire. Avant, quand je sortais faire les courses, je faisais ce que j'avais à faire et je rentrais. Depuis, tout a une importance, le sourire de la vendeuse, le bonjour sur la route, la couleur du fruit, le parfum de la fleur, le prix de la vie.

Élise.

C'est un regard neuf sur la vie qui est le vôtre aujourd'hui.

David nous a appris le sens de la vie, de la joie, de l'amour, la valeur de toutes choses, le regard, un regard nouveau.

David nous a appris le sourire, l'écoute, le silence, le détail, la part des choses. Je l'aimais beaucoup, oui, beaucoup.

Élise.

### 3. LA DÉCOUVERTE DE LA VULNÉRABILITÉ

Vous avez redécouvert aussi votre vulnérabilité et la faiblesse humaine.

C'est difficile aussi d'accepter que les progrès que l'on croit avoir acquis définitivement sont complètement remis en cause quelques jours après, on fait deux pas en avant, puis trois en arrière... on ne progresse jamais selon une ligne droite ascendante.

Babeth.

Honnêtement, pour l'instant, je ne vois pas de façon sûre la fin du tunnel. Mais ce que je sais avec certitude, c'est que je refuse de reculer. Il me semble souvent que je n'en peux plus, que je n'avance pas, que je retourne à la case départ. Mais, en même temps, je me dis qu'à chaque fois que j'ai fait un effort, si dur soit-il, je me sens heureuse, je suis fière de moi, je suis libérée, je me sens légère...

Colette.

Nous ne sommes que des hommes et bien fragiles. Cette stabilité peut être remise en cause à tout moment. Même si on a bien vécu la mort, tout peut se redéstabiliser à tout moment.

Christophe fut incinéré et ses cendres furent répandues dans un jardin. Cet été, ma grand-mère est décédée. Elle avait demandé à être incinérée au même endroit que Christophe et ses cendres furent répandues au même endroit. J'ai dû faire preuve de courage et j'ai dû replonger à fond dans mon passé pour faire un pas dans le présent.

On s'aperçoit que l'on enfouit inconsciemment les mauvais souvenirs mais il suffit d'appuyer sur un bouton pour que tout rejaillisse brutalement, alors que l'on n'est pas préparé ! Il faut continuer à se fixer le but. Ne pas le lâcher des yeux et surtout garder toujours une voie positive. Refouler le négatif au fond des placards.

Il faut surtout se dire que l'on n'oublie jamais et que c'est sûrement mieux ainsi. Les blessures ne se cicatrisent jamais totalement et au moindre choc elles peuvent s'ouvrir. A soi de bien les désinfecter tout de suite pour qu'elles ne s'infectent pas !

Sylvie et Henri.

Si cette expérience quotidienne de la vulnérabilité est difficile, car elle vous rappelle sans cesse votre fragilité et ne vous permet pas de relâcher la tension de l'effort à faire pour vous reconstruire, elle est, en même temps, très riche humainement, voire spirituellement.

La vulnérabilité vous rend plus humbles et par conséquent plus humains, plus proches de ceux que vous côtoyez. C'est elle qui vous permet de communier avec les souffrances, quelle que soit leur origine, c'est elle enfin qui vous rend possibles les rencontres « cœur à cœur », loin des masques et des conventions.

En ce sens, elle est à la base des grandes différences dans vos vies entre « l'avant » et « l'après ».

L'intégration visera à vous permettre non seulement de vous accepter vulnérables, mais de vous aimer dans ce nouvel état. Et, là encore, l'apprivoisement de cette réalité différente va vous demander beaucoup de temps et de patience.

Cette vulnérabilité va de pair, aussi contradictoire que cela puisse paraître, avec une grande force.

> La mort de Céline me donne à la fois une grande fragilité et une force à toute épreuve qui me permettent de relativiser les petits détails de la vie quotidienne.
>
> Agnès.

## 4. LA VIE ET LA MORT INTIMEMENT LIÉES

Intégrer, c'est aussi faire vôtre de manière permanente l'ambiguïté inhérente au phénomène même de la vie, « car la vie et la mort sont un, de même que le fleuve et l'océan sont un », selon Khalil Gibran.

> J'ai vu beaucoup de gens rayer l'enfant de leur vie. Je crois que c'est une erreur. Il a vécu, il a été aimé, il a aimé, même si cela n'a duré que trois ans. La mort, comme la vie, se prépare. J'avoue avoir refusé d'y penser pendant la maladie de mon fils. J'ai sûrement eu tort. Mais je ne le regrette pas. Durant la maladie de Christophe, nous avons toujours refusé le verdict des médecins. Il aurait dû nous quitter en avril 1987. Ce ne fut qu'un an plus tard qu'il est parti. Nous lui avons appris la vie et pas la mort. Parce qu'en fait, au fond de nous, nous sommes convaincus que la vie et la mort ne font qu'un. La force de Christophe est

toujours en nous et nous aide à vivre et à surmonter nos problèmes.

Sylvie et Henri.

Tout germe de vie porte en lui un germe de mort et toute mort est également source de vie, à sa façon. Cette réalité, soigneusement cachée par la société d'aujourd'hui, est fondement de votre vie de parents en deuil. La perte d'une partie de vous-mêmes vous a fait découvrir de manière éblouissante l'extraordinaire relativité de toute chose et l'importance de goûter pleinement chaque parcelle de vie qui vous est donnée. Être conscient que la mort fait partie intégrante de la vie donne à cette dernière une densité qu'elle n'a pas lorsqu'on la considère comme un dû.

La mort nous a mis en lien avec une plus grande qualité de vie. Aussi paradoxal que cela puisse paraître, c'est quand quelqu'un nous quitte, brutalement ou non, que nous réalisons l'importance que tout ait pu être dit, entre nous, avant son départ, l'importance de chaque geste d'amour.

Nous le réalisons quelquefois difficilement, cruellement, en comprenant tous les manques qui ont été les nôtres, toutes les choses qui n'ont pas été faites, et naît en nous un immense désir de vivre autrement, de vivre de manière plus dense, de vivre en pouvant se coucher chaque soir en paix avec chacun de ceux que nous avons rencontrés pendant la journée. C'est le message d'Élisabeth Kubler-Ross qui nous dit que si nous ne laissons rien d'inachevé derrière nous sur le plan du cœur et des relations, alors nous n'aurons plus peur de la mort, car si elle nous surprend pour nous ou pour un proche, nous serons prêts.

Depuis la mort de Géraldine, nous essayons de vivre cette paix du cœur avec ceux que nous aimons et nous avons commencé par notre couple et nos enfants. Cela a profondément changé nos relations. Ne jamais s'endormir sans avoir fait la paix, quelle source de sérénité !

Géraldine a ouvert nos verrous de protection et nous savons maintenant que l'autre nous aime faible, petit, pauvre, inachevé, imparfait, et que nous pouvons donc nous montrer à lui tel que nous sommes et non pas tel que nous aimerions qu'il nous voie.

Au cœur de toute cette démarche, l'enfant est en permanence présent, et c'est peut-être cela sa nouvelle présence, c'est cette pulsion qu'il met en nous pour une vie plus humaine, plus dense et vécue à fond. Il est dans cet appel à vivre le jour d'aujourd'hui pleinement, à ne pas chercher ailleurs ou demain le bonheur. Notre bonheur est là, à portée de main, dans de toutes petites choses, et il nous faut à nouveau aiguiser nos sens et nos cœurs pour pouvoir le lire.

Il est dans l'amour que nous rencontrons chez notre conjoint, dans celui de nos enfants qui a encore grandi avec le départ de notre enfant, dans la main tendue d'un ami, d'un inconnu, dans le rayon de soleil qui éclaire autrement un endroit que l'on connaît, dans un moment de partage où l'on a pu être vrai, accueillir l'autre vrai, il est là.

Annick et Patrice.

## 5. NÉCESSITÉ DE LA SOLITUDE ET DU SILENCE

Nous ne « guérissons », nous ne parvenons à l'intégration que le jour où nous commençons à accepter d'être seuls face à nous-mêmes, de nous poser honnêtement les questions auxquelles nous renvoie la mort de notre enfant, d'arrêter la fuite en avant dans l'activité, l'occupation pour l'occupation.

Cet arrêt provoquera peut-être momentanément une période difficile à vivre, mais débouchera sur les bases de votre nouvelle vie, et il est donc indispensable. Il sera peut-être bon que vous vous fassiez aider, guider pendant cette période par quelqu'un que vous aimez et en qui vous avez confiance, qui saura vous accompagner, être en route avec vous, et respectera profondément votre façon de cheminer. Mais, de toute façon, vous avez en vous les ressources nécessaires pour reconstruire et retrouver vos forces de vie.

L'entourage, proche ou lointain, joue un rôle important dans le chemin vers l'apprivoisement de l'absence, non seulement au moment du décès de l'enfant où bien des paroles et des attitudes peuvent contribuer à aider ou au contraire à blesser, mais surtout, à plus long terme, au cours de la première année de deuil, si cruciale, puisqu'elle est une succession de « premières fois » sans l'enfant.

Dans les témoignages qui suivent, vous avez pointé ce qui ne vous a pas aidés, mais aussi les attitudes justes, grâce auxquelles vous êtes debout aujourd'hui.

## CHAPITRE VIII

# Ce qui ne vous a pas aidés, ce qui vous a aidés. Quelques conseils aux parents et à leur entourage

## I. CE QUI NE VOUS A PAS AIDÉS

### 1. LE SILENCE, LA FUITE

L'attitude qui est le plus souvent évoquée, parmi celles qui n'aident pas, est tout d'abord celle du silence, de la fuite.

Gênés parce qu'ils ne savent pas quoi vous dire, parce qu'ils ont peur de vos larmes et des manifestations de votre souffrance, ou angoissés à l'idée que ce qui vous est arrivé pourrait leur arriver aussi, ceux qui vous entourent vous fuient, font semblant de ne pas vous voir dans la rue ou changent de trottoir pour ne pas avoir à vous poser la question fatidique : « Comment ça va ? »

> Ce qui ne m'a pas aidée du tout, ce sont les gens qui changeaient de trottoir quand ils me voyaient dans la rue pour ne pas devoir me demander des nouvelles, ce sont des amis que nous avions invités à dîner et qui, une heure avant, nous ont téléphoné qu'ils ne pourraient pas venir ; on s'est retrouvés devant cette table mise, cette bouteille de

vin débouchée. On avait tout préparé, mon mari et moi, et on était heureux. Nous avons été tristes et déçus.

Mme B.

Pour ceux d'entre vous dont l'enfant est mort de maladie, le silence des soignants reste une blessure au fond du cœur.

Ce qui fut en fait le plus difficile à accepter fut le rejet de l'hôpital lorsque Christophe est tombé dans le coma. Son état comateux n'a duré que quelques heures mais déjà les médecins ont pris la fuite. Seules les infirmières sont restées. Lorsque Christophe a cessé de respirer, il n'y a plus eu aucune personne. Les jours qui ont suivi la mort de Christophe, nous aurions souhaité que ces gens, qui s'étaient occupés de lui durant un an, nous expliquent pourquoi il était mort (nous ne l'avons appris par notre médecin traitant que six mois plus tard ! la radiothérapie trop forte avait provoqué un œdème au cerveau). Nous avons essayé vainement de contacter l'hôpital, on ne souhaitait pas donner suite.

Ce fut un vide aussi grand que le vide ressenti par la perte de Christophe. Ces personnes avec qui nous avions sympathisé nous avaient aidés et donné une force et, lorsque le cas X n'existait plus, nous n'existions plus non plus. Ce fut une marche difficile. Après un an passé à arpenter les hôpitaux, nous nous retrouvions seuls. Les voisins, amis, il nous fallait les redécouvrir, car nous n'avions plus la même façon de vivre, de penser. Trois ans après, je peux dire que mon plus grand regret et mon plus grand manque est ce rejet que nous avons subi de la part des médecins en qui nous avions confiance. C'est un peu comme si, du monde des vivants, on se retrouvait projetés sur une autre planète avec des gens qui ne semblaient pas comprendre nos idées, notre espérance.

Nous aurions eu besoin de parler à des gens qui vivaient la même expérience ou à des gens qui allaient la vivre. Cela aurait dû être le rôle de l'hôpital d'établir ces contacts.

Henri et Sylvie.

Les ambulanciers qui ont emmené David pendant quatre longues années et qui semblaient tant l'aimer n'ont même pas répondu au faire-part. Aucun signe de sympathie, ils sont sûrement blasés !

Martine.

Finalement, le silence tue aussi sûrement que les mots maladroits ou mal perçus.

L'incompréhension des autres nous enfonce. Il y a des gens à qui nous ne pouvons parler d'Élodie. On sent qu'ils ne peuvent pas comprendre. Nous avons pourtant besoin d'en parler. Personnellement, nous voulons rester dignes et nous essayons de ne pas montrer aux autres notre souffrance intérieure. Il y a malheureusement des gens qui ne se fient qu'aux apparences ; nous sentons que certaines personnes pensent que nous avons tourné la page et que la vie a repris son cours normal. Pourtant, en nous, tout est déchiré, anéanti. Nous sommes souvent comme submergés par une douleur insupportable. Nous connaissons des moments d'angoisse, de désespoir, des moments où nous pensons que l'on ne se relèvera pas, que la vie ne vaut rien, des moments où on a envie de hurler notre douleur. Nous pensons quelquefois au suicide. Mais il faut sortir du tunnel, en pensant à Stéphanie, à Delphine, au bonheur qu'on leur doit, et Élodie nous aide et nous soutient.

Il faut effacer, ignorer les gens négatifs et être attentifs aux personnes qui peuvent nous comprendre et nous réconforter. Des gestes d'amitié, des attentions envers Élodie, envers nous, nous réchauffent le cœur. Nous avons passé Noël pour la première fois sans Élodie. Des amis ont voulu partager ce moment avec nous ; ce geste nous a beaucoup touchés, car ils nous ont réconfortés en un jour si particulier. D'autres, pourtant plus proches, ont fêté Noël sans se soucier de nous et leur indifférence nous a fait mal.

Jean-Michel et Marie-Agnès.

## 2. LA CURIOSITÉ

D'autres vont adopter une attitude de curiosité...

Ce qui ne m'a pas aidée, c'est l'attitude des gens du pays. Je veux dire par là que je connais de vue et de nom presque tous les gens de mon pays. Mille cinq cents habitants, ce n'est pas beaucoup et tout le monde se connaît ou, du moins, tout le monde vous connaît, surtout si vous travaillez à la mairie. J'avais souvent l'impression qu'on me regardait, pour voir quelle tête je faisais, si j'étais toujours aussi amaigrie, si par hasard j'allais mieux, et cela m'énervait. « Oh ! cela me fait plaisir de voir ce sourire aujourd'hui... » « Oh ! cela a l'air d'aller mieux... »

Ou simplement des « Comment ça va ? » de gens qui vous connaissent à peine. Alors que vous avez été abandonnée par vos amis, vos proches... pendant toute la maladie de votre enfant, des gens que vous ne connaissez que de vue vous demandent après le décès « Comment ça va ? ». Je prenais cela pour de la curiosité déplacée, mais ne le laissais pas voir. Je répondais : « Ça va, il faut bien ! » Ou encore : « Ma pauvre, on a bien pensé à vous ! » Pensé à moi ? Moi qui étais si seule ?

Ou alors les gens que vous connaissez un peu mieux et qui ne savent pas comment faire, quoi vous dire. Ils sont gênés, cela se sent. Même certains qui font semblant de ne pas vous voir...

Le pire a été une personne qui, avant la maladie de Céline, ne manquait jamais de venir nous saluer, ma collègue et moi, quand elle venait voir mon patron. Et cela depuis des années. Après la mort de Céline, cette personne ne tournait même plus la tête quand elle passait devant la vitre de notre bureau, ne nous saluait plus. Elle était gênée... Ça m'a fait mal, très mal.

Aujourd'hui, quatre ans après, les relations sont redevenues normales ou presque, mais moi je n'oublie pas.

Dominique M.

... voire, dans certains cas extrêmes, une attitude intéressée.

Par trois fois, des gens sont venus me proposer d'acheter ma maison, qui n'a jamais été mise en vente d'ailleurs. Mais les gens pensaient que je ne m'habituerais plus dans ma maison et faisaient les questions et les réponses à ma place finalement. Les gens sonnaient à la porte, m'expliquaient que je n'allais plus savoir vivre dans ma maison et qu'ils m'en proposaient 350 000 F. J'ai fini par demander à mon mari s'il l'avait mise en vente sans me le dire. Mais il m'a dit qu'il n'avait jamais fait cela.

Mme B.

### 3. L'INDIFFÉRENCE

D'autres, enfin, feront comme si rien ne s'était passé, semblant indifférents.

Pendant deux ans, je n'avais plus envie de sortir de chez moi, pour ne pas rencontrer quelqu'un qui me demande : « Comment ça va ? » J'allais faire mes courses à 18 h 45, le soir, pour ne voir personne.

Je sentais le malaise des gens et il me paraissait lourd à porter. Maintenant, on ne me dit plus rien. Coralie a été malade cinq ans, elle est morte à 15 ans ; Cécile, sa jumelle, est morte à 5 ans, dix ans auparavant. Ce n'est pas rien, mais les gens font comme si rien ne s'était passé.

Catherine.

Vous suscitez inconsciemment certaines de ces attitudes en ayant l'air « forts » et en donnant le change dans votre vie quotidienne.

Ce qui m'a enfoncée ? Peut-être l'attitude de certaines personnes qui faisaient semblant de ne pas me voir dans la rue, alors qu'on était à un mètre. Ou quand on me disait : « Heureusement qu'elle n'avait que 3 ans ! » En fait, dans ces moments-là, on ne sait pas comment aborder les parents, c'est aussi dur d'un côté que de l'autre. N'oublions pas non plus les fêtes de Noël, où l'on ressent cruellement l'absence de son enfant et où l'on voudrait s'enfoncer dans le chagrin. Heureusement, les autres sont là ! Et puis je me dis quelquefois que nous jouons bien la comédie !

Anne-Marie.

On me dit parfois : « Tu as bien accepté la mort de tes enfants. » Il faut dire que le choix est faible. Je n'accepte rien, car on ne m'a pas demandé mon avis, et c'est très bien comme ça, car je n'aurais sûrement pas dit oui. Mais les faits étaient là. Il ne s'agit pas d'accepter mais de ranger les projets, les ambitions, les espérances, pour créer d'autres projets, ambitions, espérances.

Christophe.

### 4. VOTRE INCAPACITÉ À COMMUNIQUER

Ce qui ne m'a pas aidée non plus, c'est l'impossibilité que j'avais à communiquer, à dire ce que je ressentais, même à mon mari, je souffrais en silence ; je n'avais envie de rien et ne m'intéressais à rien. Ce qui désespérait mon mari. Il me l'a reproché plusieurs fois, quand, plusieurs mois après le décès de Céline, je ne m'intéressais toujours à rien. Ces reproches étaient pour moi une douleur supplémentaire. Ne comprenait-il pas ? Au lieu de me faire des reproches, ne pouvait-il pas essayer de parler avec moi ? J'avais l'impression d'être seule, tellement seule avec mon chagrin, avec l'impression que personne ne comprenait rien à ce que j'éprouvais.

Dominique M.

Les mots des autres deviennent maladroits, même quand ils sont dits dans l'intention d'aider, et certaines phrases vont creuser vos cœurs pendant des mois, des années.

Dans les consolations des premiers jours, une petite phrase aussi m'a fait très mal : « Le temps adoucira. » Au fond de moi, je savais que c'était vrai et je me révoltais à l'idée de moins souffrir un jour.

Monique R.

« Vous verrez, avec le temps, ça va s'estomper... » Avec des années et des années de recul, cette formule nous fait encore bondir avec autant de révolte. Non seulement Benoît n'a pas eu le choix, sa souffrance, sa mort, c'est horrible, mais il faudrait en plus les effacer ! Pourquoi aimer et se laisser aimer pour basculer dans le néant ? A nos yeux, c'est scandaleux.

« Vous avez un petit ange maintenant. » Loin d'être une consolation, nous préférerions, comme l'a dit avant nous une maman, un petit diable sur la terre à un ange au paradis !

Yves.

« Je n'ai pas pu vous joindre au moment de votre épreuve. » Cet autre ne comprend-il donc pas que l'épreuve est toujours là, que le chagrin n'est pas d'un jour ?

« Nous voulons vous inviter avec les Untel ; eux aussi ont perdu un enfant... » J'étais révoltée : étions-nous donc comme des lépreux ? Comme marqués au fer rouge pour avoir perdu un enfant ? N'étions-nous pas au contraire des gens normaux vivant la souffrance du monde ?

D'ailleurs, quelle perte ressemble à une autre ? Quel chagrin d'une mère est comparable à celui d'une autre mère ? Notre relation à l'autre est unique, le déchirement de la séparation l'est aussi.

Mme T.

« Heureusement, vous avez deux autres fils et un gentil mari ! » Mais personne ne remplace personne, et nous ne sommes pas des pions.

Le reste, c'est le temps qui passe et la solitude du

chagrin. Les autres sont là et ne sont pas là, il faut bien vivre et la première chose que l'on découvre, c'est que la mort est insupportable aux humains. Les mots sont maladroits, inexacts, mais, ce qui importe, c'est le sentiment véhiculé. Nous avons découvert de vrais amis, nous avons perdu certaines relations. Nous avons aussi entendu beaucoup de choses qui nous faisaient grincer les dents.

« Vous avez de la chance dans votre malheur, ce n'était qu'un bébé. » Faire comprendre qu'un bébé est une personne, selon la formule désormais célèbre, que certaines histoires d'amour, pour ne durer que huit jours, n'en sont pas moins fulgurantes...

« Moi, si la même chose m'arrivait, j'en mourrais... »

Dire et redire que c'était son histoire à elle, que Mathilde en mourant nous a laissés au monde des vivants, pour y continuer notre histoire, et qu'il faut aussi beaucoup de courage pour mourir...

« Il faut en faire un autre, très vite. »

Conjurer le vide très vite, nous rendre très vite, à nouveau, parents afin que nous rejoignions rapidement le monde des gens normaux, rejeter l'enfant mort en le remplaçant par un bébé tout neuf ? Répondre qu'il y aura un jour de la place pour un nouvel enfant, mais qu'il ne gommera pas ce qui s'est passé ; il faut pouvoir lui donner notre disponibilité et notre amour, sans qu'il souffre trop de l'histoire de ses parents.

Je passe sur les explications paramédicales, les nombreuses histoires de mort d'enfant, les interprétations psychologiques et psychanalytiques sauvages... Il faut se blinder et entendre, à travers ce que dit l'autre, son désir d'aider et de vaincre sa propre peur, savoir apprécier son courage à parler de cela, alors que tant de gens au courant préfèrent se taire et faire comme si cela n'avait pas eu lieu en parlant d'autre chose, soulagés par notre attitude tranquille et relativement sereine.

Montrer aux proches qu'ils ne peuvent pas se mettre à notre place, qu'ils projettent leur propre angoisse de séparation, venue du fin fond de leur enfance, qui n'est pas la nôtre… La réalité est paradoxalement plus cruelle et plus facile à supporter.

Maryvonne R.

Lorsque l'on vient de perdre son enfant, on est écorché vif et toute réflexion maladroite atteint profondément. Je me souviens de cette phrase, deux jours après la mort de Gauthier : « Il faut en avoir un autre. » Intérieurement, j'étais révoltée, comme s'il suffisait d'aller chez le marchand du coin et d'en recommander un autre. C'est vrai que, par la suite, j'ai pardonné à cette femme qui me l'avait dite sans mauvaise intention, mais, au moment où je l'avais entendue, c'était pour moi insupportable.

Des réflexions du genre : « Dieu vous l'a peut-être repris pour vous éviter d'avoir des difficultés avec lui, plus grand, dans l'avenir… ! » Mais de quoi cette personne se mêlait-elle ? J'étais persuadée que Dieu ne pouvait pas vouloir une telle mort, au contraire Il souffrait avec moi…

Ce qui est difficile aussi à vivre, c'est l'attitude des gens qui ont du mal à venir vers vous spontanément, ils sont gênés, et je me souviens que je devais aller au-devant d'eux pour les mettre à l'aise. J'avais l'impression d'être une bête curieuse, épiée par les autres, notamment à l'école des enfants.

Au bout de quelques années, j'ai retrouvé une certaine sérénité, je relativise toutes ces attitudes mais, sur le moment, c'était très dur à vivre et à supporter.

Maryvonne P.

Parmi les mots qui blessent le plus profondément, on trouve tous ceux qui sous-entendent un jugement des parents, qui veulent donner des conseils ou qui essaient de quantifier la souffrance.

A certains moments, je ne supportais plus les « Il faudrait que tu… », « Tu devrais… » « Moi, à ta place, je… », car je ne donne pas aux autres le droit de juger notre cheminement ; je pense que certaines phrases, prononcées sans intention particulière, m'ont profondément blessée. Je les ai d'ailleurs toujours en mémoire.

Lorsque j'ai annoncé la mort de Céline à une ancienne

copine de classe, elle m'a dit : « C'est toi qui conduisais, alors tu as tué ta fille. » Ou encore : « Vous êtes jeunes, vous aurez d'autres enfants. »

Après l'accident, je ne pouvais plus, et ne peux toujours pas, faire de projets à long terme. J'étais révoltée à l'idée qu'il me faudrait attendre au moins neuf mois avant d'avoir un autre enfant et, à mes yeux, Céline était de toute façon irremplaçable.

« Il valait mieux qu'elle meure, plutôt que d'être handicapée à vie. » A ce moment-là, j'aurais fait n'importe quoi si Céline avait pu vivre. J'aurais quitté mon travail pour passer avec elle tout le temps nécessaire à sa guérison, même partielle.

« Ça fait trois mois qu'elle est morte ; c'est du passé, il ne faut plus en parler. » « Tu n'as pas le droit de dire que ça ne va pas. Il y a des gens qui vivent des choses bien pires... » « Avec ce qui vous est arrivé, maintenant ça ne peut qu'aller mieux. » Comme si sa mort était une sorte de garantie pour le futur...

De même, je ne supportais plus les réflexions du type : « J'ai deux garçons, j'aurais tant voulu avoir une fille ! »

Quelqu'un m'a demandé de lui prêter l'anorak de Céline, cela deux mois après sa mort. Et, pendant longtemps, cela m'a révoltée. J'avais l'impression que, pour cette personne, Céline était oubliée, balayée.

Quand on retrouve un appartement silencieux, sans enfant, on a du mal à entendre certains se plaindre que leurs enfants font trop de bruit ou qu'ils se réveillent trop tôt le matin.

Quelqu'un a fait la réflexion suivante : « Qu'y a-t-il de plus terrible ? Perdre un enfant ou perdre son conjoint ? » Comme s'il y avait un choix possible !

Souvent, toutes ces réflexions m'ont été faites dans le but d'apporter une consolation. Mais elles masquent la douleur en essayant de la rendre rationnelle, et elles nient les sentiments que l'on peut éprouver à la mort de son enfant.

Ce type de réflexions a provoqué en moi un immense sentiment de solitude.

Agnès.

Vous entendrez des réflexions du type : « Il ne faut pas en parler, ça va te faire mal », « Il vaut mieux oublier », « Occupe-toi des vivants », « Tu as de la chance d'avoir tes autres enfants », « Tu es jeune, tu n'as qu'à en avoir un autre », « Tourne la page ». Elles engendreront parfois des réactions d'angoisse chez vous.

> Je n'arrive pas à faire ce qu'ils me disent, j'essaie d'oublier, plus j'essaie de vivre comme on me dit et plus je deviens folle, je ne sais plus où j'en suis.
>
> Catherine.

Enfin, certaines des réflexions vous mettront en cause dans votre rôle de parents nourriciers. Par exemple, lorsque après la mort d'un enfant des suites d'un cancer, on demande à ses parents s'ils fument, s'ils boivent, ou encore comment ils nourrissent leurs enfants.

### 5. LES CRITIQUES, LES JUGEMENTS

Par ailleurs, ceux qui critiquent votre façon de vivre votre deuil, ou de refaire surface, ne vous aident pas non plus.

> J'ai été blessée par la réflexion faite par une personne qui n'a pas eu le courage de venir voir David mort : « Cela ne se fait pas de veiller un enfant mort chez soi avec ses frères. »
>
> Ou encore, alors que j'attendais Renaud : « Pourquoi ne t'es-tu pas fait avorter ? La maladie de David ne te suffit pas ? » Il y avait aussi ceux qui, quinze jours après le décès de David, voulaient que je retravaille tout de suite. « Eh bien, tu vas pouvoir retravailler maintenant, Renaud peut aller en nourrice, lui !... » Pas de temps à perdre, le côté pratique avant tout...
>
> Martine.

Il semble également que même le fait, pourtant très sain, de souligner la présence des autres enfants, qui peuvent aider à redonner du sens à la vie, soit parfois générateur d'angoisse chez les parents.

> Quand les gens me disaient : « Heureusement que vous avez Geoffroy », je n'osais pas leur dire que je vivais Geoffroy comme un poids, comme une angoisse. Quelle vie va-t-il avoir ? Je ne suis plus bonne à rien, je ne peux plus le porter. L'angoisse de me dire que si Geoffroy ou Bernard, mon mari, ne vont pas bien, je ne pourrais plus le supporter, je ne pourrais plus les porter...
>
> Catherine.

### 6. LA NÉGATION DE VOS SENTIMENTS

Ce qui aide le moins, en tout cas, ce sont toutes les attitudes de négation de vos sentiments et en particulier les réflexions liées à l'âge de l'enfant décédé, qui tendraient à faire croire que, plus l'enfant est âgé, plus la douleur est grande.

> C'est sûr qu'autour de nous les gens ont voulu nous aider. Et il était difficile de trouver un équilibre entre accepter toutes les paroles maladroites, les silences gênés, pour des marques d'amitié, et, au contraire, tout interpréter de travers.
>
> Est-ce que les gens voulaient vraiment nous aider, ou essayaient-ils seulement de se rassurer sur notre état, pour pouvoir arrêter de se faire du souci pour nous ? « Je savais bien que tu étais forte... Allez, maintenant, ça doit aller. » Et je suis très frappée actuellement des nombreux amis, famille, professionnels, qui me téléphonent après une mort subite dans leur entourage. Quand on creuse un peu, on s'aperçoit que, au-delà de la volonté d'aider, il existe nettement un désir de savoir si les parents réagissent

normalement, s'ils ne devraient pas, s'ils n'auraient pas dû...

J'ai peut-être l'air de remettre en doute la possibilité même d'une aide, c'est faux. Je crois que certains m'ont aidée, en acceptant de m'écouter, en acceptant ma peine et mes réactions. Ce n'était pas toujours ceux dont j'attendais le plus. Mais une lointaine collègue, rencontrée à Carrefour, une voisine de banc dans une salle de cours. Je sais que j'attendais trop des gens, et que je ne pouvais qu'être déçue.

Ce que je n'ai pas supporté ? Ceux qui nient l'importance de la mort d'un bébé : « Elle oubliera, il n'avait que 2 mois. Ce n'est pas comme Mme X, qui a perdu un enfant de 10 ans. » Ceux qui trouvaient toujours pire que moi : « Mme Y, qui avait perdu deux enfants à la naissance », etc. Comme si, pour chacun, la douleur n'était pas absolue et mutilante. Ceux aussi qui comparaient une fausse couche à la mort de Thomas, ou qui ne supportaient pas de lire un livre triste. Comme si un livre était pire que la vie !

Marielle.

Les seules attitudes qui m'ont frappé et que j'ai rejetées proviennent de personnes qui, apparemment, ont nié la douleur, que ce soit pour moi ou pour eux-mêmes. Tel beau-frère qui, le jour de l'enterrement de Céline, ne se plaignait que de ses vacances qui n'allaient pas se dérouler comme il l'entendait à la suite d'un contretemps dont je ne me rappelle plus la teneur. Il semblait que, pour lui, cet accident était insupportable, et qu'il s'efforçait d'en faire abstraction. Telle belle-sœur, en séjour à la maternité, qui n'a rien trouvé de mieux à nous dire que : « Vous n'êtes peut-être pas faits pour avoir des enfants. » Là encore, refus du réel, négation des sentiments. Si nous ne nous sentons pas des âmes de parents, eh bien, tout rentre dans l'ordre, puisque notre enfant nous est arraché à jamais !

Ce sont là les deux phrases qui m'ont blessé le plus profondément, car elles niaient le droit à la douleur qui était mien, et que je revendique encore.

Christian.

Il y a aussi toutes les paroles de consolation liées à la foi ou à la conception que certains en ont.

Ces personnes très pieuses qui « savent » cet enfant « sauvé », et pensent ainsi faire l'économie de la douleur. Un peu comme des spectateurs qui connaissent déjà la fin du film et évitent toute émotion. Mais qui donc les assure de la suite des événements ? Peut-on ainsi se rassurer à moindres frais ? Non ! Si le Christ se savait ressuscitant plus tard, pourquoi a-t-il exprimé sa souffrance physique ? Pour moi, la douleur est un lien privilégié qui m'unit encore à ma fille : c'est dans ces instants que je la rencontre.

Une autre expression de ce refus de la réalité se retrouve dans des phrases du type : « Votre place au ciel vous est maintenant réservée » ; ou bien : « Maintenant, un ange au ciel vous protège. »

A la naissance de Maëlle, des lettres nous sont parvenues, où l'on nous parlait de « sa grande sœur qui la protégeait maintenant du haut du ciel » ! Il y a là une volonté de sublimation du réel, qui se retrouve principalement chez les personnes âgées. Au début, cela m'irritait ; aujourd'hui, cela me paraît bien loin de notre culture, et je classe ces réflexions parmi les images d'Épinal des catéchismes antéconciliaires.

Je ne recherche pas de remède miracle pour m'échapper de la réalité : ni la fuite dans un certain évangélisme ni l'autosuggestion d'un fatalisme morbide — « C'était écrit, il fallait que ça arrive ! » m'a dit un pentecôtiste, père de deux enfants, à l'enterrement de Céline — ne m'ont apporté la moindre aide depuis l'accident. Bien plus, je veillais à ce que ma femme Agnès n'emprunte pas cette voie. Je ne le lui ai pas toujours fait savoir de la manière la plus adéquate, mais c'est pourquoi j'ai refusé de lire toute la littérature évoquant la télépathie, l'écriture spontanée sous la dictée du défunt. Non seulement cela ne m'apporte aucun soulagement véritable pour aujourd'hui, mais les conséquences pour demain peuvent être très néfastes. Ces écueils, je voulais que ma femme les évite.

Christian.

Certaines réflexions ne m'ont pas aidée : « Dieu doit beaucoup vous aimer pour vous envoyer cette épreuve » ; ou encore : « Heureusement que ça vous est arrivé à vous. Vous êtes forts, moi je ne pourrais pas supporter. » Ou encore : « Je vous admire, c'est fou ce que vous êtes forts », alors que, dès que ces personnes avaient passé le seuil de ma maison, je me mettais à pleurer, à sangloter.

Annick.

Il faut que vous sachiez que votre entourage a certaines attentes face à votre travail de deuil. Il semble avoir hâte qu'il se termine pour que l'on puisse « tourner la page », et dans certains cas il vous pardonne difficilement de ne pas être « guéris » dans les temps normalement impartis par les études sur le sujet, à savoir une année après le décès de l'enfant.

Dans ma famille, on acceptait l'idée que je pleure pendant une année. Il se trouve que cette année je n'ai pas pleuré, à cause de l'état de santé de mon mari, qui était très mauvais. Il se sentait complètement responsable de cet accident, qui est arrivé avec lui puisque Hélène était dans ses bras au moment où elle a été renversée. Cela aurait été mauvais que je lui impose mon chagrin.

Pendant six mois, il a été hospitalisé, puis il est parti en cure thermale pour essayer d'améliorer son état. Moi-même, j'ai attendu un bébé et ma grossesse s'est transformée en fausse couche. Les buts que nous avions pendant toute cette première année se sont effondrés tout d'un coup. J'ai donc craqué en novembre 1989, soit un an après la mort d'Hélène, et cela a été très mal compris par ma famille, et même par les médecins, par ceux qui me soignaient et qui m'ont secouée un peu en me disant que je n'allais pas passer ma vie à être hospitalisée en maison de repos, à faire des cures ou à être suivie par un psychiatre.

> En fait, j'ai fait l'inverse de tout le monde : pendant toute une année j'ai tenu bon, et j'ai craqué à la date anniversaire du décès d'Hélène.
>
> Mme B.

L'entourage n'est pas conscient que le travail de deuil est tellement ardu qu'il peut parfois se passer des années avant que vous ne retrouviez un équilibre. Ne culpabilisez pas si vous ne correspondez pas au « schéma de base » ; à chacun son rythme !

Heureusement, en regard de ces témoignages de souffrance, nombreux sont ceux qui parlent de l'aide qu'ils ont trouvée.

## II. CE QUI VOUS A AIDÉS

Entre les mots qui peuvent être mal ressentis et le silence étouffant, comment ceux qui vous entourent peuvent-ils vous aider ?

Deux types d'aide se font jour : celle que vous recevez des autres ou qui vous est donnée sans que vous la recherchiez ; celle que vous vous donnez à vous-mêmes.

### 1. L'AIDE QUE VOUS RECEVEZ DES AUTRES

*Exprimez vos besoins !*

Vous pouvez leur faciliter la tâche en disant aux autres ce que vous attendez d'eux.

C'est à vous de les guider, de leur dire que vous avez besoin d'eux et comment vous avez besoin d'eux, sans oublier que l'essentiel du travail vous appartient. Avez-vous besoin de parler de votre enfant ? Préférez-vous ne plus en parler ? Dites-le à ceux qui vous entourent, ils ne peuvent pas deviner.

Et j'ai moi-même pris, pendant un certain temps, une relative distance par rapport aux copains, refusant certains contacts qui auraient pu m'aider. Et les amis aussi se sentaient gênés de parler de leurs enfants. Il me semble maintenant que c'est à nous, parents endeuillés, de faire l'effort de dire : « Ça ne va pas, mais nous tenons à vous dire que, pour nous, votre amitié est importante. » A nous également de faire l'effort de nous intéresser à leurs enfants.

La reprise du travail ne m'a pas aidée dans un premier temps. Il a fallu que je m'arrête quelques mois, ce que j'ai assez mal accepté. Je pensais trop à ma douleur, j'avais du mal à m'en extraire, et je suis devenue très silencieuse, parlant peu ou pas du tout avec mes collègues, m'intéressant peu à leurs discussions. D'une certaine façon, je suis devenue beaucoup plus individualiste. Il a bien fallu que je comprenne que la vie continuait. Maintenant, je compte moins sur l'aide des autres. C'est à moi de faire face à cette absence, qu'à mes yeux personne ne peut comprendre.

Agnès.

*Acceptez les aides inattendues !*

A vous d'accepter aussi certaines expressions d'aide auxquelles vous n'êtes pas habitués. Cela peut être tellement bon qu'une main ou un bras affectueusement passé autour de vos épaules vous donne, l'espace d'un instant, le sentiment d'être « épaulé » sans qu'il y ait eu besoin d'échanger des paroles. Partage avec d'autres parents en deuil.

Vous semblez rechercher à contacter et également à partager ce que vous vivez, avec d'autres parents en deuil, de manière informelle et amicale, ou de manière plus organisée au sein d'un « groupe de parents [1] ».

1. Certains centres de « Naître et Vivre » ou « Jonathan-Pierres vivantes » offrent ce type de possibilité aux parents. Contacter le siège de l'association.

La mort d'un enfant va déclencher des réactions très fortes que nous ne maîtrisons pas. Et je crois que ce que le groupe de parents apporte, surtout, c'est la découverte que les autres vivent aussi ces orages de violence, d'agressivité, de jalousie, d'angoisse.

A qui d'autre qu'aux parents du groupe oser avouer la jalousie que l'on ressent devant une femme enceinte, un landau, une famille ? A qui peut-on dire qu'on ne supporte pas ses autres enfants, quand tout le monde vous dit : « Heureusement, vous en avez d'autres ! » Qui aurait compris que je n'avais plus assez confiance dans ma possibilité d'aimer pour oser aimer les autres enfants ? Je sais que certains me trouvent anormale de paniquer quand les enfants sont en haut du toboggan, quand ils ne sont pas dans le champ de mon regard. Alors que, comme le disait une maman du groupe, « c'est le contraire qui serait anormal avec ce qui vous est arrivé ».

Je demande le droit d'avoir peur, et le droit d'être en colère contre tant de femmes, qui, un peu par provocation, laissent leurs enfants faire n'importe quoi. Je leur souhaite de ne jamais entrer dans les statistiques des enfants victimes d'accidents domestiques ou de jeux.

Je crois vraiment que c'est là l'intérêt du groupe de parents : se découvrir normal, dans tous ses sentiments, dans les problèmes avec le conjoint pour certains, dans les difficultés avec la famille, avec les autres. C'est libérateur, et avec un peu d'humour, on arrive même à rire des réactions de ceux qu'on aimerait écorcher vifs tant ils nous ont fait mal.

Marielle L.

Les témoignages de ceux qui ont vécu la même expérience que la vôtre vous permettent de retrouver un sentiment de normalité. Cela vous aide de savoir que vous n'êtes pas seuls à affronter la même épreuve.

Ce qui m'a aidée, ce sont les gens qui ont su mettre des mots sur ma douleur, et encore maintenant, quand d'autres parents que je suis supposée aider traduisent bien ce que j'ai ressenti, ils m'aident. Ce qui n'aide pas, c'est qu'on nous demande de faire semblant, de faire comme si on n'avait pas perdu d'enfant, comme si on ne souffrait pas.

Marielle L.

Si vous ne connaissez pas dans votre entourage de parents ayant perdu un enfant, vous pouvez lire des livres relatant des témoignages de parents.

La naissance de Céline avait créé en moi des sentiments nouveaux. Sa mort a déclenché des sentiments d'une violence que je ne soupçonnais pas. La lecture de plusieurs livres écrits par des parents ayant eux aussi vu mourir un de leurs enfants m'a un peu rassurée, car je suis arrivée à percevoir ces réactions comme normales, eux aussi ayant vécu ces moments d'angoisse, de colère, de culpabilité.

Agnès.

*Une qualité d'écoute et de présence*

Vous êtes nombreux à rendre hommage à la délicatesse de vos amis, à la qualité de leur écoute et de leur présence silencieuse, qui vous a permis de progresser.

Essentiellement la présence de ceux qui, avec leur cœur, nous ont écoutés. Pouvoir parler, trouver une oreille attentive. La disponibilité, la patience, la discrétion de nos amis qui ont pris parfois notre révolte comme deux claques en pleine figure, qui ont supporté nos silences si pesants. Des petits mots, courts, importants, réconfortants dans les moments douloureux. Quelques fleurs pour dire « nous sommes là ». Avec le temps, ces amis heureux, et nous le disant, de voir « refleurir notre désert ».

Yves et Geneviève.

Je veux rendre hommage ici à quelques amis très chers qui m'ont aidée de leur présence silencieuse, écoutant avec une inlassable patience ma souffrance, mes révoltes et mes questions, sans jamais y apporter d'autre solution que celle de leur tendresse compatissante. Ils m'ont appris sans aucune parole ce que « être avec » signifie et cela m'a beaucoup aidée.

Andrée.

Dans le moment si grave qu'est la mort d'un enfant, on devient très exigeant vis-à-vis de son entourage. Je crois que, quelle que soit l'attitude de celui qui vous annonce le décès d'un être qu'on aime, cette attitude sera mal interprétée, parce que l'on refuse d'entendre ce qui nous est dit. Ce dont on a besoin, je pense, c'est de quelqu'un qui accepte d'écouter sans chercher à moraliser et qui respecte notre douleur. J'ai eu la chance de rencontrer des gens qui, sensibles, humains, m'ont réchauffé le cœur par leur présence silencieuse. Ceux-là, je les remercie. A moi, maintenant, de faire l'effort d'oublier certaines réflexions qui m'ont été faites, et que j'ai sans doute mal interprétées.

Agnès.

Nos parents, nos frères et sœurs, toute la famille nous a soutenus, aidés, ainsi que nos amis qui nous ont beaucoup entourés. Il y a eu un grand élan de solidarité. Cela atténue les maladresses de quelques-uns qui ne se trouvaient pas sur la même longueur d'onde. Il est certain que celui qui n'a pas connu d'épreuve peut difficilement comprendre.

Lily.

### *Le droit de parler de votre enfant*

Vous êtes reconnaissants envers ceux qui vous ont permis de parler de votre enfant, qui n'ont pas eu peur d'affronter avec vous la terrible réalité de l'absence.

Ce qui me faisait du bien, à moi, c'était que l'on nomme Mathilde, que l'on parle d'elle ; que l'on me dise qu'elle était un beau bébé, qu'elle était jolie, que l'on me rappelle de menus souvenirs, que l'on me redise qu'elle avait été vivante, même si elle était morte maintenant.

Maryvonne R.

Ceux qui ont accepté notre besoin de parler de notre fille nous ont beaucoup aidés. Pour moi, le pire était de la sentir sombrer dans l'oubli. Que ceux qui nous entourent aient l'air de faire comme si elle n'avait jamais existé. Certains amis ont su parler d'elle avec nous paisiblement, naturellement, et cela nous a beaucoup aidés.

Nos amis ont su aussi nous inviter, nous faire signe pour un cinéma, une balade, et nous permettre ainsi de réintégrer peu à peu une vie normale.

Annick.

*Le maintien dans le courant de la vie*

Les parents, les amis qui ont su vous maintenir dans le courant de la vie vous ont apporté une aide inestimable.

Ce qui nous a le plus aidés après la mort de Gauthier, c'est tout d'abord la présence des amis et de la famille. Ces amis qui nous permettaient de rester les pieds sur terre en nous invitant, ce qui nous obligeait à sortir de nous-mêmes, à manger un peu, à parler et à écouter surtout. C'est aussi la présence chaleureuse d'amis qui sont venus nous entourer et prier avec nous, c'est une prière écrite par une maman ayant perdu un enfant et envoyée par une amie. Cette prière, je la lisais lorsque je n'en pouvais plus et elle m'apaisait.

Maryvonne P.

*Le partage des sentiments*

Vous êtes reconnaissants également envers ceux qui ont su vous dire combien la mort de votre enfant les révoltait.

Ce qui m'a aidé, c'est la révolte de certains amis ou parents, exprimée dans des lettres ou des phrases prononcées çà et là, mais sans avoir besoin de discussions profondes avec eux : « La mort de votre enfant est inacceptable, insupportable. » C'est la seule parole qui m'ait aidé vraiment au moment de la mort de Thomas. Ce que j'attendais des personnes que je rencontrais, c'était une parole de révolte, une parole qui montrait qu'on était en quelque sorte solidaire de nous, que l'on voulait porter une partie de notre souffrance...

Il faut que les gens comprennent que la première attitude que l'on attend d'eux, c'est de comprendre notre souffrance, et de nous montrer qu'ils souffrent eux aussi de ce qui nous arrive. Les autres paroles ne seront écoutées et entendues que si cette attitude est la première. La souffrance, notre souffrance, est la seule réponse normale, humaine, à la mort de notre enfant. Il faut avoir droit à cette souffrance pour en sortir un jour. On ne peut avoir droit à cette souffrance si ceux qui nous entourent en ont peur et veulent l'étouffer.

Dominique L.

Au sein de votre activité professionnelle aussi, les collègues de travail peuvent jouer un rôle positif, même si les réactions vont de l'extrême discrétion...

Lors de ma reprise de travail, j'ai trouvé également des collègues très discrets, non par indifférence, mais plutôt pour respecter ma douleur.

Christian.

... à la solidarité sans limites :

J'ai cessé le travail de novembre 1986 à mai 1987, mais, étant seule, je n'avais que mon salaire, grâce à la générosité et la compréhension de la direction et des collègues de travail (établissement de 800 personnes), chacun faisant cadeau d'une journée ou plus de congés payés. Cela m'a permis de rester avec mon fils. Cet élan, cette aide m'ont donné de la force : j'avais la chance de m'occuper de mon fils.

Yvette.

### *Le courrier*

Le courrier de ceux qui ont su vous écrire leur disponibilité ou vous faire part de ce qu'ils ressentaient, particulièrement lorsque ces lettres parvenaient à des moments de creux ou longtemps après la mort de votre enfant, vous apparaît très important. Telle cette lettre reçue par la maman de Benjamin :

> Je voudrais te dire que je serai toujours là, par le téléphone ou la présence, au moment où tu en auras besoin. Ce n'est pas toujours quand il le faudrait qu'on reçoit coups de fil ou visites, alors que l'on se retrouve seule juste au moment où l'on aimerait parler... ou voir quelqu'un... Il ne faut pas te retenir pour m'appeler, même si l'on s'est vues deux heures avant... mon numéro de téléphone est toujours à l'écoute pour toi...
>
> Mme X.

> En dehors de l'aide immédiate des amis et de la famille : les lettres sincères, remplies d'émotion réelle. Et surtout les lettres tardives, écrites souvent par des personnes déjà éprouvées et qui savent, justement, le bien qu'apportent ces lettres, qui sont comme un écho qui fait revivre le (ou la) disparu(e) alors qu'un grand silence a commencé à s'installer autour de vous.
>
> Monique R.

> Beaucoup de gens ont cherché à nous aider après la mort de Céline, et j'ai senti que, pour eux aussi, sa mort était difficile à accepter. De nombreux copains ont cherché à nous changer les idées, en nous proposant des balades en montagne, des sorties au restaurant, au ciné...
>
> Nous avons reçu énormément de courrier. J'ai été très touchée par la présence de certains de mes élèves à l'enterrement, et des nombreuses lettres qu'eux et leurs parents m'ont envoyées. La spontanéité de leurs sentiments m'a fait beaucoup de bien. Tel élève qui m'écrivait : « N'oublie pas que tous tes petits polissons seront là quand tu auras besoin d'eux, et ce ne sont pas des paroles de polissons ! » Tel autre qui me disait : « Je suis sûr qu'avec une maman comme vous, Céline a été heureuse. » Et, au milieu de mes larmes, j'arrivais à sourire en lisant cela. Mais je n'ai pas compris, et je ne comprends toujours pas

des phrases du genre : « Jusqu'à présent, vous étiez chargés de veiller sur Céline, maintenant c'est elle qui veillera sur vous. »

Il y avait beaucoup de fleurs à l'église, et je dois dire que cela m'a fait plaisir. Mes grandes théories se sont effondrées, car, avant, les fleurs aux enterrements, je trouvais ça bête...

Le personnel de la crèche et de la halte-garderie que fréquentait Céline a été particulièrement présent... J'ai senti de leur part une réelle volonté de nous aider. Et, d'une certaine façon, il m'était plus facile de parler de Céline avec eux, qui la connaissaient sur le plan professionnel, et qui étaient donc moins impliqués affectivement, qu'avec des amis proches.

Des amis nous ont dit : « En ce moment difficile, il est important de ne pas se replier sur soi-même si l'on ne veut pas sombrer dans le désespoir. Il faut savoir s'appuyer sur les copains pour s'en sortir. » C'est vrai, mais il est difficile de se sentir dépendant et vulnérable, et il faut laisser de côté tout sentiment d'orgueil pour accepter une aide extérieure.

Agnès.

Les témoignages de tous ceux à qui Henri avait permis une découverte de joie, d'amitié ou de confiance.

Parmi les noms de son carnet d'adresses, quatre-vingts nous étaient inconnus, originaires de toutes sortes de pays. Ignorant quels liens d'intimité liaient ces personnes à notre fils, nous n'avons pas voulu risquer que l'un ou l'autre puisse croire à une absence de fidélité de sa part. Aussi avons-nous adressé à chacun une lettre annonçant sa mort et traduite dans les trois langues qu'il parlait : français, anglais, espagnol.

Une vingtaine de réponses furent émouvantes, nous disant comment en Espagne, en Belgique, en Suède, en Israël, certains avaient compris, grâce à ce compagnonnage, que « ce qui est intéressant quand on voyage, ce ne sont pas seulement les monuments, mais surtout les gens », ou bien encore que, « par le truchement d'une guitare et d'un chant sur une place publique, on peut commencer à faire se rencontrer des hommes jusque-là hostiles les uns aux autres »... Utopiques, naïfs ? Certes, mais combien sympathiques, ces témoignages.

Le lieutenant de son régiment parla aussi d'un rôle inhabituel, générateur de paix entre ceux de l'armée d'active et cette promotion de jeunes officiers réservistes, traditionnellement plutôt opposés les uns aux autres. Plusieurs amis de longue date témoignèrent aussi de leur profonde affection, qui nous fut un soutien.

Mme T.

Certains d'entre vous analysent avec sévérité le chemin qu'ils ont emprunté et les aides qu'ils ont recherchées, reconnaissant qu'elles ne leur sont plus d'un grand secours aujourd'hui. L'important est qu'ils y aient trouvé un certain réconfort à un moment donné de leur deuil et que cela ait été un tremplin pour aller plus loin.

Très vite, pour nous réconforter, nous avons trouvé une fable qui nous permettait de supporter la réalité : Mathilde était un être dans sa dernière réincarnation, qui n'avait qu'un temps très court à passer sur terre, elle était heureuse maintenant. Pourtant, nous n'étions pas mystiques. Mais cette interprétation nous aida un moment. Nous nous sommes dit aussi qu'elle avait une mission à accomplir, que cette mission était peut-être de nous apprendre à nous aimer et que, une fois remplie, elle était repartie, notre petite fée. Nous avons cherché des explications dans les astres, et nous en avons trouvé une fort triste : toute une cohorte de planètes néfastes s'étaient amassées dans son ciel, notre bébé n'avait aucune chance d'en réchapper. Cette incursion dans l'astrologie nous a fait du mal, nous n'arrivions pas à échapper à un sentiment de fatalité, qui nous touchait de plein fouet : peut-être n'avions-nous pas le droit d'avoir un enfant ?

Tous ces tâtonnements, ces errances nous ont cependant aidés à envisager l'absence...

Maryvonne R.

### *L'enfant qui vous a quittés*

Vous puisez des forces dans l'enfant qui vous a quittés, et il vous aide à faire face, jour après jour.

Pascal n'est plus là, mais le souvenir de son attitude et de ses paroles au cours des derniers jours passés avec lui reste très présent. Attitude calme et confiante, qui apaisait notre angoisse. Ses derniers mots, si forts et si justes, nous ont délivré un beau message d'amour que nous ne pouvons pas oublier. Ce message nous a aidés, malgré toute notre souffrance, dans les semaines qui ont suivi... Il continue de nous aider.

Reconnaissance envers nous pour les moments de bonheur passés ensemble, désir que ses parents soient heureux et continuent de croire en eux et en la vie... Comme si Pascal voulait nous communiquer une force, une espérance pour poursuivre notre chemin. Plus d'un an après la séparation, ces paroles restent gravées en nous... Elles ne peuvent être qu'accueillies, même si elles sont difficiles à vivre au jour le jour.

A côté de ces paroles, il y a les témoignages de parents touchés également par le départ d'un enfant, parents qui, malgré la souffrance toujours présente, ont réappris le goût de vivre, cultivent l'espérance par des lectures, par des actes de foi. Nous ne sommes pas seuls à vivre cette séparation, d'autres parents nous accompagnent. Pascal n'est pas seul non plus, d'autres enfants ont souffert comme lui et l'accompagnent maintenant.

Éliane et Michel.

En fait, la chose qui nous a le plus aidés après la mort de Christophe est Christophe lui-même. Se dire qu'un enfant a vécu un tel drame et que nous devrions rester confinés dans notre lit à prendre des calmants, à nous lamenter, ce serait tirer un maigre enseignement de cette brève vie que fut la sienne. C'était un bel et merveilleux enfant. Nous devions être pour lui de merveilleux parents. Nous ne sommes pas croyants mais, ayant lu beaucoup de livres, *la*

*Source noire, la Vie après la vie,* etc., qui nous ont aussi beaucoup aidés, nous sommes convaincus que la force psychique de Christophe se trouve dans un plan différent et qu'un jour, nous le retrouverons. Pourrions-nous le regarder en face si nous étions des loques humaines, si nous avions négligé nos autres enfants ? Je sais que nous avons fait le bon choix et nous ne le regrettons pas.

Henri et Sylvie.

### *Vos autres enfants*

Vos autres enfants vous apportent également une aide, en redonnant un but à votre vie, même si vous avez parfois des difficultés à être complètement présents avec eux : « Heureusement que je suis là, dans cette famille où tout le monde pleure, et que je ne pleure pas », disait Émeric (10 ans), signifiant ainsi à ses parents son désir de retrouver une atmosphère plus gaie à la maison.

Ce qui nous a aidés après la mort de Christophe, ce furent nos autres enfants. Nous avions un aîné qui avait 5 ans et une petite fille qui avait 5 semaines. Pouvions-nous sombrer dans la déprime alors qu'ils demandaient notre amour ? Dès le matin où Christophe n'était plus, j'ai agi tout à fait normalement avec eux, évitant de pleurer en leur présence. A l'aîné, Sébastien, j'ai expliqué que son frère nous avait quittés. Chose stupéfiante, il le savait déjà. Il nous a dit que Christophe, la veille, était venu lui dire qu'il allait partir, qu'il était fatigué, que Sébastien ne devait pas être triste car il serait toujours avec lui.

Sébastien fut toujours très fort et n'a jamais pleuré. Par contre, il avait besoin de parler de Christophe. Nous lui avons laissé le libre arbitre. Il a voulu supprimer le lit de son frère. Nous l'avons fait de suite.

Mon but principal fut que cet enfant ne garde aucune séquelle de la mort de son frère. Je l'ai beaucoup entouré, on a beaucoup parlé, on a aussi recréé une cellule familiale (qui était instable avec la maladie présente).

Henri et Sylvie.

Élodie elle-même nous aide. Durant sa maladie, elle a eu tellement de courage, elle ne voulait pas qu'on s'inquiète pour elle, elle voulait nous voir heureux et c'est en elle que nous puisions nos forces. Aujourd'hui, elle nous porte et nous donne des forces car nous voulons qu'elle soit fière de nous. Elle nous soutient et partage chaque moment heureux. Elle est la lumière de nos vies.

Stéphanie et Delphine, ses sœurs, nous aident. Elles ont besoin de nous. Nous voulons qu'elles soient heureuses, alors il faut tenir le coup, ne pas flancher.

Jean-Michel et Marie-Agnès.

Ce qui m'a aidée d'abord, c'est notre petit garçon pour qui il fallait vivre normalement, pour qui il a fallu faire des efforts pour cacher notre chagrin.

Dominique M.

Enfin, ce qui nous a aidés, ce sont nos enfants. Chaque matin, j'avais l'impression qu'il me fallait recharger sur mes épaules ce fardeau de souffrance. Mais pour nos enfants, nous nous devions d'être gais, de vivre : de faire des projets, de faire des fêtes, d'organiser les vacances, etc. Ils nous ont propulsés vers l'avenir, alors que nous avions envie de vivre dans le passé. Nos deux bébés aussi ont joué ce rôle propulseur vers l'avenir, même si une grossesse après la perte d'un enfant n'est pas quelque chose de facile. Il nous a fallu retrouver des raisons de vivre. Nous en avons été une l'un pour l'autre, et nos enfants en ont été une autre pour nous deux.

Annick.

### *Les enfants des autres*

Enfin, paradoxalement, les enfants des autres, qui peuvent parfois être perçus comme des crève-cœur car ils ont la chance d'être en vie, savent trouver le chemin de votre cœur avec leurs mots si vrais.

Et puis, il y a les enfants des autres, ces chérubins si mignons, dont les parents tremblent qu'ils ne fassent des gaffes... Et ils en font, les chers petits, ils posent les questions de façon directe, les yeux dans les yeux : « Pourquoi elle est morte, Mathilde ? »

Maryvonne R.

En vivant normalement, en venant discuter avec nous de choses et d'autres. Leurs enfants étaient les amis des nôtres. Ils ont continué à venir à la maison, normalement... même si je n'étais pas toujours en forme ! Je leur dois beaucoup. Merci à eux...

Dominique M.

Parmi les aides qui vous sont données sans que vous les recherchiez spécialement, on notera le rôle joué par les rêves. Je n'approfondirai pas ici ce sujet, faute de témoignages, mais il semble que les rêves jouent un rôle important dans le travail de deuil et permettent, à certains moments, de franchir des étapes et de retrouver une certaine sérénité. Se souvenir de ses rêves et essayer de les analyser pour en saisir le sens peut certainement être une aide à ne pas négliger pour certains d'entre vous.

Longtemps après j'ai rêvé... quinze ans après... mais d'un rêve vécu comme une réalité. J'ai rêvé que je retrouvais Henri : quelle joie exprimait son visage en me revoyant ! Pourtant, dans ce rêve, tout s'était bien passé comme nous l'avons vécu réellement, sans omettre les paroles, les actes que j'ai pu me reprocher. Mais de la part d'Henri, qui savait tout cela aussi, il n'y avait qu'amour et joie — une joie surnaturelle, dont je suis restée illuminée au réveil et qui me donnait courage. N'était-ce pas là une expérience de même nature que les songes dont il est question dans la Bible, lorsqu'il y est dit : « Un ange du Seigneur lui dit en songe... », de ces songes qui mettent un homme en marche ? Souvent je me suis interrogée sur ce langage allégorique dans la Bible.

Mme T.

## 2. L'AIDE QUE VOUS VOUS DONNEZ À VOUS-MÊMES

Un autre type d'aide irremplaçable est celui que vous allez vous donner à vous-mêmes. Vous jouez là un rôle actif important dont dépend la suite de votre chemin dans la vie. En vous donnant des buts et en apprenant à exprimer vos besoins, vous reprendrez goût à la vie plus rapidement. Dans ce domaine, s'investir dans une activité semble être une priorité pour beaucoup d'entre vous.

### *Une activité professionnelle*

J'ai repris le travail tout de suite, c'est-à-dire le deuxième jour après l'enterrement. Dans le mois qui suivait, j'ai eu l'occasion de passer un concours à l'intérieur de l'établissement où je travaille. Je l'ai fait en pensant que mon fils m'aiderait de là où il est actuellement. J'ai eu ce concours : deux personnes ont été retenues sur soixante. Je travaille donc maintenant dans l'informatique. Le dernier cadeau de Noël que mon fils a eu était un ordinateur, donc ce que j'allais faire l'aurait intéressé, il m'avait indiqué la voie à suivre. Ce que je faisais à la suite de son décès, je le faisais en pensant qu'il aurait voulu que je le fasse.

Yvette.

Ce qui m'a aidée le plus, à part les enfants, le mari, la famille, c'est mon travail. J'étais occupée, je ne pensais pas constamment à Sophie et à tous ses malheurs, mais quand son image me revenait trois ou quatre heures après, c'était affreux.

Anne-Marie.

Ce qui m'a aidée ensuite, c'est de reprendre mon activité professionnelle. Cela m'obligeait à penser à mon travail, à sortir de mes idées noires. En plus, j'avais un bon patron médecin, qui avait vécu, à travers son fils, ce que j'avais vécu. Son petit-fils était mort à 4 ans d'un cancer aux intestins. Il savait ce que je vivais et m'aidait beaucoup, m'obligeait à m'intéresser à mes dossiers.

Je voulais demander une mutation, je pensais que j'arriverais mieux ailleurs à supporter tout cela. Il a refusé. J'ai eu le sentiment de le vexer. C'est vrai qu'il était une des rares personnes à m'avoir soutenue jusqu'au bout, à nous rendre visite tous les jours ou presque quand il a fallu que je cesse mon travail et que je reste auprès de Céline. Alors, je n'ai pas demandé de mutation et je suis restée à la même place, faisant des efforts pour lui faire plaisir, pour faire plaisir à ma collègue aussi, que j'aimais beaucoup et qui faisait tout pour que j'aille mieux.

Dominique M.

## *Une activité bénévole*

Ce qui m'a aidée, c'est l'activité. Je ne supportais plus de rester chez moi, où j'avais l'impression de ne plus rien avoir à faire. Je me suis engagée dans l'U.F.C.S. [1], qui me permettait de retrouver régulièrement une équipe de femmes à qui j'avais dit que j'avais terriblement besoin d'elles, et de faire un travail de recherche avec elles.

Annick.

J'ai vécu au retour de Bretagne quelque temps d'un passage à vide très compréhensible car je me trouvais « les mains vides » après avoir vécu pendant un an une vie intensément occupée jour et nuit, puisque j'ai toujours soigné Annick chez nous. Le rythme de vie était cassé, aussi ai-je dit à mon mari qu'il me fallait trouver une activité centrée sur le service des autres.

J'ai été conseillère municipale douze ans, m'occupant du bureau d'aide sociale, du logement. Cela m'a beaucoup aidée à sortir de ma peine en m'intéressant aux difficultés des autres.

Lily.

Au sein d'associations à but humanitaire, beaucoup d'entre vous retrouvent un sens à leur vie ou décident de donner un sens à ce qui leur est arrivé.

---

1. Union féminine civique et sociale.

Comment ai-je pu sortir de cet état avec un minimum de cicatrices qui ne se refermeront jamais complètement ? C'était possible, puisque d'autres sont sortis de cette torpeur et je le voulais pour mon fils Stéphane et pour celui qui me restait. Je n'avais même pas le choix : si je les aimais tous les deux du même amour maternel, il le fallait. Si vous êtes dans la même détresse, vous le pouvez aussi, tel celui qui, ne sachant pas nager, se débat dans plusieurs mètres d'eau de profondeur pour attraper la perche qu'on lui tend.

Trois ans après son départ, j'ai encore besoin de m'accrocher désespérément à une perche, y compris celle d'un fol espoir de retrouvailles éternelles. Espérer qu'une vie peut et doit être utile à quelqu'un, à quelque détresse, est sûrement l'une des « perches » qui me sont tendues. Sincèrement, je témoigne qu'apporter une aide à autrui, être la bouée de sauvetage à laquelle il s'accroche désespérément, devient très motivant.

Autrement dit, après avoir été aidés par des personnes de la famille ou des amis qui tentaient de nous extirper de notre misère et de notre chagrin, nous essayons maintenant d'aller vers ceux qui sont « noyés » dans la même détresse. Oublier son enfant, les mois, les années d'horribles souffrances dues à sa maladie, à sa mort, c'est impossible. L'amour maternel est vivant avant même la conception de l'enfant, il ne finit jamais, il n'a pas de limites, il se continue dans l'aide apportée aux autres.

Thérèse.

Après le décès de David, j'ai continué à rendre visite à deux enfants atteints de cancer comme lui. Ils sont également décédés, et c'était un peu dur pour moi de me retrouver toujours dans la même situation.

Je n'ai plus voulu accompagner d'autres enfants. Mais j'ai trouvé d'autres occupations. Je me suis proposée comme bénévole dans une association de consommateurs. Je reçois donc à ces permanences des personnes ayant des problèmes divers de consommation et je fais partie de la commission « Litiges ».

A l'heure actuelle, je fais également partie d'une autre

association, prête également à venir en aide aux personnes ayant besoin d'une aide morale, et notamment par les prières. C'est l'aide que je peux apporter à mon prochain.

Le groupe est une grande famille qui nous ramène à la grande foi fondamentale de l'amour. Essayer, à notre petit niveau, de briser les chaînes de la routine, du quotidien, de l'égoïsme, de la tranquillité. Car l'amour, le vrai, ne se vit pas avec des discours mais avec des actes. Nous nous tendons la main. Si l'un d'entre nous est dans la peine, les autres sont là, présents. Dans notre société si harcelée, si dure, si indifférente, il est bon d'avoir tant d'amis près de soi. Pour l'instant, ma raison de vivre, c'est d'aider les autres, me sentir utile, savoir que quelqu'un peut avoir besoin de moi.

Yvette.

J'ai voulu que la mort d'Hélène serve à quelque chose, en permettant de sauver d'autres enfants. Cela s'est fait pour moi de deux façons :

— J'ai accepté que l'on prélève les organes d'Hélène, qui étaient restés sains et qui n'avaient pas été abîmés du tout dans l'accident. Donc, aujourd'hui, grâce à Hélène, je sais qu'il y a des enfants qui vivent alors qu'ils étaient condamnés. Cela m'a aidée beaucoup de savoir qu'Hélène avait sauvé des enfants et aujourd'hui, quand je retourne dans le service d'hémodialyse, je lui dis : « Tu vois, Poussinette, grâce à toi, il y a un ou deux enfants qui ne viennent plus ici. » Aujourd'hui, je sais bien que ma fille est morte et que je ne la reverrai plus, mais j'ai quand même l'impression que quelque part elle vit, en ayant donné vie à d'autres enfants. Même si ces autres enfants ne seront jamais les miens et que je ne les connaîtrai jamais. Il n'en reste pas moins qu'elle leur a permis de vivre. Et c'est quelque chose qui m'aide ;

— Je me suis engagée dans une association qui s'appelle la Ligue contre la violence routière, pour faire changer certaines choses au niveau de la sécurité des enfants. J'ai commencé par faire monter un éclairage au sodium sur le tronçon de rue dans lequel Hélène a été tuée, qui était auparavant un trou noir. Aujourd'hui, les automobilistes voient les piétons dans ce tronçon de rue de notre ville.

Et puis je suis en train de participer à une campagne de distribution d'autocollants phosphorescents à apposer sur le cartable des écoliers afin que les automobilistes les voient la nuit.

Mme B.

Parfois, ce sont des choses très simples qui deviennent pour vous « projets de vie ».

*Jardiner*

J'ai la chance d'avoir un jardin et, avec la mauvaise saison, en ce premier automne après ta mort, je me suis plongée dans le ramassage des feuilles mortes et dans la préparation du jardin pour l'hiver. Je me défoule physiquement, et je peux penser en même temps. Et quand j'ai pris la peine d'observer les arbres, les arbustes ou ces simples oignons de tulipes que je mettais en terre, j'ai été obligée, malgré moi, de me rendre à l'évidence : les feuilles n'étaient pas encore toutes tombées que déjà de minuscules bourgeons poussaient sur les branches. Les bulbes avaient, pour certains, l'amorce d'un germe... Je me suis dit : « La vie a toujours le dessus, le dernier mot. La vie continue ! L'hiver doit donc être nécessaire. » Alors, je crois que j'aurai beau pleurer, ne plus croire à rien, ne rien attendre, vivre avec ma peine, je suis bien obligée de constater que, dans quelques mois, la nature aura le dernier mot et ce sera le printemps.

Oui, je crois que la souffrance est réellement tout un apprentissage. Je crois aussi que la vie est une rude école. On entend dire : « École de la vie, école du courage. » J'y crois. Mais je me dis aussi que tout est sans cesse à recommencer et que l'on n'est jamais arrivé nulle part. Alors, je me remets en route, mon petit gars ! Ce sera bientôt le premier anniversaire de ta mort et je veux être d'attaque.

Colette.

## *Lire*

Lire et chercher dans les lectures des bribes de réponses aux questions essentielles qui sont devenues les vôtres.

Ce qui m'a aidé, c'est de chercher des réponses dans la lecture, sur la véritable liberté de l'homme et sur sa mission. J'ai ressenti un énorme besoin de nous situer, et de situer la mort de ma fille, comme la mienne propre et celle de tous ceux qui m'ont précédé.

Patrice.

La mort fait peur, l'angoisse de l'après. Où est notre chéri ? Y a-t-il quelque chose après la vie ? Vous vous posez à ce moment précis des milliers de questions et personne ne peut vous répondre. Il n'y a que des suppositions. Quel réconfort de penser que, là où il est, il est bien et heureux. Un livre m'a beaucoup aidé dans ce sens : *la Vie après la vie,* du docteur Raymond Moody. Sans parler de croyance ni de religion. La vie est tellement moche qu'il est impensable qu'il n'y ait rien après. Je pense que notre fils a seulement continué sa route sans nous.

La mort n'est qu'une étape dans la vie. Le livre contient des témoignages qui vous dévoilent cette autre vie. J'y crois dur comme fer et cela me rassure. Je le sens près de moi, autour de nous. Il est présent dans mon cœur et mon esprit. Il guide ma vie et je l'aime.

Nos enfants sont formidables.

Patrick et Catherine C.

Car après, est-ce le néant ? Je voulais la retrouver... Je ne pouvais accepter sa mort. Alors, j'ai pensé à l'après-vie. Je ne suis pas croyante, pas du tout, mais j'avais tout de même un petit espoir sur une éventuelle vie après la vie. Alors, j'ai acheté des livres : *la Vie après la vie, l'Après-vie, la Source noire, Nous sommes tous immortels,* etc.

J'avais besoin de me convaincre, j'avais besoin et j'ai encore besoin de savoir que tout n'est pas fini pour elle, qu'elle est quelque part. Cela m'aidait quelques mois, et le doute revenait...

Dominique M.

*Partir en voyage*

Nous avons eu, après l'enterrement, le surlendemain je crois, la sagesse de partir quinze jours avec nos quatre autres enfants pour des vacances itinérantes à travers la Bretagne. Il était nécessaire de « décompresser ». Après les derniers temps extrêmement fatigants, nous nous sommes dit, Jacques et moi, que nous ne devions pas nous enfermer dans notre chagrin, qu'il fallait tout faire pour préserver la joie de vivre de la famille.

Ce n'était pas un désir de gommer Annick de notre vie, loin de là, mais, au contraire, de la faire participer à notre joie et à nos activités en lui demandant de partager notre vie par sa présence dans notre cœur.

Lily.

Six mois après la mort d'Henri, j'ai fait avec mon mari un voyage en Espagne, pays que je ne connaissais pas. Découvrir ensemble tant de beautés, au printemps, les genêts fleuris, les orangers, la somptuosité des architectures mauresques, la sauvagerie des forteresses dressées par les chevaliers de l'ordre de Malte... A Grenade, je savais qu'Henri avait parcouru ces jardins de rêve avec une amie : à mon admiration s'ajoutait la sienne.

Mais, ce voyage, je voulais le vivre comme un temps de découverte et d'émerveillement partagé avec mon mari : « ... J'aime un voyage qui ait un but, qui ne soit pas un prétexte pour être " ailleurs ", c'est-à-dire nulle part, qui prolonge mon existence quotidienne ou étende à d'autres cieux mon activité, ma prière... Un voyage est comme un grand livre ; il faut avoir la patience d'en tourner toutes les pages comme ferait un enfant », dit Jean Dechanet *(Va où ton cœur te mène).*

Mme T.

## *Tenir un journal*

Pour certains, l'écriture sera thérapeutique, et la tenue d'un journal ou l'écriture d'un livre permettra de franchir une étape nouvelle dans le chemin de deuil.

> Si je suis seule à écrire ce livre, je crois que c'est, d'une certaine façon, une démarche familiale quand même. Parce que ton père m'a profondément encouragée à le faire... Et toi-même, ne m'y as-tu pas poussée ?... Toi qui avais noté sur une de tes pages de cahier de français : « Écrire, c'est un besoin de cristalliser son âme, ses pensées, de les extérioriser... Écrire peut être un moyen de se connaître, de s'affronter soi-même, de se battre, de partager. »
>
> Si je voulais vraiment témoigner de ma souffrance, c'est sûr, je me tairais. Je n'aurais pas voulu faire un livre. Mais comme je ne veux pas me laisser aller au désespoir, j'ai choisi de parler, sur un mode simple, de ma souffrance au quotidien. Et je voudrais dire là où je souffre, dans ma vie de tous les jours, comment j'essaie de m'en sortir, parce que je crois de toutes mes forces au partage des souffrances, à la solidarité, à l'affection, à la tendresse.
>
> Pourquoi vouloir parler de ma souffrance, au fil des jours ? Je me suis aperçue que c'était parce que je cherchais à lui donner un sens. Je voulais me mesurer à elle, la regarder en face. Je l'ai dit : je veux me battre pour ne pas me laisser anéantir. Si l'on veut s'en sortir, il faut prendre sa souffrance à bras-le-corps. Bien souvent croire que l'on va perdre, c'est sûr, mais cependant il faut toujours recommencer à se battre contre soi-même. Je ne veux pas accepter que la souffrance puisse avoir le dernier mot. J'aimais beaucoup la vie, avant ta mort, et si je me bats, c'est toujours pour l'amour de la vie.
>
> Colette.

Colette exprime aussi avec beaucoup de force sa rage de se battre et de ne pas couler, sa rage de revivre au moment du premier Noël sans Benjamin, qui la révoltait. C'est la participation à une émission de radio qui lui a permis de mieux franchir cette étape difficile.

Huit mois après ta mort, j'ai voulu à tout prix sortir de mon isolement, j'ai connu en quelque sorte l'énergie du désespoir, et je suis allée parler pendant une heure au micro d'une radio libre chrétienne, c'était dans le cadre d'une émission sur la souffrance. C'était quelques jours à peine avant Noël. La date n'avait pas été choisie au hasard : Noël est une fête si cruelle pour les gens qui souffrent... Ma démarche pouvait paraître incongrue, inhumaine. Et pourtant... j'avais désiré, ce soir-là, ne pas dire mon nom, ni même mon prénom, ni le tien. Cela n'avait aucune importance à mes yeux. Nous voulions vivre Noël quand même, ce premier Noël sans toi. Je voulais à la fois tendre la main à plus malheureux que moi, à travers l'anonymat de la radio, et essayer de donner un sens à ma souffrance, car je n'en pouvais plus. Ce fut le fruit de tout un cheminement dans la nuit et la douleur. Je me suis préparée à cette démarche pendant trois mois, c'était pour moi comme une quête d'oxygène, car je sentais en moi monter la révolte.

Je voulais, et je veux toujours me battre. Parler à la radio, c'était pour moi refuser le désespoir, car la souffrance est sur nous comme un étau. Et je refuse de me laisser engloutir, abattre par la douleur. C'est un peu l'énergie du désespoir, certes. Mais une espèce de force de vie quand même, une espèce de force aveugle. L'amour de ma famille, de tous les miens, de toi, mon fils mort, est plus fort que la mort. Je n'ai pas honte d'en parler. Je n'aurais pas eu honte de me nommer, mais cela ne change rien à ce qui est arrivé chez nous : ton suicide.

C'est une véritable gifle que l'on prend en pleine figure, et c'est difficile, très difficile, de s'en relever. Si quelqu'un m'a entendue, ce soir-là — et je sais qu'il y en eut —, j'ai voulu lui dire qu'il n'était pas tout seul dans sa souffrance, que, quelque part, sans savoir où ni chez qui, quelqu'un pensait à lui, quelqu'un qui souffrait aussi, comme lui. J'ai voulu témoigner de notre souffrance, non pas que je sois plus forte que les autres ou que je me sente forte — non, je trébuche sans cesse, je pleure et je me décourage souvent — mais parce que je veux effectivement me battre, parce que je suis « dans la nuit » et que je refuse de toutes mes forces, du fond de ma nuit, que le désespoir l'emporte ; je refuse ta mort, qui est contre nature.

Je cherche un sens à donner à ton geste, à ce drame, je cherche un sens à redonner à notre vie, je veux pouvoir dire et croire, devant tes frères et ta sœur, et avec ton père, et sans jouer la comédie, que la vie est belle quand même et mérite d'être vécue, « même si »... Voilà le sens profond de ma démarche : dire ma douleur de mère, dire ma révolte, dire mes découragements, ma faiblesse, ma pauvreté... mais, quand même, essayer de rebâtir, de relever nos ruines, de refaire notre jardin. Ne plus vouloir interdire au soleil de se lever chaque matin ! Je refuse l'absurdité de cette mort. Je veux savoir ce qu'il y a au-delà, après. Je cherche, j'appelle à l'aide. Qu'est-ce que la vie éternelle ?

Mais qui donc est Dieu ? Je voudrais pouvoir retrouver ce Dieu qui n'est plus présent chez nous. Ce Dieu que j'ai senti s'éloigner. Je veux REVIVRE.

Colette.

### *Avoir d'autres enfants*

Dans ce combat pour la vie, votre conjoint joue un rôle important, et petit à petit, mais très lentement, le désir de vie l'emporte sur la mort.

Mais, tout de même, je sais maintenant que c'est surtout Marielle et les enfants qui m'ont permis d'être heureux, de vivre et d'espérer. Se savoir aimé par quelqu'un est pour moi révélation continuelle que la mort de Thomas est vaincue. Donner la vie à des enfants et les aimer, c'est aussi révélation que la vie est plus forte que tout, malgré aussi ces machines de mort prêtes à sortir de leur silo. La famille est le lieu où l'on se reconstruit, j'en témoigne vraiment, sachant cependant très bien que, pour beaucoup, il faudra écrire cette phrase au futur.

Dominique L.

Ce qui m'a aidée aussi, au bout de quelques mois, c'est lorsque François me disait : « Nous aurons un autre garçon, il s'appellera Grégoire. » Je n'étais pas prête encore, mais j'avais une petite lueur d'espoir en entendant ces paroles. Et effectivement, la naissance de Grégoire, quinze mois après, nous a permis à tous les cinq de repartir et de regoûter la joie de vivre, malgré les angoisses pendant la grossesse, et avec l'appréhension de revivre la même chose, accentuée encore par le fait que Grégoire était sous monitoring.

Maryvonne P.

*Garder le lien avec l'hôpital*

Pour ceux d'entre vous dont l'enfant a été malade, ce qui vous a aidés, c'est de rester en lien avec l'hôpital et d'avoir pu rencontrer le médecin qui a soigné l'enfant, pour clarifier tout ce qui vous semblait encore obscur, et vous entendre dire que vous avez bien fait tout ce qui était en votre pouvoir pour sauver votre enfant.

Je suis restée en contact avec les parents d'autres enfants hospitalisés en même temps que Fabien. Je les aide moralement, et c'est je crois ce qui m'aide. Sur le groupe de cinq qu'ils étaient, ils ne sont plus que deux vivants, et pour combien de temps... Nous sommes retournés, il y a quelques jours, à Nancy faire le point en somme avec le médecin qui s'est occupé de Fabien. Il nous a avoué qu'avec le recul, ils peuvent nous affirmer que le cas de Fabien était désespéré. Il avait une leucémie foudroyante. Cela nous a rassurés, nous avions fait le maximum et rien n'aurait changé cette issue. Notre décision d'arrêter la chimio a permis à notre fils d'avoir un mois bien à lui : un mois de bonheur avant l'inévitable.

Patrick et Catherine.

*Le désir de clarification*

Ce désir de clarification peut vous entraîner beaucoup plus loin, dans une mise au clair très profonde de ce qui se passe en vous. Cela peut se faire avec l'aide d'un professionnel de l'écoute : ce sera alors pour certains le début d'une psychothérapie.

> Mon besoin de parler, de comprendre, m'a poussée à commencer une psychothérapie, où, peu à peu, j'ai commencé à me reconstruire, à comprendre mes paniques, mes colères, mes angoisses. Au début, j'en parlais à Dominique, je lui racontais chacune des séances ; j'avais l'impression qu'il devait sûrement être cassé comme moi, de la même façon, et donc que ma démarche devait l'aider. Mais c'est vrai que, profondément, je ne sais pas comment il a vécu toute cette période. J'ai peut-être été lourde pour lui, avec mon besoin de crier partout la mort de mon enfant, alors que lui ne voulait pas en parler. Et j'ai souffert aussi de son silence, des conversations qu'il détournait quand les gens essayaient péniblement, avec tout leur cœur, de me parler de Thomas. Je sais qu'il a souffert que tout le monde lui demande : « Comment va ta femme ? », et jamais : « Comment vas-tu ? » Et j'ai été très touchée par la seule personne qui m'ait demandé comment il allait. C'était aussi son fils, et il avait une histoire avec lui.
>
> Mais je crois que c'est avec mes plus proches que j'ai eu le plus de difficultés. J'étais comme écorchée, et je prenais de travers tous les « mal dit », tous les mots maladroits. Je réalise maintenant qu'ils souffraient aussi, et que, dans leur douleur, ils ne pouvaient pas être autres. Je réalise aussi que mes amies sans enfant ne pouvaient pas imaginer ce que nous vivions. Mais j'ai eu si mal, et je leur en ai tellement voulu de ne pas comprendre ! Et je m'en voulais de leur en vouloir... alors que la colère est une part normale du deuil. Je pense que si j'avais mieux compris les étapes normales du deuil, avec sa part de colère, d'agressivité, j'aurais pu prendre plus de recul, me sentir moins frustrée.
>
> Marielle.

Ce travail de clarification peut aussi se faire avec l'aide d'un bon ami, tout simplement, ou d'une personne que l'on rencontre de manière régulière.

> C'est une chance d'être aidée par un ami totalement disponible lorsqu'il y a des difficultés dans un couple, car on a véritablement besoin d'une tierce personne. Il est absolument indispensable de s'affronter à trois, et non plus à deux. Il y a un tel risque d'éclatement, d'éloignement, dans un couple, quand on a pris un coup et qu'on ne sait plus comment s'en sortir tout seuls... Oui, tout seuls... le mot est lâché... Ne restons pas seuls, de grâce ! On a tant besoin les uns des autres, qu'on le veuille ou non... et principalement dans la souffrance ! Il y a la crise spirituelle que le couple traverse à ce moment-là, à ce moment où la vie vous écrase...
>
> Effectivement, j'ai dit que je perdais la foi, que je refusais beaucoup de choses ; l'éducation religieuse de nos enfants en prend un coup, c'est certain...
>
> L'affection et la tendresse de la famille et des amis, c'est une chose, mais la présence d'un ami qui nous connaît et qui chemine avec nous, c'est aussi quelque chose de très précieux. C'est pour nous comme la trilogie du salut.
>
> Colette.

### *Les « fruits » de votre deuil*

Pour terminer, ce qui paraît vous aider, c'est de constater ce que j'ose appeler les « fruits » de votre deuil. Cela ne peut se faire que plusieurs années après le décès de votre enfant, car il faut beaucoup de temps pour voir germer en vous et autour de vous ce que votre enfant a semé en vous quittant.

> Dans cette épreuve, il n'y a pas que du négatif, mais au contraire beaucoup de positif. D'abord, Annick s'est réalisée pleinement durant sa maladie. Elle a trouvé une joie intérieure étonnante. Elle nous a montré sa force de

caractère et son courage, acceptant sereinement son destin. Notre famille s'est soudée, s'est renforcée dans une entente et une compréhension mutuelles. J'ai découvert combien nos enfants étaient capables de générosité. Cette expérience leur a donné un autre regard sur la vie. Ma fille qui a perdu un bébé m'a dit que c'était parce qu'elle avait vécu la maladie et le départ d'Annick qu'elle se sentait plus forte devant l'épreuve.

Lily.

Huit ans après la mort de Géraldine, je me sens enfin capable de lire les « fruits » de cet événement, vide de sens pour moi au départ.

1. — Dans notre couple : nous avons appris à nous aimer comme nous sommes, non pas pour ce que l'autre nous apporte, mais simplement pour lui-même. Nous avons appris à nous aimer pauvres, vrais, sans masque, et il me semble que notre amour est tellement plus authentique et plus pur aujourd'hui.

2. — Avec nos enfants : nous avons découvert la chance formidable de les avoir, d'être heureux, et nous nous y arrêtons souvent pour la savourer et en prendre conscience.

Nous avons également découvert que nous pouvons apprendre beaucoup d'eux si nous savons nous mettre à leur école. Et enfin nous sommes conscients du prix qu'ils ont à nos yeux en ayant connu la souffrance liée à l'absence de l'un d'entre eux. C'est le voyage au bout de l'amour fait avec Géraldine qui m'a révélé ma fragilité de maman. Avant sa mort, je vivais ce cadeau comme un dû.

3. — Avec notre entourage : les portes de mon cœur se sont ouvertes à la souffrance. Il m'aura fallu quarante ans pour découvrir réellement les misères du cœur, mais aujourd'hui je sais mieux les accueillir et les écouter, souvent sans parler, avec mon corps et ma tendresse.

4. — Pour moi-même : j'ai eu envie de travailler sur moi, de m'intérioriser beaucoup et de me recentrer. Au début, je faisais cela pour retrouver Géraldine ; aujourd'hui, c'est plus par désir de vivre dans la qualité et la densité de la vie.

Je crois avoir acquis une certaine capacité à entrer facilement en relation avec ceux qui souffrent, à rejoindre rapidement la profondeur de leur vie, et une capacité plus grande à donner sans besoin de retour.

5. — Par rapport à ma foi : ce travail sur moi, je l'ai effectué sous le regard de Dieu et il s'est révélé être un véritable chemin spirituel aboutissant à une foi plus dépouillée de moi, et plus centrée sur l'amour.

Tout cela est pour moi aujourd'hui une aide réelle dans l'intégration de la perte de notre fille, mais il m'aura fallu des années pour y parvenir, et j'ai besoin du reste de ma vie pour affiner et faire totalement miennes ces découvertes.

Annick.

Ce désir de travail profond sur soi n'est pas l'apanage des croyants, mais se retrouve aussi chez ceux qui disent ne pas avoir la foi.

A la mort de Mathilde, j'ai commencé par me raidir. Je me disais : elle est morte, mais moi je veux vivre. Je veux continuer à être sa maman.

Jusqu'à ce moment-là je me croyais athée : quand le S.A.M.U. essayait encore de la réanimer, j'ai tenté de prier, il n'y avait personne. Pas de Dieu pour me répondre. Pas de secours à attendre de ce côté-là. Mais je sentais la présence de mon enfant, impalpable, encourageante, morte pour moi, mais si proche.

Pour Mathilde, j'ai eu envie de me construire. Je la sens très présente, et elle m'aide énormément. Quand j'ai peur de quelque chose, je lui demande de m'aider, car je me dis qu'après ce qu'elle a vécu, elle n'a plus peur de rien.

Maryvonne R.

Ce qui vous aide aussi parfois, c'est une série de « signes » que vous seul(e) pouvez lire, de paroles que vous seul(e) pouvez entendre, et qui contribueront à vous mettre un peu en marge de ceux qui n'ont pas vécu ce type d'épreuve. Cependant, si cela vous apporte une aide, n'hésitez pas à en tenir compte.

Ce qui m'a aidée fut ce que j'appellerai « le temps détraqué », comme si une longue préparation m'avait été accordée pour que je sois capable de recevoir le choc de plein fouet : des phrases répétées au fil des ans, des pressentiments, des coïncidences.

Ce furent ensuite des paroles qui n'auraient dû être prononcées qu'après et qui le furent avant, des faits banals ou incompréhensibles qui prenaient tout à coup sens, un langage symbolique qui m'était destiné telle que j'étais avec mon histoire et ma sensibilité.

Aussi, j'hésite à en faire état, car à d'autres ce que je lus comme des signes cohérents paraîtra imagination, fantasmes, bêtises.

Pourtant, la convergence de ces signes me fut un soutien, me permit de croire qu'il ne s'agissait pas seulement d'un accident absurde, qu'Henri avait donné le meilleur de lui-même et que seule une transformation radicale comme celle de la mort lui permettait désormais de donner plus encore, de croître, même si... « pour l'instant, là où il allait, je ne pouvais le suivre... » (Jean, XIII, 36).

Mme T.

Pour certains, cette expérience se vit en lien avec leur foi.

Si Emmanuel reste un sujet très douloureux à aborder avec mon mari, par contre nous en avons toujours parlé, les enfants et moi, nous remémorant tel ou tel épisode heureux vécu ensemble, partageant aussi certains moments difficiles que l'un ou l'autre a eu à assumer à cause de lui.

S'il est absent à nos yeux, Emmanuel n'en reste pas moins vivant par nous, et, dans le quotidien de nos vies, nous faisons l'expérience de sa présence auprès de nous. Il y a un an, Pierre-Olivier s'est fait accrocher par une voiture devant son collège. Vingt jours d'hospitalisation pour diverses fractures et blessures. A ma question : « N'as-tu pas eu peur de mourir ? », j'ai eu la surprise d'entendre la réponse suivante : « Oh non, je savais qu'Emmanuel me protégeait. »

Personnellement, je prie souvent Emmanuel pour son frère et sa sœur, lui demandant de m'aider à voir plus clair, à mieux comprendre les problèmes de leur adolescence ; après, je suis toujours plus paisible, plus apte à écouter, à discuter avec eux.

Oui, Emmanuel nous comble de sa délicate tendresse jusque dans les menus détails de nos vies, et cela nous émeut beaucoup.

Andrée.

Votre douleur vous amènera peut-être à emprunter des chemins sur lesquels vous auriez refusé de vous engager avant la mort de votre enfant. Veillez à ne pas vous égarer et gardez présent à l'esprit qu'est bon pour vous tout ce qui vous permet de grandir, d'avancer et de trouver la sérénité. Pour certains d'entre vous, les recherches dans le domaine des sciences parallèles pourront représenter une aide réelle. Elles feront partie des étapes vers l'intégration. Continuez vos recherches, élargissez-les, jusqu'à ce que vous trouviez des éléments de réponse qui vous apportent la sérénité.

A la lecture de ces différentes réactions de parents, vous réalisez vous-mêmes combien il est difficile d'adopter une attitude identique à l'égard de tous les parents qui ont perdu un enfant, et combien il est peut-être difficile à ceux qui vous entourent de vous aider. Ce qui aide l'un fait couler l'autre, et des paroles dites avec l'intention d'aider ouvrent des plaies que le temps aura du mal à cicatriser.

Vous pouvez prendre une part active à cette aide en parlant très simplement de vos besoins. Ne l'oubliez pas. Cela mettra vos amis ainsi que votre entourage à l'aise et leur permettra de vous révéler le meilleur d'eux-mêmes. L'essentiel demeure qu'au cœur de votre souffrance vous ne restiez pas seuls, et que vous ayez la simplicité de faire appel. N'attendez plus que l'on vienne vers vous, tendez la main à ceux vers qui votre cœur vous guide, et ils sauront vous répondre. Vous leur donnerez ainsi la joie d'être utiles et de bâtir une amitié avec vous, autour de la mort de votre enfant, qui les a bouleversés et a fait naître en eux beaucoup de questions.

Les pages qui suivent n'ont pas la prétention d'être un mode d'emploi, mais plutôt d'ouvrir quelques pistes de réflexion aux parents et à leur entourage. Diffusez-les autour de vous !

## III. QUELQUES CONSEILS

### 1. AUX PARENTS QUI ONT PERDU LEUR ENFANT

Voici quelques conseils donnés par des parents qui ont aussi perdu leur enfant et qui pourront vous aider :

— Apprenez à repérer ce qui vous fait du bien et ce qui vous fait mal. Et choisissez des activités qui vous font du bien.

— Donnez-vous le droit d'avoir du chagrin, de pleurer.

— Ne comparez pas votre niveau de chagrin à celui d'autres parents qui souffrent, ne vous occupez que de vous-mêmes.

— Acceptez vos limites et essayez de comprendre quand vous les atteignez.

— Respectez le chagrin de votre conjoint, sa façon de souffrir et son évolution. Ne le jugez pas et n'attendez pas trop de lui.

— Ne vous isolez pas dans la solitude.

— Arrêtez de penser que vous êtes coupable de quelque chose et de dire « Si j'avais... ».

— Ce n'est pas parce que vous riez que vous trahissez la mémoire de votre enfant. Il vous veut vivant.

— Acceptez le fait que vous avez peur de la mort pour vous et pour ceux que vous aimez.

— Trouvez une personne à qui vous pourrez exprimer ce que vous ressentez profondément sans qu'elle vous critique, vous juge ou qu'elle soit choquée. Il se peut que vous ayez besoin de l'aide d'un psychologue. Ce n'est pas pour autant que vous êtes anormal, incapable de réagir ou fou.

— Ayez recours à la religion, à la philosophie, à la poésie, à la musique, à l'art, au jardinage, au sport, à la marche, à la lecture, au bénévolat, etc., pour trouver soulagement et compréhension.

— Parlez de votre enfant avec ceux de vos amis qui l'ont connu. Acceptez que vos amis ne soient pas parfaits et qu'ils vous donnent parfois de mauvais conseils. Vous avez aussi des moments d'imperfection.

— Reconnaissez aussi qu'à certains moments vous n'avez pas envie de parler de votre enfant et que vous êtes heureux d'être dans un lieu où personne ne sait que vous avez perdu un enfant.

— Dites aux autres ce que vous attendez d'eux : de l'aide, un soutien, du temps, de l'amitié.

— Continuez à participer aux activités que vous aimez avec des gens que vous aimez. Faites-vous plaisir, cela vous aidera.

— Mangez de façon équilibrée. Faites du sport pour mieux dormir. Fixez-vous de petits objectifs à très court terme ; ne soyez pas trop ambitieux.

— Si vous ne supportez plus de voir les enfants des autres, évitez-les. Si au contraire ils vous apportent une aide, fréquentez-les.

— Ne soyez pas inquiets si vous ne pleurez pas : cela ne signifie pas que vous oubliez votre enfant.

— Acceptez la façon dont les autres personnes vous expriment leur amitié, qu'elle soit verbale ou non verbale.

— Ne prenez pas pour l'instant de décisions importantes, comme la vente de votre maison ou un changement d'activité professionnelle.

— Fixez-vous des objectifs simples et accessibles.

— La réponse à la question « Combien d'enfants avez-vous ? » est difficile. Vous pouvez y répondre en disant : « J'ai eu *x* enfants », et voir si vous avez envie d'aller plus loin avec la personne à laquelle vous parlez.

— Essayez de ne pas masquer votre douleur par l'usage de médicaments ou d'alcool.

— Essayez de ne plus être en contact, pendant un certain temps, avec de très grandes souffrances.

— Donnez-vous l'autorisation de régresser.

— Soyez conscients que vous ne pouvez pas empêcher ni éviter la douleur. La seule chose à faire pour en sortir est de la traverser d'un bout à l'autre et de parcourir tout le chemin du deuil.

— Ne vous laissez pas influencer par ceux qui vous poussent à avoir un autre enfant. Vous seuls pouvez prendre cette décision, et savoir si c'est celle qui vous convient.

Extrait de *Taking Care of Yourself*,
*N.S.I.D.S.F. Washington State Chapter*
(voir Bibliographie, p. 361).

*Ce que vous auriez aimé ne pas entendre*

Avant de lire cette page, redites-vous que ces réactions n'ont pas pour origine la méchanceté ou l'indifférence, mais plutôt la méconnaissance du problème, et la peur face à la mort et au deuil. Vous serez alors moins déçus et moins blessés s'il vous arrive d'en connaître de similaires.

— A une maman enceinte qui vient de perdre sa fille d'une leucémie : « Vous attendez un autre enfant ? Vous n'avez pas peur qu'il soit leucémique aussi ? »

— « Pourquoi ne t'es-tu pas fait avorter ? Un, ça ne te suffit pas ? »

— « Heureusement que ça vous est arrivé à vous, moi je n'aurais pas supporté. »

— « Votre enfant a eu un cancer : vous fumez ? Vous buvez ? Comment le nourrissiez-vous ? »

— « Tu ne vas pas passer ta vie à parler de cet enfant que tu as perdu. Il n'y a pas que ça d'important dans la vie ! »

— « Dieu doit beaucoup vous aimer pour vous envoyer cette épreuve. »

— « Avec le temps, vous verrez, ça passera, vous oublierez. »

— « Vous avez de la chance, ce n'était qu'un bébé ! »

— « Vous n'êtes peut-être pas faite pour avoir des enfants. »

— « Dieu vous l'a repris pour vous éviter d'avoir des difficultés avec lui quand il aurait été plus grand ! »

— « Il ne faut plus en parler, cela va vous faire mal. »

— « Occupe-toi des vivants, pas des morts, tourne la page ! »

— « Avec ce qui vous est arrivé, ça ne peut qu'aller mieux ! »

— A une maman qui a perdu sa fille dans un accident de voiture : « C'est toi qui conduisais, donc tu as tué ta fille. Il valait mieux qu'elle meure plutôt que d'être handicapée à vie. »

— Entendu devant le lit où repose une petite fille de 3 ans : « Il aurait mieux valu qu'elle ne naisse pas ! »

— Un assureur demande à une maman dont la fille unique de 5 ans a été tuée par une voiture : « A combien évaluez-vous la vie de votre enfant ? »

Enfin, il y a ceux qui trouveront toujours pire que vous :

— « Tu n'as pas le droit de dire que ça ne va pas, il y a des gens qui vivent des choses bien pires ! »

— « Connaissez-vous Mme Y, qui a perdu deux enfants à la naissance ? »

— « C'est un grand malheur que de perdre ta fille. Mais tu pourrais aussi perdre ta seconde fille. »

— Le jour de l'enterrement, une maman qui a également perdu son enfant dit à celle qui vient de perdre son fils : « Tu verras, tous les jours c'est un peu plus dur. »

## 2. À CEUX QUI ENTOURENT LES PARENTS EN DEUIL

Vous qui lisez ce livre non parce que vous avez perdu un enfant, mais parce que des proches que vous aimez sont concernés par ce problème, voici quelques pistes pour vous permettre de mieux les aider.

### *Ce que vous pouvez faire*

— Dites-leur toute l'affection que vous ressentez pour eux.

— Soyez disponibles pour les écouter, leur rendre des services concrets, vous occuper de leurs autres enfants, faire leurs courses, etc.

— Dites-leur votre peine et combien vous êtes sensibles à leur souffrance.

— Laissez-les exprimer toute la douleur qu'ils ressentent et qu'ils sont prêts à vous faire partager. Acceptez leurs larmes et ne craignez pas de pleurer avec eux de temps en temps. Les parents sont plus démunis devant l'absence de réactions que devant une réaction d'amitié ou de sympathie dans l'émotion.

— Donnez-leur l'occasion de parler de l'enfant qu'ils ont perdu aussi souvent qu'ils le désirent.

— Parlez avec eux des qualités de leur enfant, de ce qui fait qu'il est unique à vos yeux.

— Soyez attentifs aux frères et sœurs, au moment de l'enterrement et dans les mois qui suivent. Ils souffrent aussi, et leurs parents ne sont pas toujours en état de leur donner toute l'attention et l'écoute dont ils ont besoin. De plus, ils sont souvent très démunis devant leurs questions.

— Rassurez-les en leur disant qu'ils ont fait tout ce qu'ils pouvaient pour leur enfant, et qu'il a eu tout ce qu'il pouvait attendre d'eux, espérer d'eux.

*Ce qu'il est préférable d'éviter*

— Ne vous dites pas que vous ne pouvez rien faire. Prenez des initiatives et proposez votre aide, en acceptant qu'elle soit parfois refusée.

— Ne les évitez pas sous prétexte que vous êtes mal à l'aise et que vous ne savez pas quoi leur dire. Cela ne ferait qu'accroître encore leur souffrance.

— A moins d'avoir vous-même perdu un enfant, ne leur dites pas que vous savez ce qu'ils ressentent.

— Ne leur donnez pas trop de conseils sur ce qu'ils devraient faire ou ressentir et n'essayez pas de trouver des solutions à leur place. Accompagnez-les simplement dans leur cheminement en les aidant à prendre les décisions qu'ils ont envie de prendre.

— Ne changez pas de sujet quand ils parlent de leur enfant décédé. Aidez-les au contraire à exprimer leurs sentiments.

— N'hésitez pas à leur parler de leur enfant mort. Ne craignez pas de raviver leur peine. Sentir leur enfant gommé, oublié, leur fait beaucoup plus de peine encore.

— N'essayez pas de trouver quelque chose de positif à la mort de leur enfant (par exemple, des liens familiaux plus forts). Cela ne peut venir que d'eux-mêmes, et il leur faudra beaucoup de temps pour le découvrir.

— Soyez patients et indulgents. Les parents qui ont perdu un enfant sont des « handicapés affectifs » pendant de longs mois.

— Ne leur dites pas qu'ils ont de la chance d'avoir leur conjoint(e) ou leurs autres enfants. Ils éprouvent momentanément beaucoup de difficultés à en profiter pleinement.

— Dans le cas d'un enfant malade, ne faites aucun commentaire qui laisserait entendre que les soins prodigués à l'hôpital ou à la maison étaient insuffisants. Ils sont déjà assez accablés de sentiments de doute et de culpabilité.

En respectant ces quelques conseils, vous serez capables d'apporter à ceux qui souffrent autour de vous, parce qu'ils ont perdu un enfant, l'aide qu'ils attendent de vous.

Vous venez de découvrir dans ce chapitre que vous pouvez vous aider vous-mêmes en vous donnant des buts, en faisant des projets qui vont dans le sens de la vie. Mais comment se situent les croyants face à cette épreuve ? Leur foi les aide-t-elle à cheminer ou est-elle un fardeau supplémentaire, source de questions dont les réponses ne satisfont plus ? C'est ce que nous allons tenter d'analyser dans le chapitre suivant.

CHAPITRE IX

# La foi des parents chrétiens après la mort de leur enfant

## I. LA FOI N'EST PAS UNE AIDE

On entend souvent cette réflexion : « Heureusement que vous avez la foi » ou « Heureusement qu'ils ont la foi », comme si la foi était la solution miracle à toutes les difficultés et donnait une explication à l'existence du mal et des épreuves.

### 1. LA RÉVOLTE

Or la première réaction des parents croyants confrontés à la mort de leur enfant est souvent la révolte. Ils s'en prennent ouvertement à ce Dieu d'amour, sur qui ils rejettent la responsabilité de la disparition de leur enfant.

> La foi ne m'a pas aidée. Pourquoi la souffrance ? Le sacrifice et le rachat ? Pourquoi l'homme doit-il être sauvé ? Je n'ai rien demandé à Dieu et je ne vais pas me rattacher à la foi pour que ce qui m'arrive ait un sens. Ce qui est

terrible, c'est qu'une chose aussi horrible puisse exister pour rien, ça je refuse.

Catherine.

Après la mort de Céline, des sentiments violents sont nés en moi. Pourquoi elle ? Pourquoi tous ces enfants que j'avais vus malades, amputés... Pourquoi ce Dieu, ce Bon Dieu que Céline avait prié, puisqu'elle était croyante, ne faisait-il rien pour empêcher ces innocents de souffrir, de mourir ? Que lui avait-elle donc fait ? Je ne voulais pas qu'elle nous quitte, non je ne voulais pas. Combien de fois ai-je rêvé que j'allais à l'église. Je me voyais entrer et tout casser, renverser cet autel, briser cette lumière rouge, signe de la présence de Dieu. Oui, j'avais envie de tout casser. Je le haïssais, je l'insultais, ce Dieu, ce si « Bon Dieu » !

Dominique M.

Dans le chapitre II (p. 39), plusieurs témoignages de parents rejoignent cette expérience de révolte contre Dieu et le sentiment que Dieu ne peut exister, car, s'il existait, il ne permettrait pas une telle injustice.

J'étais devenue incapable de prier et tout particulièrement de dire le *Notre Père*. A quoi pouvait ressembler un père qui dit aimer ses enfants et les fait souffrir au-delà de l'imaginable en leur retirant ce qui donne sens à leur vie ? Je ne voulais pas d'un père qui m'aime de cette façon, et je m'adressais à lui en lui conseillant d'aimer plutôt ma voisine et de cesser de s'occuper de moi ! Je ne comprenais pas comment amour pouvait rimer avec mort.

Annick.

## 2. LE DOUTE, LES QUESTIONS

La mort d'un enfant introduit le doute dans le cœur de ceux qui croient en Dieu.

Pour parler de ma foi religieuse, je crois que je vais être sincère aussi et je vais dire que ma foi en a pris un coup.

Dans les moments de peine intense et de cafard, il m'arrive parfois de devenir jalouse, envieuse, révoltée, en pensant aux familles qui ne connaissent ni la mort d'un enfant ni le drame du suicide. Et je me dis : « Pourquoi nous ? Pourquoi pas eux ? Où donc est Dieu effectivement ?... »

Dans ces moments-là, je l'avoue, je me replie sur moi-même, en fuyant le téléphone, en fuyant les amis, en fuyant la foule, en fuyant le « comment ça va ? »... Je crois, c'est vrai, que l'on peut souffrir jusqu'à en perdre la foi. Mais alors me reviennent les paroles d'un ami : « Il ne faut pas confondre la perte de la foi avec l'épreuve de la foi. » J'accepte cette nuance.

Bien sûr, il y en a beaucoup qui vous parlent d'espérance, quand ils essaient de vous consoler. Moi, ce mot « espérance » me heurte maintenant et me choque. Personnellement, j'ai envie de dire que, depuis ta mort, Dieu n'est plus là, Il est absent, Il ne répond plus à nos appels. Notre souffrance est trop amère, trop lourde à porter. Ma confiance en Dieu est menacée.

Je veux bien convenir que, si ma foi est en sommeil, c'est pour moi « Dieu la nuit ». Je crois que je cherche quand même, désespérément, quelque chose. Je ne sais pas quoi. Mais cette démarche est, pour moi, un instinct très fort de survie, de quête de l'au-delà, de vie éternelle, pourquoi pas ?... Quelqu'un nous a écrit, après ta mort, que dans la souffrance se cache une force particulière qui rapproche intérieurement celui qui souffre du Dieu de la Passion.

Cela m'a fait réfléchir encore davantage sur la souffrance. Je me suis dit : quand la souffrance physique est trop forte, il existe certains médicaments pour la calmer (la morphine, par exemple). Et pour la souffrance morale trop forte, qu'existe-t-il ?... Je refuse que l'on me réponde « la foi ». Pour moi, je préfère dire que j'ai fait l'expérience de la présence silencieuse, c'est-à-dire : « Je ne peux rien pour toi, mais je suis là. On est ensemble, je te donne la main, mais pour le reste, il faut te débrouiller seule, très seule. »

Il y a aussi cette phrase si pathétique que j'ai lue un jour, dans un petit livre très émouvant : « Ne me secouez pas, je suis plein de larmes... » Alors j'ai envie d'ajouter comme en écho : « Ne me plaquez pas la religion comme un pansement, je suis en train de perdre la foi. »

Colette.

Ce qui était certitude devient question, et la question qui taraude les parents est : « Qu'est devenu mon enfant ? Où est-il ? Est-il heureux ? »

Quand Thomas est mort et qu'il était encore avec nous, je croyais qu'il nous protégeait, je me sentais presque en paix. Et je comprends ceux qui peuvent faire de belles messes d'enterrement.

Mais après, ce fut différent. Dès son enterrement, j'ai cherché à comprendre, je voulais savoir où il était, s'il vivait, s'il m'aimait.

Ce qui m'a choquée, c'était qu'on l'avait enterré comme un adulte, comme un pécheur. Et c'est vrai qu'en cela l'Église rejoint ce que disent les psychanalystes : il est né, il a vécu, il a été aimé, il a aimé. Il a pleinement vécu une vie humaine et, comme homme, il est solidaire de nous tous, hommes pécheurs ; on a donc prié pour ses péchés.

Je ne comprenais pas non plus le Jugement dernier (individuel ou collectif) du monde, et je n'acceptais pas qu'il connaisse le bonheur absolu, alors que je souffrais. Nous ne comprenions pas. Nous avons rencontré plusieurs prêtres, nous avons fait de la théologie.

Je crois que Thomas nous attend et que, solidaire de nous, ses parents, sa famille, solidaire comme être humain de tous les autres en marche, il nous attend. Il vit auprès de Dieu, mais ne connaît pas encore le bonheur absolu, la paix absolue. C'est la communion des saints.

Je refuse de partager cette vision idéaliste de la mort des enfants, « un ange au ciel », une garantie de vie réussie. J'avais mis mon fils au monde pour qu'il le construise, et non pour le voir mourir avant moi.

J'ai peut-être encore du chemin à faire. Il y a des moments où je progresse, comme quand j'ai vu une ressemblance entre le regard de Tolstoï et celui de Thomas : un regard très dense, très profond. Et je me suis dit que le grand philosophe, mort à 90 ans, et mon Thomas, mort à 2 mois, devaient discuter ensemble, vivre de la même vie. Et ça m'a donné beaucoup de paix. Le sens profond de la vie de Thomas est là, dans sa ressemblance avec Tolstoï, car il était homme comme lui.

Mais je bute aussi, car, même si parfois je crois que Thomas participe à la vie du monde, je le sens plus souvent absent.

Marielle.

Nous t'appelons désespérément : dis-nous si tu es heureux là où tu es maintenant, ou débrouille-toi pour nous le faire savoir ! Que nous cessions de nous demander avec tant d'angoisse si Dieu existe ou non !

Colette.

Les mots que l'Église nous apporte ne peuvent être un réconfort. Non, Delphine n'est pas « mieux là où elle est », non, elle n'est pas plus heureuse loin de nous. Ces paroles ne sont dites que pour nous permettre de continuer à vivre, pour que nous supportions la séparation et que nous admettions l'absence. Nous devrions être heureux de la savoir « au paradis », mais Delphine n'est plus là, et j'ai besoin de sa présence comme elle a eu besoin de mon aide.

Delphine était une petite fille gentille, toujours prête à aider les autres. Elle venait de faire sa communion, et avait ce côté un peu mystique des enfants de son âge.

Pendant les vacances, elle aimait visiter les églises, et s'isolait pour prier ou pour allumer un cierge à la Sainte Vierge. Elle croyait, et Dieu l'a abandonnée. Dieu n'a rien fait pour éviter ce qui est arrivé... Mais pouvait-il faire quelque chose ?

Alain.

Certaines mamans, certains papas doutent que Dieu puisse s'occuper de leur enfant aussi bien qu'eux.

Mon Dieu, prends bien soin de Julie, je te la confie. On dit que tu es amour, alors j'espère qu'elle est heureuse pleinement, que je ne lui manque pas. Mais j'ai toujours un doute, car je l'aimais tellement... Je prenais soin d'elle comme un jardinier amoureux de sa rose. Maintenant, je voudrais tellement être sûre qu'elle ne manque de rien ! Ça me tracasse d'avoir dû la laisser aller vers l'inconnu. Cet inconnu m'angoisse. Des images me hantent : je vois son petit corps tout froid dans ce cercueil si étroit. Et son âme ? Existe-t-elle seulement ? Je voudrais tant qu'elle soit heureuse ! Mon Dieu, si tu existes, prends soin d'elle, aime-la très fort, ma petite fille délicieuse, mon trésor perdu, mon soleil si lointain.

Monique W.

J'étais jalouse de ce Dieu à qui était confié aujourd'hui le bonheur de notre Géraldine. J'avais l'impression que je me débrouillais très bien et que je n'avais pas besoin du tout de ce relais inattendu. Elle était pleinement heureuse chez nous et respirait la joie de vivre. Pourquoi me répétait-on sans cesse qu'elle était enfin « dans la joie » ?

Annick.

Les fêtes liturgiques elles-mêmes perdent leur sens, et en particulier la fête de Noël.

Noël est pourtant la fête de l'amour, c'est vrai. Mais Noël n'est pas une fête évidente, ni à vivre, ni à comprendre. Pour moi, c'est parce qu'il y a souvent un décalage douloureux entre la tendresse de la crèche et la souffrance des hommes. Il y a, au cœur de cette Nativité, tout le drame de l'humanité souffrante. Et pour moi, je l'avoue, mais c'est peut-être parce que tu es mort, il y a aussi l'ombre de la mort du Christ qui plane déjà sur la crèche... Alors, pourquoi venir au monde, pourquoi chanter l'amour et la joie, si c'est déjà pour penser à mourir ? En fait, je le reconnais, c'est tout le sens du mystère pascal que je remets en question. C'est un peu Noël qui m'échappe et que je rejette, cette année. Alors je me suis battue avec moi-même contre la tentation de ne pas faire de crèche, puisque tu n'étais plus là. La crèche me provoque, me nargue, me fait mal...

A quoi bon faire naître un enfant, s'émerveiller, se

réjouir, se mettre à l'aimer follement, parler de la tendresse de Noël, de la joie... alors que mon propre enfant vient de mourir, et que je me sens si frustrée de sa présence.

Colette.

### 3. LA SOUFFRANCE

Les témoignages s'accordent à constater que la foi ne supprime pas la souffrance, qu'elle ne la soulage même pas, et que les parents chrétiens souffrent autant que les non-croyants.

Après la mort d'Henri, j'ai eu le sentiment d'être le témoin d'une vie lumineuse, d'avoir à témoigner de ce que j'avais vu et compris en ces dix-neuf ans de vie de mon fils ; ce sentiment fut plus fort que la douleur.

On disait : « Qu'elle est courageuse ! » Aucun courage, en réalité. Mais il y avait tant à faire, tant de personnes à écouter... Il fallait mettre en commun ce que nous avions reçu, ses amis et nous, composer ce que nous voulions faire connaître.

Et pourtant, dès qu'il y avait immobilité, silence, solitude (surtout dans la foule), les sanglots intérieurs refluaient jusqu'aux yeux, en cachette de l'entourage. Je ne pouvais plus chanter ni même prier. La seule pensée qui adoucissait un peu ma douleur, c'était la certitude que, moi aussi, j'étais mortelle et mourrais un jour.

Mme T.

La foi n'est pas une solution magique, car elle n'apporte aucune réponse au pourquoi de la présence du mal sur la terre.

La foi aide-t-elle ?

Ou bien est-elle un opium pour paumés ?

La seule chose dont nous soyons sûrs, c'est que la foi ne change rien à la souffrance ou à l'absence. Les croyants sont déchirés par la mort de la même façon que les non-croyants. Face à la mort de notre enfant, nous avons été pris parfois de doutes, de vertiges, en dépit de notre foi. Qu'est cet au-delà dont nous ignorons tout ? Je me surprends souvent à dire à Géraldine : « Fais-moi un petit signe pour me dire que tu es bien arrivée, et que ça vaut le coup ! »

Annick.

Les appels et les questions restent sans réponse. Et pourtant, cela serait tellement plus rassurant de savoir que tout se passe bien... Étrangement, les parents se trouvent là au cœur du domaine de leur foi, mais ils n'y trouvent plus la réponse qu'ils espèrent.

J'ai appelé la Vie
Et tu me l'as donnée,
Je l'ai sentie vibrer dans mon ventre.
J'ai cru que ce bébé était un peu de moi.
Puis j'ai eu mal, très mal
Et elle est née. J'étais émerveillée !
Alors je l'ai crue un peu à moi,
Nichée au creux de mon bras.
Un jour, elle a balbutié,
C'était pour dire Maman.
Maman ! oh ! miracle ! mot le plus doux entre tous !
Et j'ai cru qu'elle vivait un peu pour moi.
Du premier mot au premier pas,
Du plus beau sourire au plus joli dessin,
Tout m'était offert
Et je tremblais déjà
Car elle était tout pour moi.
Et puis, un soir de novembre,
Tu me l'as reprise.
De la vie, tu as fait la mort,
De l'amour, le désespoir,
Et depuis, je ne crois plus rien !

Monique W.

## II. LA FOI DEVIENT UNE AIDE

Pourtant, par certains côtés, à certains moments fugitifs, la foi va faire naître des petites lumières dans le cœur des parents en deuil.

### 1. FOI EN UNE VIE APRÈS LA VIE

La foi en une vie après la vie permet de considérer la mort comme un simple passage, qui débouche sur une vie différente. La séparation des parents d'avec leur enfant est provisoire et, un jour, ils le retrouveront.

> La foi nous aide à surmonter une si cruelle épreuve. Élodie est vivante, elle est bien, elle vit dans un monde de lumière et de paix. Notre séparation n'est que provisoire, elle nous attend et nous nous retrouverons et nous serons à nouveau réunis.
>
> Jean-Michel et Marie-Agnès.

Pour les parents d'Élodie, le besoin de confirmer leur foi a été très fort.

> Après la mort d'Élodie, bien que nous ayons la foi, nous avons éprouvé le besoin d'aller voir un médium, et nous avons la certitude qu'Élodie est heureuse. Elle rayonne de bonheur.
>
> Jean-Michel et Marie-Agnès.

De nombreux parents les suivent dans ce type de démarche, ne retrouvant plus leurs repères dans une foi ébranlée par la mort.

Cependant, la foi, et en particulier le mystère de la Résurrection du Christ, permet à certains parents de supporter des situations insupportables.

Dans ma commune, il y a une petite Myriam, qui est née à deux heures d'écart de David, dans le même hôpital. Je la vois grandir, elle est dans la même classe que Christophe (en campagne, les classes sont uniques), ça, c'est le plus dur à vivre. Qu'elle est belle, Myriam ! Une fois, je me suis évanouie en la voyant. Maintenant, je vais la voir, je l'ai gardée, je l'ai gâtée. Il n'y a que dans la foi et dans le mystère de Dieu qui a donné son Fils fait homme et ressuscité que je peux vivre cela. Il faut savoir sourire, c'est très dur.

Élise.

## 2. LA FOI, SOURCE DE PAIX ET DE SÉRÉNITÉ

Il y a une chose très difficile à comprendre, à accepter dans les premières années, c'est la souffrance physique et morale épouvantable, et cela à l'aube d'une vie humainement pleine de promesses.

La seule réponse pour moi fut la lecture du livre de Job. Pour mon mari aussi. Il voulait garder espoir, ce qui lui permettait peut-être de parler plus aisément à son fils (je ne crois pas qu'il l'ait lu avant la mort de notre fils). Mais j'avais donné à Alban l'Évangile selon saint Jean, car nous sommes catholiques et lui avait une foi active et rayonnante. Il l'a relu et me l'a dit.

Bien que nous lui ayons menti sur la nature de son mal, lorsque l'heure fut venue, il demanda à partager une hostie avec nous, disant : « Communier seul n'a pas de sens. »

Alors, peu à peu, une certaine paix, venue de la certitude qu'il avait quitté le monde pour la vie qui n'a pas de fin, est venue remplir notre cœur. Il semble que Dieu l'ait rappelé lorsqu'il était pur et proche de Lui. Je crois que pour tous ceux qui souffrent de la mort d'un jeune enfant, c'est là aussi l'apaisement ; il est uni à Dieu, et veille avec les saints sur nous.

Mme Z.

Je ressens au fond de moi une zone de paix profonde que rien ne peut plus altérer. J'ai appris que dans les pires épreuves il y a le soutien de la prière, de l'amitié, la grâce qui correspond à notre confiance. L'épreuve nous donne l'occasion de nous dépasser, de progresser en faisant face avec courage à l'adversité.

Nous sommes tous appelés un jour à quitter cette terre pour une nouvelle vie. J'ai la certitude qu'Annick et tous ceux que nous avons aimés et qui nous ont quittés sont vivants, qu'ils nous attendent quand ce sera notre tour de les rejoindre. La famille se retrouvera réunie dans une autre vie où il n'y aura plus de larmes et de souffrances, mais la joie de Dieu.

Lily.

### 3. LA NOUVELLE PRÉSENCE DE L'ENFANT

Cette paix est sans doute liée à la perception de la présence vivante de l'enfant dans la famille, vivante mais différente.

La mort est-elle l'absence ? Physiquement, bien sûr, et... toujours... toujours... quel que soit le processus... brutalement. C'est ainsi que tout d'un coup l'absence envahit notre vie, s'exprimant par des périodes de révolte ou de refus... Même si la foi put aider certains d'entre nous. Comme on voudrait pouvoir l'exprimer à celui qui vous aimerait assez pour comprendre...

C'est ainsi que, nous chrétiens, à l'image des israélites interpellant Yahvé dans leurs psaumes, nous nous adressons parfois à notre Dieu : « Seigneur, pourquoi as-tu repris cette jolie jeune fille ? » Réaction primaire peut-être, car la mort fait partie de la vie, mais en fait c'est un dialogue amical qui s'effectue.

Cependant, l'absence est toujours là. Les photos, les souvenirs évoqués essaient de la combler, et Dieu sait la preuve d'amitié qui consiste à envoyer à celui qui souffre une photo ou quelques expériences de l'être aimé.

Puis, petit à petit, cette absence change de visage. Elle devient plus positive, nous apprenons à retrouver notre enfant.

Si la vie consiste à aimer et à être aimé, comment pourrions-nous vivre sans cette enfant que nous avons aimée, que nous aimons ? Sans cette enfant qui nous a aimés et qui nous aime encore ? L'amour ne peut pas passer. Nous sentons bien obscurément que l'amour, d'où qu'il vienne et où qu'il aille, a visage d'éternité. Combien plus celui qui nous lie à l'être cher.

Mais alors, comment retrouver notre enfant ?... Certes, ce n'est plus l'Annie que nous avons connue et, pourtant, si... ! Son sourire reste mystérieusement présent... son regard. Mais en fait c'est l'amour qui nous a liés qui reste présent.

Nous nous rappelons telle délicatesse de notre fille à notre égard, telle marque d'amour... au-delà et parfois dans des mouvements d'humeur.

Alors, comment ne pas la remercier, ne pas lui dire que nous l'aimons, ne pas lui parler de ses frères et sœurs que nous aimons ensemble ? Comment ne pas la rejoindre dans l'amour universel du Père qui l'enveloppe de sa tendresse ?

L'Annie retrouvée autrement, comme une amie, une confidente. Idéalisée ? Oui, sans doute, mais c'est Annie avec son caractère pas toujours facile, dû à ses exigences envers les autres, mais aussi tellement envers elle-même dans sa recherche d'absolu. Nous la retrouvons tout auréolée d'amour dans cet absolu qu'elle vit.

Ce n'est plus la même Annie, et c'est la même... plus belle !

Yvonne et Daniel.

Stéphane nous a précédés sur l'autre rive, il est juste devant nous, il nous attend, et c'est vers lui que je m'efforce d'aller plutôt que de me retourner sans cesse vers le passé où il n'est plus. Chaque jour qui passe me rapproche de lui, et je sais qu'il sera présent pour m'accueillir le jour de ma mort.

Thérèse.

Lorsque l'enfant a parcouru lui aussi un chemin spirituel, ses parents sont aidés par la lecture de ses écrits, qui nourrissent alors cet état de paix qui naît de la foi partagée avec leur enfant.

> « Lucie, l'aînée de nos quatre enfants, nous a quittés brutalement en octobre 1989, à l'âge de 25 ans, d'un arrêt cardiaque lors d'une baignade en mer. Enfant comblée de dons, elle avait tout pour réussir, et elle voulait réaliser tant de choses ! Nous étions loin de penser que son itinéraire serait aussi court.
>
> En 1986, elle avait écrit cette phrase, tirée d'un carnet de bord : « ... Alors, tu pourras être un passant dont les actions participent à l'évolution du monde des hommes, et à l'Esprit qui les rassemble. » Nous la retrouverons. Nous nous sommes aimés en ce monde, et cet amour fait partie maintenant de son Éternité, mais aussi de la nôtre.
>
> Et, depuis son départ, c'est une autre relation avec elle que nous apprenons peu à peu et, si nous sommes attentifs, nous pouvons percevoir sa présence par une multitude de signes — de clins d'œil, pourrait-on dire parfois.
>
> En effet, il nous arrive de ressentir particulièrement cette relation de cœur à cœur, et, si nous savons les découvrir, les messages qu'elle nous transmet au travers de rencontres ou d'événements qui jalonnent notre vie quotidienne. L'entourage amical, affectueux et fidèle de ses amis de tous âges y contribue largement. Nous avons aussi le bonheur de lire et de méditer les écrits de Lucie[1] : ses poèmes, ses réflexions, son cheminement spirituel.
>
> Évidemment, il nous est difficile de vivre cette séparation humaine, et nous avons l'un et l'autre, ainsi que nos enfants et nos proches, des moments d'accablement, mais nous désirons, au-delà de cette épreuve, croire à la vie.
>
> Oui, Lucie est vivante en Dieu. Notre foi et notre espérance nous donnent la force d'attendre nos retrouvailles dans l'Éternité.
>
> Jean-Pierre et Thérèse.

---

1. Delobette Lucie, *J'entends le ciel rêver.*

Les frères et sœurs de l'enfant expriment eux aussi cette conviction.

Pascal,
Tu es parti pour
Le royaume des cieux.
Certes
L'on ne te voit plus,
L'on n'entend plus
Le son de ta voix
Si douce et chaleureuse.
Mais chacun garde dans son cœur
Ton image avec ton sourire de bonheur
Et, pour nous, tu seras toujours vivant.

Nicolas (10 ans).

15 septembre 1984, Emmanuel est entré dans la gloire du Père.

Aujourd'hui, Seigneur, je ne viens pas te prier ou te rendre gloire comme je l'ai fait dans toutes mes prières auparavant car, aujourd'hui, Seigneur, j'ai fait un grand pas dans ma vie qui est si petite par rapport à la tienne. J'ai appris ce que c'était que la mort, ce mot qui qualifie un être ou un animal que l'on ne verra plus physiquement mais intérieurement, ce mot qui fait peur à tant de gens et même à moi, parfois.

Il y a près de huit mois maintenant, tu as emmené dans ta gloire Manu, qui avait vécu quatorze ans avec moi, en acceptant ou en refusant les joies ou les peines vécues avec nous.

Je sais, maintenant, qu'il y a une petite étoile qui s'est détachée du rang, pour aller briller dans un endroit que personne ne connaît. Je sais aussi que, quand ce sera à notre tour de s'en aller, cette petite étoile nous guidera sur le chemin du passage de la mort à la vie. Ce passage, qui me paraissait si dur à franchir mais qui, maintenant, me semble si facile à vivre ou à passer.

Je sais que je peux partir sans crainte car là-haut, dans l'autre monde, on m'accueillera à bras ouverts et je pourrai enfin voir Dieu.

Marie-Pascale (12 ans et demi).

Moi aussi je parle souvent à ma petite sœur. C'est ma façon à moi de prier. Dieu est abstrait, pas Géraldine.

Mais je ne vais pas sur sa tombe. Je suis sûre qu'elle vit ailleurs et autrement. Depuis qu'elle est partie, quand quelqu'un a des problèmes autour de moi, je ne peux pas m'empêcher d'aller à son aide, d'être solidaire, de faire quelque chose. Cela, c'est grâce à Géraldine, et je le lui dis tout le temps.

Gwendoline (14 ans).

## 4. L'AIDE DES ÉCRITURES

Les Écritures (la Bible et les Évangiles) sont une mine de trésors pour les parents chrétiens, et les aident à cheminer dans leur deuil et dans leur foi. C'est à la relecture de ce qu'ils ont vécu avec le Christ que ses apôtres apprennent à le reconnaître, et c'est aussi à la relecture de leur vie avec leur enfant que certains parents apprennent à donner un sens à leur épreuve.

Après la Résurrection du Christ, ses amis ne le reconnaissent pas ; des signes, c'est-à-dire des gestes qui relient au passé, permettent tout à coup cette reconnaissance : « Marie !... » « Voici mes mains et mes pieds... » La pêche miraculeuse, le partage des poissons (au bord du lac). Le pain rompu donné aux pèlerins d'Emmaüs. De même que le coq avait chanté, Pierre s'était souvenu...

Dans la vie des hommes aussi, je crois qu'une telle lecture est parfois possible ; c'est ce que j'ai appelé des « signes ».

De tout temps, et malgré ses projets, j'avais dit d'Henri à certaines amies intimes qui me le rappelèrent : « J'éprouve un étrange sentiment au sujet de cet enfant, il me semble qu'il est dans la main de Dieu, sans que je sache ce que cela veut dire. »

En effet, contrairement à nos autres enfants, son avenir m'était toujours apparu mystérieux, incompréhensible, insaisissable : il aurait un destin particulier, imprévisible.

Je n'oubliais pas certaines paroles touchantes de son enfance, de son jeune âge adulte, mais je n'en parlais pas, « ... et Marie gardait toutes ces choses dans son cœur ».

Lorsqu'il est parti à Polytechnique, son père et moi, chacun de notre côté, eûmes le sentiment qu'il partait pour toujours, sentiment étrange que nous nous confiâmes, troublés, l'un à l'autre.

Nous aurions voulu qu'il emportât quelque chose de la maison, de « sa » maison ; mais il n'avait besoin de rien, nous dit-il, l'École fournissait tout. Alors nous pensâmes à la trousse de toilette : « Achète-lui ce qu'il y a de plus beau », dit mon mari. Mais, même de cela, il n'en avait pas besoin.

Après l'accident, ses habits furent découpés et jetés ; il est mort nu, comme il était né, sans rien de nous.

Le temps détraqué : en vue de sa prochaine permission, je renouvelai sa chambre et garnis son lit d'un beau satin gris très clair, lumineux. « Pourquoi, dit sa sœur, as-tu mis un linceul sur son lit ? » A son frère aîné qui avait emprunté le blouson civil d'Henri, elle demanda : « Vous vous êtes déjà partagé ses affaires ? » Quand j'arrivai à la clinique, Henri dit faiblement : « J'ai soif. »

Toutes ces paroles me renvoyaient à des passages bien connus de l'Écriture, comme pour me les présenter en toile de fond. A l'hôpital, une large route sinueuse menait au service de réanimation. Par un petit chemin raccourci, on pouvait aussi y parvenir ; il fallait traverser le mur fendu par une porte étrangement étroite : un homme adulte ne devait pouvoir y passer que de biais. « ... Elle est étroite, la porte, il est resserré le chemin qui conduit à la vie ; et ils sont peu nombreux, ceux qui le trouvent... » (Mt. VII.)

C'était aux premiers jours de l'automne, un vent violent secouait les arbres et les feuilles tombaient en pluie. Dans une cassette, Henri chantait en s'accompagnant à la guitare : « Les feuilles mortes se ramassent à la pelle, les souvenirs et les regrets aussi,... mais la vie sépare ceux qui s'aiment, sans faire de bruit... » Je ne voulais pas écouter cette cassette, c'était comme du mauvais mélo.

Me revenait en mémoire un beau chant appris jadis en

italien : « *Se il frutto è maturo...* » : Si le fruit est mûr, il se détache de l'arbre. N'étais-je pas — n'étions-nous pas — cet arbre dont le fruit mûr doit être détaché ?

Quelque temps après, je méditai la parabole du semeur : « ... Et il disait : Il en est du royaume de Dieu comme d'un homme qui aurait jeté du grain en terre : qu'il dorme ou qu'il se lève, nuit et jour, la semence germe et pousse, il ne sait comment. D'elle-même la terre produit d'abord l'herbe, puis l'épi, puis plein de blé dans l'épi. Et quand le fruit s'y prête, aussitôt il y met la faucille, parce que la moisson est à point... » (Mc IV, 26-29.)

Plus tard, bien plus tard, je relus souvent le psaume 131 (130) :

*Yahvé, je n'ai pas le cœur fier,*
*ni le regard hautain.*
*Je n'ai pas pris un chemin de grandeurs*
*ni de prodiges qui me dépassent.*
*Non, je tiens mon âme en paix et en silence ;*
*comme un petit enfant contre sa mère,*
*comme un petit enfant, telle est mon âme en moi.*
*Mets ton espoir, Israël, en Yahvé*
*dès maintenant et à jamais !*

Mais pourquoi ces versets ne s'impriment-ils pas d'eux-mêmes dans ma mémoire ? Pourquoi suis-je toujours obligée de les rechercher ? N'est-ce pas encore une résistance inconsciente ?

Mme T.

Ce qui m'a le plus touché, c'est l'attitude de Jésus lui-même, quand il est amené devant son ami Lazare, mort. Il se mit à pleurer. Lui, le Fils de Dieu, pleurant la mort de son ami ! Faut-il que la mort d'un ami soit quelque chose d'insupportable pour que le Fils de Dieu en pleure... Il ne passe pas son temps à consoler la famille de Lazare ou à dire : « Vous verrez, je vais arranger cela, il sera heureux au ciel... » Non, Jésus pleure devant la mort de son ami.

Oui, cela m'a aidé de savoir que d'autres refusaient la mort de Thomas, parce qu'elle était la victoire du Mal sur un petit, un gâchis de tout ce qu'il y avait en lui de richesses, un raté insupportable dans le projet de Dieu.

Dominique L.

« Si le grain ne tombe en terre et meurt, il ne portera pas de fruit. » Huit ans après la mort de notre Géraldine, nous pouvons toucher du doigt la moisson de germes de vie nés de sa mort : notre vie de couple si intense et si comblante, notre foi renouvelée et exigeante, nos relations plus justes et plus vraies avec nos autres enfants, nos capacités d'amour débordant le cadre de notre famille et de nos amis pour se mettre au service de ceux qui souffrent de la maladie au sein de l'association « Choisir l'Espoir ». Oui, la moisson est abondante, même si le chemin qui nous reste à parcourir est encore long. Nous ne nous sentons jamais seuls puisque Dieu et Géraldine cheminent à nos côtés !

Patrice et Annick.

### 5. L'AMOUR, SOURCE D'ÉTERNITÉ POUR L'HOMME

Au-delà des « signes », on voit poindre un peu à la fois la notion d'éternité et la certitude, en tout cas, que l'amour est éternel, qu'il est une des seules valeurs qui vaut que l'homme se batte et lutte pour la vie. Cette constatation rassemble à la fois les grands-parents, les parents et les frères et sœurs de l'enfant mort.

Il nous a semblé que nous avons pris conscience de façon éblouissante de la relativisation de beaucoup de nos valeurs quotidiennes. Nous perçûmes que l'autre vie avait bien commencé dès ici-bas dans l'amour pour cette petite-fille adorée, et se continuerait au-delà de la vie terrestre dans l'amour.

Nous avons vu l'unité familiale se resserrer. Souvent, l'impression prévaut maintenant que Géraldine aide les siens.

Nous savons que bien des merveilles du cheminement de notre petite-fille Géraldine ne s'expliquent, comme d'ailleurs notre cheminement, que par la présence d'un Autre, son amour et sa grâce.

Il nous est apparu avec évidence que le support des amis a été essentiel pour nos enfants, douloureusement atteints dans leur chair.

Notre petite-fille aimait chanter : « Toute ma vie, je chanterai pour toi, Seigneur. » Sans doute nous demande-t-elle de rendre grâces et de le faire sur terre à sa place.

Mais nous savons aussi que les grands-parents qui n'ont pas la joie rassurante de croire disent eux aussi : « Nous aidons nos enfants dans la peine comme nous avons essayé de le faire durant toute leur jeunesse. Ils ont besoin de notre aide et de notre présence. Ils savent que nous sommes tristes, cassés, bouleversés, mais ils nous sont reconnaissants de ne pas le leur dire, car la compassion et l'étalage de sentiments ne sont pas le lot des parents et démolissent le courage des enfants. »

Merci, Géraldine, de tout ce que tu nous as apporté et apportes encore.

Guite et Roger, grands-parents de Géraldine.

« *... Tel un petit enfant candide, j'exècre la souillure. Ce monde m'a montré trop de choses, de vérités, pour que je puisse rester ici, à atteindre l'inaccessible. La fuite est ma seule raison. Fuir là-bas, vers un monde où toute chose est belle. Le mal d'ici m'est insupportable. Mourir plutôt que de moisir...*

« *Entre le Bien et le Mal, Dieu et les hommes, la nature et tout autre monde, je n'ai rien pris. Je ne choisis que ma vérité...*

« *Ne vous laissez pas détruire par ce que pourrait reconstruire mon acte libérateur...*

« *Souvenez-vous d'aimer. Vivre pour aimer. Aimer pour mourir, aimer pour souffrir. Éternel ballet du désir et de la mort : éternelle perversité qui crée le charme de tout. Mon visage triste n'est que la beauté de ma vie. Ma tristesse est mon bonheur. Merci de votre amour et de votre complicité rassurante.*

« *A plus tard...* »

Extraits de la lettre écrite par Benjamin
à ses parents avant de les quitter.

Oui, à plus tard, mon petit gars. Et merci de nous avoir écrit avant de nous quitter pour toujours — enfin, pour toujours, tout au moins sur cette terre. Car, au fil des jours, à mesure que nous nous installons dans notre deuil, il me semble percevoir l'aube d'une vie éternelle, mi-croyance en Dieu, mi-attirance vers ces merveilleux nuages dont tu nous as parlé ; je ne sais pas bien encore.

Mais, certains jours, je te cherche, et je te trouve, mystérieuse présence au fond de mon cœur, toute petite résurrection... D'autres jours, je me débats dans ma souffrance et je ne sais plus à qui je dois me vouer... ni à Dieu ni à diable... ? Alors, à ces moments-là, les plus fréquents, hélas, je me persuade que le ciel est à tout le monde... et je suis heureuse de me faire ta complice, c'est-à-dire que, sans t'approuver, je te comprends. Je te gronde terriblement. Et, en même temps, je t'ouvre les bras. Tu sais bien, la parabole de l'enfant prodigue... ou celle de la brebis perdue.

Ici, nous nous battons contre nous-mêmes, dans la discrétion, dans la pudeur de nos sentiments souvent, mais nous nous battons pour la vie et pour l'amour de la vie, car nous avons aussi parié sur la vie.

Colette.

## III. LE DEUIL FAIT GRANDIR LA FOI

### 1. MISSION DES PARENTS CHRÉTIENS

Une chose est claire, la démarche de foi ne peut plus être identique avant et après la mort de l'enfant. Le parent chrétien ne se satisfait plus d'à-peu-près dans le domaine de sa foi ; il sent en lui un immense besoin de chercher, de creuser, de fonder sa foi sur de nouvelles bases, et c'est la mort de son enfant qui va le mettre en route sur ce chemin d'approfondissement.

La vie, c'est ambigu ; il y a des jours où on n'a plus envie de vivre, et des jours où on se dit que l'on n'a pas le droit d'avoir perdu cette envie.

Julie a pris toute ma capacité d'aimer, je ressens moins l'affection que j'ai pour les autres enfants, et je me tourne vers celui que j'ai perdu.

J'adore mes enfants, mais je ne le ressens plus. Ne plus pouvoir la toucher, l'embrasser, la voir, c'est cruel. Notre expression de l'amour avec un petit enfant passe par des gestes ; ce que je ressentais après sa mort, c'est tellement fort que j'avais l'impression que le monde entier allait changer ; en fait, la vie reprend et rien ne se passe. Mais la vie ne peut pas reprendre comme avant pour nous.

Il faut repartir sur de nouvelles bases. Après la mort d'un enfant, on est en recherche comme si cet enfant nous poussait à chercher un sens à la vie. Julie nous pousse à aller vers Dieu. Quand je prie, je m'adresse à Julie. Il y a toujours le doute, on se demande toujours si on ne fait pas fausse route.

Julie m'a beaucoup aidée. C'est un peu comme si elle s'était introduite dans mon cœur et dans mon esprit et qu'elle m'avait travaillée. Elle m'a donné la foi.

C'est vrai que j'attends des signes concrets et qui n'ont pas été ceux que j'espérais. On a envie de trouver un sens à sa vie.

Après la mort d'un enfant, ou on choisit la mort et alors on se suicide dans un élan, ou on choisit de continuer à vivre et alors il faut trouver un sens à sa vie.

Il est impossible de rester des morts vivants.

Quand on a perdu un enfant, on est en recherche de la vérité fondamentale, essentielle. Ce qui me guide, c'est la recherche de ma petite fille ; pour la retrouver, je veux trouver le bon chemin. Je veux être sûre de ne pas me tromper.

Je suis partagée entre le fait que je n'ai plus d'intérêt pour tout ce qui fait la vie courante, que je suis attirée par le spirituel à la recherche de l'essentiel et le fait que je me rends compte aussi que tout ce qui a fait ma joie avec Julie, c'était mille petits riens, que la vie est tissée de mille petits détails, et que c'est là qu'il me faut retrouver l'envie et la saveur de vivre.

C'est difficile d'accepter le temps de la souffrance et pourtant je sais qu'il faudra du temps, mais cette souffrance elle creuse, elle décape.

C'est peut-être parce qu'on a cette souffrance toujours au fond du cœur et qu'elle ne cesse jamais que l'on change, qu'on est en recherche, que l'on se met en route. Autrement, on s'endormirait.

Monique W

## 2. L'ENFANT REDÉCOUVERT COMME GUIDE

Dans un article publié dans *France catholique* du 10 mars 1989, un journaliste interrogeait Gilberte Niquet, auteur de *la Mort espoir*[1] : « Et la mort de l'enfant ? Une mère qui met au monde un enfant condamné et s'attend chaque jour à le voir mourir, et qui révoltée s'écrie : “ Pourquoi les médecins ne m'ont-ils pas fait avorter ? ” Que peut-on lui répondre ? »

Elle lui répondait : « Je pense que ces enfants qui meurent jeunes sont des messagers parmi nous, mais qu'on ne sait pas toujours les entendre. Tout ce qu'on peut lui dire, à cette mère, c'est que si elle veut bien ne pas haïr la vie, son enfant sera pour elle le plus merveilleux des guides. La malformation de son enfant est le tribut du système de finitude de la condition humaine. »

Avec l'aide de leur « guide », avec ce nouvel intermédiaire privilégié entre Dieu et eux, les parents se mettent donc en route vers une redécouverte de leur foi. Des passages de l'Écriture prennent tout leur sens.

En vivant avec Géraldine ces moments douloureux, l'Évangile a repris tout son sens pour nous : « Si vous ne redevenez comme des petits enfants, vous n'entrerez pas dans le royaume des cieux ».

---

1. *La Mort espoir, enquête sur l'au-delà,* « Vie des hommes », Nouvelles Cités, 1988.

Géraldine se savait attendue par Jésus. Elle en parlait comme d'un ami qu'elle allait rejoindre dans la paix et la sérénité. Nous avions choisi avec elle l'Évangile qui allait devenir celui de sa messe d'enterrement. Un texte de saint Jean où le Christ dit qu'il est « parti préparer notre place à chacun et qu'il reviendra nous chercher ».

Nous avions l'impression dans ces moments-là que notre petite fille était notre adulte dans la foi et qu'il nous faudrait retrouver ce cœur d'enfant. A nous de nous laisser guider par elle.

Annick.

Petit à petit, l'enfant est perçu comme celui qui appelle à croire, comme un guide vers une vie plus centrée sur Dieu.

Annick nous a quittés il y a vingt-deux ans, un an jour pour jour après la découverte de son mal, une tumeur très grave au genou.

Nous étions préparés à son départ depuis le début et, la voyant décliner, nous étions partagés entre le désir de la garder le plus longtemps possible auprès de nous et celui de la délivrance de tant de souffrances. Elle est morte très sereinement, remerciant le Seigneur de ce qu'il avait fait pour elle durant sa vie, me promettant d'aider ceux qui le lui demanderaient, ce qu'elle n'a jamais cessé de faire depuis.

Ses derniers mots ont été : « Maman, Il est là, Il est là. »

Lily.

Géraldine est aujourd'hui notre devenir. Elle est en avant de nous et nous montre le chemin. Nous ne l'oublierons jamais nous disant, parlant du paradis où elle partait : « De là-haut, je vous regarderai », et nous essayons de faire en sorte qu'elle puisse toujours être fière de nous.

Annick.

Notre foi nous a également beaucoup aidés. Moi, personnellement, je suis persuadée que Gauthier est vivant et qu'il nous attend. Il nous a précédés, et c'est lui maintenant qui nous guide et nous montre la voie de la vraie vie. Nous sommes unis à jamais.

Maryvonne.

Il est important de faire allusion, dans cette rubrique, à une dérive fréquente : pour certains parents, l'enfant n'est plus seulement un guide, mais devient une sorte de gri-gri, de talisman qui les protège de manière magique des dangers et des épreuves de cette vie, et à qui ils attribuent systématiquement tous les événements heureux qui leur arrivent.

Il me semble que, ce faisant, ils sortent du domaine de la foi pour entrer dans celui de la croyance, voire parfois de la superstition.

Ces deux domaines sont étrangers l'un à l'autre; s'engager dans le domaine de la croyance expose les parents à bien des désillusions et des déceptions, et risque de les conduire vers une certaine déresponsabilisation. C'est à eux de continuer à mener leur vie; elle n'est pas prise en main par leur enfant décédé.

La foi des parents grandit également grâce aux découvertes spirituelles que la mort de leur enfant leur permet de faire. A travers l'expérience de la croix, par exemple, ils cheminent vers une pauvreté et une humilité plus grandes et plus vraies.

Finalement, en analysant notre peine, nous avons trouvé un élément qui est, pour beaucoup je pense, dans toute douleur des parents; nous avions bien sûr à accepter pour lui cette souffrance physique, ce renoncement progressif à tout, mais comme lui-même nous l'avait dit après avoir vu *Love Story*, le plus dur est pour celui qui reste. Ses souffrances étaient terminées le 24 août. Nous commencions les nôtres : la mémoire qui tourne et retourne la plaie, l'espoir frustré de son avenir arrêté, ne plus avoir de fils (mais quatre filles tout de même — souffrance du père très forte).

Si nous acceptons la croix du Christ dans notre vie, c'est qu'il faut alors reconnaître qu'il nous a dépouillés ce jour-là de ce à quoi nous étions le plus attachés.

Dans toute douleur, il y a un regard de nous-mêmes sur nous, sur ce que nous croyons posséder, alors que tout est don pour le temps que Dieu veut bien. Il a fallu apprendre cette pauvreté-là pour retrouver la joie.

Mme Z.

Au cœur même de notre pauvreté, nous avons découvert combien elle était vitale dans notre démarche de foi.

La pauvreté et l'humilité nous ont conduits à la confiance, et nous ont permis de retrouver ce cœur d'enfant qui est premier dans la relation de l'homme à Dieu.

La souffrance et l'absence de notre fille, qui auraient pu nous éloigner de Dieu, ont donc été, au contraire, à l'origine d'une expérience spirituelle très riche.

Patrice et Annick.

En un éclair (mais après quel cheminement !), je compris qu'il faudrait que j'arrive à passer un beau jour « de l'humiliation à l'humilité ». Je compris que le chemin était encore long, long et rude... que je ne pouvais faire pousser mon herbe en tirant dessus... qu'il fallait laisser travailler le temps, et l'Esprit, qu'il fallait que j'accepte qu'il y ait des temps morts dans ma vie, que le grain soit mis en terre, et qu'il meure... (Je l'avais dit moi-même déjà, mais sans m'en apercevoir : « L'hiver doit être nécessaire... La vie a toujours le dessus, le dernier mot... Dans quelques mois, ce sera le printemps. ») Je compris qu'il me faudrait « une patience d'ange »... que ce n'était pas ma foi qui craquait, mais mes conceptions, mes sécurités..., qu'effectivement, après avoir vu la mort de près, j'allais sans doute changer totalement de l'intérieur, abandonner « le vieil homme », troquer le vêtement de deuil pour quelque chose de plus gai, ne plus croire comme avant. Je compris, en fait, que l'on est souvent en train d'approfondir la connaissance de Dieu sans le savoir...

Colette.

Certains aspects de leur foi qu'ils avaient laissés en sommeil ou ignorés leur sont révélés.

> J'ai réappris à prier la Vierge Marie, car j'avais l'impression qu'elle seule pouvait comprendre ce que je ressentais, puisqu'elle avait également perdu son enfant.
>
> Avant la mort de Géraldine, la récitation du chapelet ne m'attirait pas du tout, et m'apparaissait réservée aux personnes âgées. J'y trouve aujourd'hui une grande paix, et y ai recours de manière régulière, pendant mes temps de transport en particulier.
>
> Annick.

### 3. DIEU NE VEUT NI LA MORT NI LA SOUFFRANCE : L'HOMME EST LIBRE

Le point de départ de ce changement est souvent pour les parents le fait de comprendre que ce n'est pas Dieu qui a voulu la mort de leur enfant.

« Dieu est bon. Dieu a créé l'homme, mais l'homme peut être mauvais. »

> Je ne peux imaginer que Dieu ait voulu ce qui est arrivé, qu'Il ait voulu rappeler à Lui une enfant de 10 ans, détruisant ainsi une vie naissante.
>
> Non... C'est à cause de la violence et de la perversité d'un homme que Delphine nous a quittés. Un homme généré par la société tout entière, cette société qui ne sait pas protéger ses enfants.
>
> Croire... Ne pas croire... Peut-on croire que Dieu permette les crimes, les guerres ou les maladies ? tous ces fléaux qui frappent surtout les innocents ?
>
> Certains disent que c'est pour nous éprouver. Je n'en crois rien. Ce ne sont que des mots destinés à fournir une explication, une justification, et à éviter le doute et la réflexion.
>
> Alain.

Dieu s'interdit d'intervenir dans la vie de l'homme et celle du monde à la manière d'un Jupiter. Il choisit, par contre, d'intervenir par le biais de l'homme, lorsque celui-ci accepte de lui prêter ses bras. Sa toute-puissance est une toute-puissance d'amour. Or, accepter d'aimer, c'est aussi accepter de se mettre en état de dépendance et de vulnérabilité vis-à-vis de celui ou de celle que l'on aime.

Dieu se met volontairement en état de dépendance d'amour par rapport à l'homme. Il attend sa réponse. L'homme n'est pas une marionnette dont Il tirerait les fils, mais un être libre. C'est au cœur de cette liberté qu'il va pouvoir répondre aux questions que la vie lui posera.

> Nous n'avons progressé qu'à partir du moment où nous avons compris que Dieu n'était pas dans l'événement qui nous arrivait, mais bien dans le fond du cœur de l'homme, et en particulier dans le cœur de ceux qu'Il avait mis sur notre route tout au long de cette épreuve.
>
> Nous avons redécouvert aussi que Dieu ne peut ni ne veut rien sans nous, et que les hommes lui permettent de réaliser quelque chose sur cette terre. J'avais plus que jamais besoin de clarifier, de donner un sens à ma relation à Dieu. Je me rendais compte que l'éducation religieuse que j'avais reçue dans mon enfance ne résisterait pas à l'épreuve que nous étions en train de vivre.
>
> Je me suis mis en recherche, j'ai relu la Bible et de nombreux ouvrages de spiritualité, par exemple ceux du père Varillon[1]. Dieu m'est alors apparu sous un jour nouveau. J'ai compris que Dieu agissait en chacun de nous, en chaque homme. Son dessein est de laisser l'homme libre de construire un monde meilleur. Car ce monde est imparfait, inachevé. Les guerres, les injustices, les maladies en sont des signes.
>
> C'est à nous de donner un sens à cet événement qui semble ne pas en avoir.

1. Varillon François, *Joie de croire, joie de vivre*, éd. Le Centurion, 1982.

Au-delà de la mort de Géraldine, c'est Dieu qui agissait, nous faisait entendre son appel pressant pour que notre vie devienne vraiment une vie d'amour au service des autres, des plus pauvres surtout.

Patrice.

Dans la Bible, les parents ont la preuve que ce message de vie est adressé aux hommes par Dieu depuis l'origine des temps.

« Dieu n'a pas fait la mort, il ne se réjouit pas de voir mourir les êtres vivants. Il a créé toutes choses pour qu'elles subsistent. Ce qui naît dans le monde est bienfaisant, et l'on n'y trouve pas le poison qui fait mourir. La puissance de la mort ne règne pas sur la terre, car la justice est immortelle.

« Dieu a créé l'homme pour une existence impérissable, il a fait de lui une image de ce qu'il est en lui-même. »

*Livre de la Sagesse,* 1,13-15 ; 2,23.

Les parents chrétiens découvrent une relation plus personnelle à Dieu, aidés en cela par la médiation de leur enfant entre Dieu et eux.

La mort de Thomas a fait mûrir ma foi. Je croyais en un Dieu qui était réponse à mes questions (création, sens du mal, sens de la mort) ou en un Dieu source d'engagement. Je veux croire en un Dieu qui a souffert avec moi de la mort de Thomas. Je veux croire en un Dieu personne vivante qui m'accompagne, et la relation que je peux avoir avec Thomas est un peu celle que je cherche à avoir avec Dieu : une relation personnelle.

Je refuse un Dieu qui enverrait des épreuves pour nous faire grandir, surtout quand l'épreuve en question met en cause un autre que nous. Je refuse un Dieu qui donnerait en prime, avec l'épreuve, la grâce pour s'en sortir... Et ceux qui ne s'en sortent pas, n'ont-ils pas reçu de grâce ? Je crois au contraire que les gens qui ne s'en sortent pas et qui sont démolis, ce sont eux les préférés de Dieu.

Je refuse cette vision idéaliste de la mort des enfants : « un ange au ciel », une garantie de « vie réussie ». J'avais mis mon fils au monde pour qu'il le construise, et non pour le voir mourir avant moi. J'ai peut-être encore du chemin à faire.

Marielle.

La fête de Pâques et la célébration de la mort et de la Résurrection du Christ prennent un relief nouveau.

Ce long chemin de souffrances et de joies étrangement mêlées s'est terminé pour nous en pleine semaine sainte, le dimanche des Rameaux. Géraldine m'a dit : « Maman, je tombe », et je me suis entendue lui répondre : « Ma chérie, laisses-toi tomber dans les bras de Jésus, Il t'attend. » A partir de là, s'est ouvert pour nous un autre chemin de foi.

Pendant la phrase terminale de sa maladie, nous avions beaucoup navigué entre la croyance et la foi.

Nous étions très attirés par les faiseurs de miracles (guérisseurs des Philippines ou d'ailleurs, etc.) et nous espérions de tout cœur un miracle.

Nous étions fascinés par les lectures sur l'au-delà, les morts qui parlent aux vivants, etc., et avons lu beaucoup de livres sur ce sujet. Tout cela relève pour nous aujourd'hui des croyances, et c'est la mort de notre fille qui nous a fait basculer dans la foi, en nous faisant mourir à nous-mêmes et en nous permettant de découvrir l'essentiel.

Annick et Patrice.

Enfin, ce n'est qu'au cœur même de la foi et de la relation à Dieu que l'on peut envisager certains pardons extrêmement difficiles, voire impossibles, à donner humainement, ou tout simplement les remettre entre les mains de Dieu.

Dieu pardonne, moi pas...

Comment envisager le pardon sans trahir Delphine ? Personne ne peut accorder son pardon à la place d'un autre ; la victime, c'est Delphine, et elle seule a le pouvoir de pardonner le mal qui lui a été fait. Je n'en ai pas le droit, personne n'en a le droit. Il serait indigne de le prendre.

Ma souffrance depuis trois ans n'est rien en comparaison de celle de Delphine, de sa peur, de la minute ou de l'heure qu'elle a passée avec son meurtrier. Dieu et les hommes jugeront. Seuls Dieu et Delphine ont le pouvoir du pardon.

Alain.

### 4. LA SOUFFRANCE ET LA MORT DEVIENNENT FORCES DE VIE

Après avoir redécouvert un Dieu plus proche, puisqu'il a lui aussi fait l'expérience de la mort de son Fils, un Christ plus humain, puisqu'il a pleuré la mort de son ami Lazare, supplié son Père de lui épargner la souffrance de l'agonie au jardin des Oliviers, un Dieu vivant aussi puisqu'il est ressuscité et qu'il a vaincu cette mort qui a emporté leur enfant, c'est au cœur de leur foi que les parents chrétiens vont puiser la force de transformer la souffrance de l'absence en force d'amour, en force de vie.

A Pâques, nous nous disons qu'un membre de notre famille goûte à la joie éternelle. Pâques, c'est aussi le signe de l'éveil de toute notre famille à l'essentiel : l'important, c'est d'aimer. Je sais que Géraldine est aujourd'hui une force vive de vie en nous. Elle vit !

Avant de ressusciter, le Christ est mort. Il est passé par le vide, le trou, le précipice. A notre toute petite échelle, nous avons suivi le même chemin.

A Pâques, plus encore, nous prenons conscience que l'amour énorme que nous avons pour Géraldine ne pourra jamais mourir. Il est éternel, comme l'amour du Christ.

C'est le cadeau le plus fou que nous a offert Géraldine.

Patrice et Annick.

Où te chercher, Julie, sinon auprès de Dieu ?
C'est par toi que je vais vers Dieu,

C'est mon amour pour toi qui me pousse vers Lui.
L'Amour a pour moi visage humain.
Celui d'une petite fille de 6 ans,
Ma petite fille, ma petite Julie.
Était-il dit depuis toujours que c'était toi
Qui nous mènerais sur le bon chemin ?
Fallait-il que tu meures pour que nous vivions ?
Cette idée m'effraie, me révolte,
Et pourtant, si c'était toi qui nous attendais ?

Mon Dieu, fais de mon désespoir une force d'amour, mais ne le laisse jamais s'éteindre doucement dans la tiédeur des habitudes ou dans l'usure du temps. Qu'il soit toujours aussi vif pour que, jamais, je ne m'endorme. Car mon chagrin me lie à Julie, m'enchaîne à elle, et je voudrais que ce soit pour toujours.

Je ne te trouvais pas parce que je te cherchais derrière, alors que tu es devant.

Monique W.

La mort de leur enfant devient alors un appel, non pas à trouver un sens à cet événement ou à trouver un sens à leur vie, mais bien à lui « donner » un sens.

Au-delà de la mort de Géraldine, Dieu nous faisait entendre son appel pressant pour que notre vie devienne vraiment une vie d'amour au service des autres, de ceux qui souffrent surtout...

Le cadeau le plus formidable que nous a fait Géraldine, c'est de nous apprendre à aimer et à vivre. J'ose le dire, la mort de notre fille a été, et est pour nous, une école de vie extraordinaire. Elle nous a permis de redécouvrir et de savourer la vie sous le regard de Dieu.

Patrice et Annick.

Dans un chapitre éclairant de son livre : *Souffrance, bonheur, éthique, conférences spirituelles,* Xavier Thévenot développe cette idée. « Devant l'épreuve, la question à poser n'est donc pas : “ Quel est LE sens de cette épreuve ? ", mais " Comment donner sens à ma vie malgré le non-sens qu'y fait pénétrer cette épreuve ? ".

« La signification des moments de mon existence, ce n'est pas une chose qui existe indépendamment de moi, c'est une réalité qui se construit par un double mouvement. Tout d'abord, un mouvement de prise en compte et d'accueil de toute la réalité qui m'entoure... Ce premier mouvement est en quelque sorte celui de la passivité. Mais il est un deuxième mouvement, celui de l'activité, voire du combat... Transformer le " chercher LE sens " en " donner sens ", c'est redevenir auteur — mais non seul maître — de son histoire[1]. »

Les parents n'acceptent ni ne justifient le mal grâce à leur foi, mais elle leur permet de « vivre avec » et d'en faire également une force de vie. C'est cette découverte qui rend la vie plus dense, et lui donne sa dimension d'éternité dès aujourd'hui.

> L'essentiel pendant l'accompagnement de Géraldine a été pour nous de l'aimer de tout notre cœur, et jusqu'au bout de nos forces physiques. En l'aimant, nous lui avons donné sa dimension d'éternité, car il nous semble que seul l'amour survit à la mort.
>
> Mais cela ne nous empêche malheureusement pas de nous noyer à nouveau dans l'accessoire comme tout le monde quand nous nous laissons reprendre par le rythme de la vie.
>
> Nous sommes sûrs que l'éternité est aujourd'hui, et pas dans un hypothétique demain... Chaque moment d'amour, chaque acte d'amour est un moment d'éternité. La mort n'est pas si différente que cela de la vie. C'est une autre dimension de l'amour que nous ne pouvons pas imaginer. L'amour est toujours une mort à soi-même, et en ce sens la mort accompagne un peu toute la vie.

---

1. Thévenot (Xavier), *Souffrance, bonheur, éthique, conférences spirituelles*, éd. Salvator, 1990, p. 29.

Par ailleurs, la mort de notre enfant a fait perdre toute signification au mot « temps ». Le temps écoulé depuis son décès n'a plus ni la même valeur ni la même consistance, et il semble « écrasé » : un jour peut paraître un siècle, mais dix ans peuvent sembler n'avoir duré qu'un jour.

Cette notion de temps dilué nous introduit peu à peu à la notion d'éternité, qui n'est plus liée à nos repères habituels.

C'est là une des expériences spirituelles auxquelles nous introduit notre enfant, en ouvrant nos cœurs à des réalités mystérieuses.

Annick et Patrice.

Enfin, leur foi replace aussi les parents chrétiens face à leur mission. A la naissance de leur enfant, ils ont demandé le baptême pour lui. Le baptême, c'est cette introduction dans la communauté de ceux qui croient en Dieu et en son fils Jésus-Christ, et qui sont réunis dans l'Église. C'est l'affirmation aussi de la foi en une vie qui ne finit pas, une vie éternelle.

Quand nous avons appris que Géraldine était condamnée, je me suis rappelée que, lors de son baptême, j'avais demandé pour elle la vie éternelle, et je m'étais engagée à la guider vers Dieu et à Le lui faire connaître.

J'étais donc au pied du mur, et ce qui m'était demandé aujourd'hui, c'était de lui tenir la main jusqu'au « grand passage », de répondre à toutes ses questions et de lui permettre de rencontrer Jésus comme un ami qui l'attendait.

J'avais l'impression d'être écrasée par cette tâche, et j'ai été heureuse d'être secondée, voire portée à certains moments dans cette démarche par un ami dominicain. « Tonton Lucien » a révélé à Géraldine l'amour du Père pour elle. Nous n'aurions pas pu le faire seuls.

Annick et Patrice.

Dépossédés comme Job de la vie dont ils croyaient être propriétaires, les parents chrétiens cherchent et trouvent dans la Bible et les Écritures les preuves que, depuis l'origine des temps, Dieu crée pour son peuple un chemin à travers la mort.

La souffrance et la mort demeurent un mystère, mais les parents chrétiens redécouvrent qu'ils ont raison de croire à cette résurrection que Dieu leur promet, puisqu'il l'a déjà accordée par amour à son propre Fils, et petit à petit, dans la prière, ils se sentent aimés de Dieu, après avoir cru être abandonnés par lui. A la lumière de l'amour qu'ils ont pour leur enfant, leurs relations filiales à Dieu Père leur sont aussi révélées plus pleinement.

Ils savent maintenant que l'absence de leur enfant n'altère en rien la qualité de l'amour qu'ils lui portent. Cela leur permet d'entrevoir qu'ils sont aussi capables d'apprendre à aimer un Dieu qui semble « absent », et qu'il n'est pas nécessaire de voir ou de toucher pour croire.

La mort et l'absence peuvent introduire à une vie spirituelle plus dense et plus vraie, mais il faut compter sur le temps et la patience pour que s'accomplisse le chemin, et ne jamais oublier que la foi est un don qui se reçoit, et non quelque chose que l'on peut trouver par soi-même.

## CHAPITRE X

# Itinéraires de parents

Vous trouverez dans ce chapitre des témoignages retraçant le chemin de certains parents dans des situations très différentes, qui n'ont pas toutes pu être développées en détail dans ce livre : la perte de plusieurs enfants, la perte d'un enfant pour un parent seul, la perte d'un enfant malade, la perte d'un enfant assassiné, et des témoignages de papas.

## I. RENÉE, MAMAN DE BLANDINE, PATRICK ET ANNE

### 1. J'AI PERDU DEUX ENFANTS

« Perdre un enfant, c'est inhumain, il n'y a rien d'autre à dire; du moins, c'est le seul terme qui me semble convenir pour exprimer la détresse que représente la mort d'un enfant. Blandine est morte à 1 jour. Patrick s'est suicidé à 31 ans. Blandine était la huitième de nos neuf enfants. Patrick, le quatrième. Cette chaîne d'enfants, c'est merveilleux. Je les aime très profondément, mais ceux qui sont morts laissent un vide.

» Je n'ai pas vu mes enfants morts, du fait des circonstances mais non de mon vouloir. Ce que j'ai su d'eux morts, je l'ai su par les autres, et j'ai su ce qu'était la confiance pour penser : “ Ils étaient donc ainsi. ” Je n'ai jamais vu Blandine, je l'ai connue *in utero*, de ces liens uniques entre la mère et l'enfant. Mais Jean, son père, m'a dit : “ Elle était comme les autres ”, et, avec une infinie tendresse, je l'imagine, petite figure rougeaude et crâne aussi nu qu'une coquille d'œuf. De Patrick qui s'est pendu, Monique, notre fille aînée, m'a dit : “ Tu sais, il avait un visage reposé, calme, presque un sourire à la commissure des lèvres. ”

» La mort d'un enfant, c'est un choc qui traumatise profondément, c'est-à-dire jusque dans l'inconscient. Il y a des choses qu'on ne supporte plus, on ne sait pas pourquoi. Depuis Blandine, le tic-tac d'un réveil, d'une pendule, m'est insupportable ; depuis Patrick, mon sommeil n'a jamais encore retrouvé cette espèce d'innocence qui le rend si doux.

» On parle peu de la mort d'un nouveau-né ; votre entourage est plein d'une chaleur amicale pour consoler : “ Il n'a pas vécu. ” “ Il y a les autres. ” Il y a une certaine solitude, même dans sa propre famille, pour vivre cette mort “ sans importance ”, et c'est réaliste de le dire.

» Un enfant arrivé à l'âge adulte qui se suicide, c'est la stupeur, c'est l'acte irréparable, c'est le geste qu'on n'a pas pu empêcher, c'est la preuve de ses limites dans son amour maternel, ou dans l'amour tout court, c'est l'interpellation de la mort même.

» La mort d'un enfant, c'est l'épreuve du couple. A la fois, on se soutient, à la fois, on vit cette solitude existentielle parce que, homme et femme, on le vit différemment, si unis qu'on puisse être. Et puis ça fait tellement mal d'en parler, la détresse est tout d'un coup si grande que la communication n'arrive plus à passer, et qu'il y a même, par moments, comme une sorte d'agressivité. Cette incapacité même du couple à communiquer, ça ajoute encore à l'épreuve du malheur.

» La mort d'un enfant, elle arrive brutalement alors que tout n'est que vie, ou alors elle est pressentie, crainte, du fait de la maladie. Celle de Blandine a été comme un coup de fouet. Tout allait si bien : ces naissances heureuses, fruit d'un amour partagé, cet insolent bonheur, et puis la mort. Patrick, soixante-huitard type, malade de cette maladie de la générosité, s'est enfoncé dans la dépression et la mort.

» J'appartiens à un monde où la foi est très présente ; à la limite, elle fait partie d'un système éducatif. Mais ces deux morts m'ont profondément modifiée. Ma foi n'a plus été cette certitude, elle est devenue une quête. A ce niveau, je n'ai pas vécu la mort de Blandine, je l'ai transcendée à en devenir malade, en passant à côté d'une réalité à vivre.

» Celle de Patrick m'a bouleversée : quelle signification donner au suicide d'un enfant — un appel ? une dernière tentative ? un saut dans l'inconnu ou l'espérance d'un ailleurs ? Je me trouve toujours devant le même mystère, même si finalement on ne sait pas ce qu'est exactement le suicide : le terme d'une maladie — la dépression — dont on ne sait pas non plus exactement ce qu'elle est. Mais, dans un sursaut, cette mort, je me suis dit que j'allais la vivre, non pas de façon morbide, mais comme une réalité qui faisait désormais partie intégrante de ma vie. Oui, j'ai perdu deux enfants dont l'un s'est suicidé.

» Et j'ai eu la révélation (ce terme convient-il ?) du verset de la Bible : " Que le monde est encore dans les douleurs de l'enfantement ", et que nous sommes invités par Dieu qui est amour et liberté à le construire chacun avec ses propres moyens.

» J'ai pensé que l'important c'était la vie et seulement la

vie. Parfois, je m'interroge sur ce qu'aurait été Blandine dans ce monde de turbulences, ou sur ce que Patrick, dans son absolu, nous dirait des plus défavorisés. J'ai aussi découvert la tendresse, pour me sentir spontanément solidaire de ceux qui vivent ces mêmes drames, même s'ils me sont inconnus.

» Encore aujourd'hui, je peux dire qu'à certains moments, c'est insupportable à vivre, parce que les vides, ça ne se remplit pas, et que, tout à coup, un sanglot ou des larmes, sans savoir pourquoi, cohabitent avec cette certitude que la vie est première. Mais je peux aussi témoigner du bonheur de vivre avec les siens et tous les autres. »

*(Article extrait de* JALMALV, *n° 9 de juin 1987.*
*Avec leur aimable autorisation.)*

2. ANNE

« Et neuf ans après son frère Patrick, dont elle était très proche, Anne, notre numéro sept, renouvelait le geste de son frère. Elle allait avoir 34 ans.

» Anne avait choisi la danse. Elle avait su l'imposer et, pour elle, la danse était devenue, sans qu'elle le sache tout de suite, comme une sorte de sacerdoce.

» Ce fut à nouveau le choc — encore plus brutal — parce que je ne m'y attendais pas. Un enfant qui se suicide : j'ai écrit ce que je ressentais. Un deuxième enfant, c'est le tableau noir. Je me suis sentie submergée. Mystère de certains, ce point de rupture où quelque chose ne peut plus s'exprimer que par la mort.

» Écrasée, toute proportion gardée, je me suis sentie un peu comme Job dans l'Écriture.

» Nous savions qu'un père et une mère ne réagissent pas de la même façon, au même moment. Nous avons eu la chance de pouvoir chercher à nous rapprocher encore, pour que la tension ne l'emporte pas sur l'amour. Je veux témoigner de la tendresse de nos enfants, attentifs à tout pour leur mère et leur père, malgré leur propre déchirement.

» Je veux aussi témoigner de l'amitié de familiers ou d'amis si nombreux, si fidèles, qui ont tissé autour de nous comme une chaîne incassable. Je peux toujours affirmer qu'on ne se remet pas. On apprend à vivre une nouvelle situation. C'est à la fois une longue et impossible patience. Mais, grâces soient rendues que ce nouvel affrontement à la foi ne soit pas tombé dans le vide.

» Bien ou mal, ou plutôt les deux à la fois, Anne a toujours vécu dans la foi, ça je le sais. Je mettrai l'accent sur ce terme de vie, alors qu'il s'agit de mort. Parce que, pour moi, la vie, c'est essayer de communiquer, de dire, même si on ne comprend rien.

» Se prépare-t-on au malheur ? Je ne le pense pas. Mais on se prépare à la vie, et ça on ne le fait pas seul. J'ai parlé d'un insolent bonheur à une période de ma vie ; aujourd'hui, je peux parler d'une volonté de bonheur, quoi qu'il en coûte, parce que l'amour est autour de moi. »

## II. ANNIE, MAMAN DE BRUNO

« Après dix-sept ans de mariage, Jean, mon mari, nous quitte brutalement. Le cancer l'emporte en novembre 1975, me laissant veuve avec nos trois enfants. J'ai 42 ans — le vide... le tourbillon... l'angoisse... Je sens le regard inquiet de mes trois adolescents qui me réclament, m'attendent... et s'accrochent... Nous nous retrouvons à quatre pour continuer à vivre. Des pages blanches s'ouvrent à nous, mais elles sont maculées de cette tache indélébile : la mort du père... la mort de l'époux...

» Je suis obligée de travailler, un nouveau rythme de vie s'impose avec les études des enfants, leurs relations, leur devenir. Treize années se passent. Notre vie retrouve peu à peu l'intimité d'une vraie famille à jamais abîmée.

» Et voici que de nouveau tout bascule, tout chavire avec la mort accidentelle de Bruno, mon second fils, toujours à la maison. Parti tout joyeux avec sa sœur et les copains, pour un week-end en mer, il ne devait plus revenir, le vent les a surpris.

» Partis le vendredi après la semaine de travail, le dimanche au matin de la fête des Mères, sa sœur téléphonait pour m'annonçait sa disparition en mer. Ils étaient dix sur le bateau, trois sont tombés à la mer, lui seul reste introuvable. C'est l' “ électrochoc ”.

» Que devient une femme qui perd son mari ? Que deviennent des enfants qui perdent leurs parents ? Nous connaissons les réponses... Mais que devient une mère qui perd un enfant ? Là, le langage est pauvre, muet, il n'y a plus de mots possibles, justes.

» Perdre un enfant — Bruno était “ perdu en mer ”. Cette mer qu'il aimait tant. Une semaine d'attente inhumaine, de recherches — la mer le gardait pour elle seule. Je vivais le doute (sans espoir) et puis la confirmation : une semaine plus tard, un pêcheur a retrouvé son corps en pleine mer. Bruno n'était plus perdu, mais il n'était plus vivant.

» Très seule, malgré tant de présences près de moi, ce fut pour moi le début de la marée montante chargée d'écume, de questions restées sans réponse... Pourquoi lui ? Comment cela s'est-il passé ? S'en est-il rendu compte ? A-t-il souffert ? Combien de temps cela a-t-il duré ? Comment était-il quand il a été retrouvé ?

» Je voulais savoir, je devais savoir, mais rien... Tous ces silences m'étaient, et me sont, insupportables. Privée de Bruno, privée de vérité sur sa mort, il a emporté avec lui une partie de moi-même. C'est une véritable amputation et, comme l'amputé, j'ai mal au membre qui n'est plus là.

» Mes enfants sont toute ma vie. Comment peut-on imaginer vivre sans eux? Désormais, je dois plutôt survivre sans l'un d'eux, pour les autres...

» J'étais heureuse avec mes trois enfants, mais il y a aujourd'hui : la vie de Bruno s'est arrêtée là. Il avait le respect des autres, il aimait le sport, la mer était sa passion, la planche à voile son hobby. Il aimait la vie, les copains.

» Avec lui, quelque chose s'est arrêté en moi, s'est arrêté aussi en chemin. Plus de joies complètes, plus de vraies fêtes des Mères. Ils étaient trois, mes enfants, ils le sont toujours, mais différemment.

» Celui qui n'est plus, je l'attendrai toujours. Rien depuis trois ans n'est plus comme avant. Un manque. Dans ma tête, le bruit de son pas que je n'entends plus, sa silhouette, son visage, son sourire et tant de souvenirs. En moi ce vide immense, son absence que jamais rien ni personne ne comblera.

» La mort est une véritable déchirure laissant à jamais la trame de ma vie violentée; si parfois la vie, comme la mer, se fait un peu plus calme, le fond charrie toujours les galets de l'absence. La réalité, c'est que le temps des larmes a fait place au silence. L'absence se mue en présence et crée une intimité profonde entre celui qui est parti et celui qui reste.

» Bruno est là. Cette présence qui fait à la fois tant souffrir, qui donne en même temps la force et même la joie de vivre, je l'appellerai “ présence réelle ”. Une profonde espérance m'habite, celle de le revoir un jour à côté de son père.

» Écrasée, brisée, torturée, j'ai besoin de plus en plus de temps forts... de lieux forts... de relations fortes... La mort de Bruno m'a fait naître à l'exigence de vérité de la vie... et, dans la vie, à la découverte de l'essentiel, de l'invisible, de la futilité de ce que l'on croit souvent prioritaire, et à la chance de l'amitié.

» La mer dévoreuse de mon fils, et de tant d'autres, est devenue pour moi un lieu de rendez-vous avec Bruno. Elle m'apaise, je lui parle de Bruno, lui dis merci de me l'avoir rendu, parce que perdu, il était encore plus mort.

» J'ai la chance de croire que la mort n'est pas la fin de tout... Mon travail avec les handicapés m'invite à laisser ma cicatrice ouverte pour qu'à leur tour, ils reçoivent un peu de la tendresse que je donnais à Bruno.

» S'il y a un don des larmes, je suis bien exaucée : un jour, je me confiais à un ami : “ J'ai déjà tant pleuré, je ne devrais plus avoir de larmes. ” Il m'a répondu : “ Tant qu'il y aura un cœur, il y aura des larmes. ” Mais tant qu'il y aura des larmes, il y aura aussi, et c'est tout mon espoir, “ des mères ” pour les assécher. »

## III. HENRI, PAPA D'EMMANUEL

« Mon deuil, tout deuil n'est jamais celui de l'autre. En fait, *je suis* le deuil, comme on est la maladie bien plus que “ le ” malade. Au choc, à l'anesthésie qui en résulte, puis à la révélation de cette apocalypse de douleur qui monte crescendo, et qui suffirait, tant ça fait mal, tant on sait d'instinct que c'est injuste, et dont on pressent qu'on va la subir jusqu'à sa fin, la fin de soi, dont c'est déjà une horrible annonce, il faut ajouter le reste.

» Le reste, c'est aussi le problème avec le conjoint et les enfants qui sont là. Ils sont le plus proche prochain que l'on peut mordre, au gré de la souffrance qui vous taraude. Plus encore (mieux, dirais-je, dans l'optique du mal), ils sont ceux que l'on peut fuir.

» Fuir, cela peut être partir d'une façon ou d'une autre. Fuir, mais fuir quoi ? Peut-être une similitude, et, par ce rejet, déguisé ou non, vomir la mort elle-même et l'horrible souffrance qu'elle vient d'engendrer ? Peut-être, car ce qui vient de se produire est pire que sa propre mort : c'est celle de la vie *donnée,* pour laquelle on a tant fait !

» Avant de comprendre, c'est-à-dire avant d'accepter l'inconcevable, cette fuite, ce rejet qui impliquent ceux, et ce, que l'on aime sont une défense : un membre pris dans l'engrenage, la victime tire dans l'autre sens et s'arrache, au sens plein du terme !

» Mais peut-être que d'autres font le choix de suivre une part d'eux-mêmes trop chère ? Pourquoi est-elle trop chère ? Terrible question ! Et puis le rapport à l'autre est si complexe, si exigeant ! Quand on a trop demandé, on obtient toujours ce " trop " qui porte en soi une part de mort qu'on n'exigerait pas de sang-froid, pas plus que la solitude. C'est alors qu'on se rend compte à quel point il ne faut aimer les êtres que pour ce qu'ils sont, et non pour ce que l'on est. C'est terriblement difficile, et cela confirme notre propre solitude.

» Ainsi l'autre, les autres ne suivent-ils pas forcément, pas plus que vous ne les suivez vous-même. Cela, il faut l'admettre, c'est-à-dire admettre que leur solution face au mal peut être différente.

» Alors, celui qui fuit et que les autres ne suivent pas peut se sentir abandonné d'eux, ou bien est-ce les autres qui se croient trahis ?...

» Il faut laisser le temps à la douleur de se faire, comme un vieux fromage ! Puis se retrouver soi, avant de se retrouver peut-être différent.

» L'espoir, au moins, c'est peut-être cela !

» L'espérance comme toujours est ailleurs. »

## IV. MARIE-THÉRÈSE, MAMAN DE MARIE-LAETITIA

« Dix-huit ans me séparent de ce jour terrible de la mort de notre petite Marie-Laetitia, alors âgée de 2 ans et demi, et opérée à cœur ouvert pour réparer une grave malformation cardiaque.

» Sa vie fut courte mais elle fut une délicieuse enfant que j'évoque souvent en souriant. Elle nous a été confiée pour un temps et ce temps a été court, trop court, et après ce qui a été l'arrachement, et l'état d'hébétude qui a suivi, je dois dire que j'ai éprouvé une très grande culpabilité, recherchant tout ce que j'aurais pu mal faire, pourquoi cela était-il arrivé ? et quelles en étaient mes responsabilités ?

» A ces questions, aucune réponse, mais, à cette période, quelle angoisse ! A toutes ces questions, aucune réponse, mais un sentiment d'échec, que j'étais incapable d'exprimer.

» Avec Dominique, impossible d'en discuter, alors, chacun de son côté, on est terriblement malheureux. Notre façon de réagir, tellement différente, nous interdit de communiquer, de partager sur ce qui est l'essentiel de notre vie. Ce fut une souffrance très forte pour moi, qui se rajoutait au “ reste ”.

» On est tout rempli de son enfant, on aimerait tellement en parler, mais impossible, les amis, la famille sont là pour vous dire de vous distraire et surtout ils ont peur d'en parler, et, malgré leur gentillesse, c'est encore de la souffrance.

» Ce n'est que quelques années plus tard, au chevet de Grégory — alors âgé de 6 ans et allongé sur un lit d'hôpital — (le chirurgien nous ayant dit qu'il ne pouvait pas se prononcer sur sa survie), que j'ai vraiment réalisé et accepté la mort de Marie-Laetitia. Je l'ai alors sentie près du Seigneur et j'ai pu la prier avec “ Lui ”. Grégory a 17 ans aujourd'hui, et se porte très bien.

» Maintenant, chaque moment passé, entourés de nos enfants, est un cadeau que je savoure. Je connais la fragilité de la vie, je sais que nous risquons la catastrophe à tout moment, aussi j'apprécie chaque moment de la vie et j'essaie de le communiquer à tous.

» Les ennuis de santé n'ont pas épargné nos autres enfants, aussi nous en connaissons le prix et savons tous l'apprécier. »

## V. ANNICK, MAMAN DE GÉRALDINE

### NOTRE VÉCU DE COUPLE APRÈS LA MORT DE GÉRALDINE

« Géraldine, chez qui l'on avait diagnostiqué un cancer à l'âge de 5 ans et demi, est morte à la veille de ses 7 ans.

» Pendant les seize mois de sa maladie, et les mois qui ont suivi sa mort, nous avons traversé des périodes très différentes. La première année a été consacrée à lutter pour la vie de notre fille, avec l'espoir de sa guérison chevillé au cœur. Nous étions tous les deux totalement investis dans cette tâche, qui nous apparaissait comme la seule importante, et avons évolué de manière assez indépendante par la force des choses : en effet, nous nous relayions auprès de Géraldine à l'hôpital, et pendant que l'un de nous logeait à l'hôpital, l'autre prenait en charge nos deux autres enfants. Pendant un an, notre vie de couple a été réduite à la portion congrue, mais nous n'en souffrions que peu, tellement nous étions tendus vers la guérison et une issue heureuse pour Géraldine, et vers le maintien d'une vie de famille à peu près normale et équilibrée pour les deux autres enfants. Tout a commencé à basculer le jour où l'on nous a annoncé que notre Géraldine ne guérirait pas.

» A commencé alors une période de quatre mois pendant lesquels nous avons rarement dormi ensemble, la morphine devant être administrée toutes les trois heures. Notre seul souci étant : tenir... Tenir pour Géraldine, tenir pour Émeric et Gwendoline, et leur offrir à tous les trois une maison où il faisait bon vivre, et des moments de partage intense, qui construiraient un peu " l'après ". Pendant ces quatre mois, nous ne nous sommes plus consacré une minute l'un à l'autre, mais notre vie à deux était toujours tendue vers un but, et le devoir de ne pas laisser entrevoir notre souffrance à nos enfants nous apparaissait primordial. Nous désirions faciliter à Géraldine le " grand passage " dans la sérénité, et faciliter à ses frère et sœur le choc énorme de la perdre.

» Puis notre fille nous a quittés en nous faisant la très grande joie de nous permettre d'être l'un et l'autre à ses côtés, et de lui tenir la main pour le départ. Ma grande angoisse, au cours des quatre derniers mois de sa vie, était d'être seule près d'elle au moment de sa mort. D'une part, cela me faisait peur et je craignais de ne pas être à la hauteur de ma tâche, et, d'autre part, nous avions tellement partagé et porté à deux cette épreuve que je désirais ardemment vivre cette grande étape de notre vie de parents à deux.

» Pendant ces quatre mois, aussi, je voyais toujours la mort comme quelqu'un qui rôdait autour de chez nous et cherchait à pousser la porte d'entrée. Je me voyais m'arc-boutant derrière cette porte d'entrée pour empêcher la mort d'entrer, et espérant qu'elle passerait son chemin. Un jour, j'ai cessé de pousser sur cette porte, et j'ai accepté de regarder en face la réalité. J'ai eu l'impression de visualiser l'entrée de la mort chez nous, et de la laisser emporter notre fille. Nous avons alors abordé une troisième étape en couple, la plus difficile : celle du partage de la souffrance.

» Partager les joies n'est pas toujours facile, mais c'est possible, car on souffre moins des différences dans le vécu. Pour la souffrance, il y a des moments où l'on n'arrive plus à rejoindre l'autre, et où l'on désespère de pouvoir le rejoindre à nouveau un jour.

» J'étais hantée par l'idée que nous ne serions plus jamais heureux. Pendant tout un temps, nous n'avons su que pleurer dans les bras l'un de l'autre. L'absence creusait chaque moment de la vie quotidienne. Pour moi, sa maman, c'était la table que je ne mettais plus que pour quatre, le linge où il n'y avait plus rien lui appartenant, la dernière paire de draps, la dernière chemise de nuit à laver, le crève-cœur de servir à table un plat qu'elle adorait, sa chambre encore pleine d'odeurs, de trésors bien à elle, dans laquelle je passais l'aspirateur alors qu'elle n'était plus salie. Ce temps de souffrance intense venait après la période d' " anesthésie " de la mort, de l'enterrement et des quelques jours qui suivent.

» Puis est venue la révolte : j'en voulais aux médecins qui n'avaient pas vu son cancer à temps, à mon mari qui avait plusieurs cas de cancer dans sa famille, à moi-même puisque la tumeur de Géraldine était embryonnaire et que je m'en sentais responsable, aux gens qui avaient tous leurs enfants et ne semblaient pas réaliser leur chance, à ceux qui martyrisent leurs enfants ; je ne supportais plus de lire dans les journaux les articles concernant les enfants martyrs. J'en voulais à ceux qui ne s'étaient pas manifestés pendant la maladie de Géraldine, j'en voulais à Dieu qui dit nous aimer et qui nous reprenait ce que nous avions de plus cher.

» Cette période a été difficile car j'avais du mal à exprimer à mon mari ce que j'avais dans le cœur, et j'avais peur de l'enfoncer plus encore dans sa tristesse. Je sentais qu'il ne me disait pas ce qu'il vivait, et la situation était compliquée par le fait que nous craquions rarement en même temps. Que c'est difficile d'accepter que le conjoint soit " au fond du trou ", alors que soi-même on a l'impression d'émerger un peu !

» Sur le plan physique, j'étais incapable d'accueillir le désir de mon mari, et j'avais l'impression d'être " pleine " de Géraldine et de ce que nous venions de vivre. Je lui disais que, pour éprouver du désir, il faut pouvoir être à l'écoute de l'autre, à l'écoute de soi aussi, mais, submergée par la souffrance, j'en étais incapable. Lorsque parfois nous avions des rapports, je culpabilisais d'éprouver du plaisir alors que Géraldine ne vivait plus, et je ne me donnais plus le droit d'être heureuse.

» Cette période a duré les quatre mois de la phase terminale de la maladie de Géraldine et les quatre mois qui ont suivi sa mort. Puis, deux éléments sont intervenus : premièrement, j'ai partagé avec mon mari mon angoisse de nous sentir nous enfermer dans notre souffrance, chacun de notre côté, et mon désir de savoir quand il n'allait pas bien pour pouvoir mieux l'aider. Il a fallu beaucoup d'amour à ce moment-là pour lui faire comprendre qu'il ne perdrait pas son crédit à mes yeux en pleurant et en me disant sa souffrance, mais que, au contraire, ce qui était important pour moi, ce n'était pas d'avoir un homme fort comme dans les clichés, mais un homme affectueux avec sa souffrance, avec ses joies : un homme que j'avais choisi d'aimer. Le fait de pouvoir lui dire cela lui a permis, je crois, d'être un peu plus lui-même et de se libérer aussi de ce chagrin qui l'étouffait au point de crier quand il était seul en voiture.

» Deuxièmement, nous avons commencé à penser à un autre enfant, car Géraldine nous avait beaucoup réclamé un bébé pendant sa maladie, et nous le lui avions promis après sa guérison. A nouveau, nous nous donnions un but à atteindre ensemble, qui allait nous aider à vaincre les difficultés. Avec ce but, nous avons réappris à communiquer, réappris à marcher ensemble en intégrant la souffrance et l'absence, réappris à savourer la vie avec le bonheur que nous avions d'être à deux, d'avoir deux autres enfants, d'être assez jeunes pour pouvoir envisager de continuer à construire notre famille.

» Six mois après le départ de Géraldine, nous avions la très grande joie d'attendre un bébé. Notre vie de famille s'est refaite et recentrée autour de ce bébé, que nous nous sentions vraiment cinq à accueillir...

» Aujourd'hui, huit ans après la mort de Géraldine, nous avons accueilli Florian et Olivia, et nous avons redécouvert une saveur de vivre qui, quoique différente de celle que nous connaissions avant la mort de Géraldine, est réelle, et reconstruit un bonheur, réel lui aussi, quoique toujours crucifié par l'absence.

» Notre souci, maintenant, est de ne pas perdre les valeurs que Géraldine nous a permis de redécouvrir en l'accompagnant : tout d'abord, le fait que la vie est un cadeau, mais n'est pas un dû, que chaque jour, avec ses difficultés et ses joies, est une aventure dans laquelle nous nous embarquons. Ensuite, le fait que nous savons aujourd'hui où se trouve l'essentiel. Et l'essentiel est de ne pas perdre de vue que seul l'amour peut être le vrai moteur de la vie et qu'il lui donne son sens. Par amour, nous nous sommes surpassés pour donner à Géraldine le meilleur de nous-mêmes et, grâce à notre amour, nous avons pu apporter aux trois enfants que nous avions à l'époque ce dont ils avaient besoin pendant cette période de leur vie.

» Notre fille nous a appris à faire la différence entre l'essentiel et le superflu ou l'inutile, et à sa façon, douloureuse, elle nous a donné des repères dans la vie. Toutes ces richesses, découvertes grâce à Géraldine, nous permettent de lire positivement, huit ans après, ce qui, sur le moment, nous paraissait relever de l'ordre de l'absurde. »

## LA FÊTE DES MÈRES

« Maman de trois enfants, choyée elle-même par une mère merveilleuse, je croyais tout savoir de ce qu'était une maman : ce mélange de joies indicibles dans la tendresse et de moments de fatigue ou d'énervement, d'émerveillements quand on voit son enfant s'ouvrir et grandir dans son cœur, et de découragement devant la tâche toujours à recommencer, d'inquiétudes quant à la santé ou l'avenir de son enfant, et de confiance aveugle dans ses possibilités et dans la vie.

» Puis, un jour, la maladie a frappé, et il m'a été donné de vivre l'épreuve la plus difficile pour une mère (ou pour un père) : la mort de son enfant.

» Au cours de longs mois de maladie vécus dans l'espoir de la guérison, et après la mort de notre petite fille, le mot MAMAN a pris peu à peu pour moi sa vraie dimension...

» J'ai découvert d'abord combien chaque enfant est, de façon unique et intense, une partie de moi, de nous, au point de devoir entreprendre de nous " reconstruire " après sa mort, tant son départ nous avait détruits physiquement, moralement et spirituellement.

» J'ai découvert aussi la joie de tout donner à son enfant que l'on sent menacé, de donner au-delà de ce dont on se croyait capable, d'avoir le sentiment de le remettre au monde une deuxième fois en lui tenant la main sur le chemin difficile que lui propose la vie, et de faire avec lui un merveilleux et douloureux " voyage au bout de l'amour ".

» J'ai découvert que chaque enfant est un cadeau unique fait à ses parents, et qu'il relève d'un " apprentissage " dans l'amour de l'aider à devenir lui-même, malgré des détours parfois meurtrissants. (En ce sens, accompagner son enfant vers le " grand passage " est une école de vie extraordinaire.)

» J'ai découvert, enfin, que mes enfants avaient tant à m'apprendre à moi, leur maman, enfoncée dans mes certitudes et mon expérience d'adulte. A l'école de notre petite fille, j'ai appris à vivre avec mon cœur, et c'est elle qui m'a fait naître à ma condition de maman, en sachant me dire comment et combien elle avait besoin de moi pour vivre, en me montrant le chemin de la simplicité et de la vérité lorsque j'étais perdue, et en vivant si bien et si naturellement au niveau de l'essentiel : l'amour. C'est en voyant sa confiance en nous et en ses soignants que j'ai découvert la confiance d'enfant que Dieu attend de moi : " Si vous ne redevenez comme des petits enfants, vous n'entrerez pas dans le royaume. "

» Aujourd'hui, six ans après la mort de Géraldine, deux bébés sont venus reparler d'amour et de vie dans notre maisonnée, et nous savons que nous les devons à Géraldine, qui nous a permis de redécouvrir " qu'on ne voit bien qu'avec le cœur ".

» La fête des Mères est un jour à la fois cruel et merveilleux : cruel, parce qu'il est marqué à jamais par l'absence, et merveilleux, car il me permet de mieux mesurer la valeur inestimable des moments d'affection et de tendresse partagés entre une maman et ses enfants, et la chance incroyable du cadeau de la vie qui nous est fait à tous les six chaque matin. »

Extrait de *la Croix Magazine — Nord/Pas-de-Calais*
du 26 mai 1989, n° 1073.

## VI. PATRICE, PAPA DE GÉRALDINE : UN CHEMIN SPIRITUEL

### LA PATERNITÉ

« La mort de mon enfant est une expérience contre nature, car être père, c'est donner et soutenir la vie. Puis, c'est m'effacer pour que mon enfant me rattrape et me devance.

» C'est l'enseignement que je retire du passage du Christ sur cette terre. C'est le modèle de paternité que nous offre le Christ, et c'est pour moi le modèle de tout amour.

» Même si je ne peux tenter qu'une pâle imitation du Christ, la mort de mon enfant me heurte dans l'idée que je me fais de ma croissance spirituelle. C'est mon horizon spirituel qui s'efface.

» Mon enfant, c'est ma chair, une partie de moi-même. Pour reprendre l'expression hébraïque, il est " ma chair et mon sang ". A partir de là, sa mort est mon anéantissement. Au moment du dernier souffle de Géraldine, mes entrailles ont été déchirées, comme si je l'accouchais à l'éternité. Et la rupture de toute communication n'était-elle pas le signe du néant qui m'attendait ? »

SOUFFRANCE, MORT ET FOI

« La maladie de ma fille m'a rapproché de Dieu d'une certaine manière. Ce fut pour crier à ce Dieu cruel, à ce Dieu " censé aimer la souffrance ", pour hurler, au sens propre, ma souffrance et ma désespérance.

» Il était pour moi " le Tout-Puissant ", et donc, par nécessité, l'auteur de ma souffrance et de celle de ma fille. Ma haine de la souffrance s'est muée pour moi en un défi à Dieu : " Si tu m'aimes, prouve-le. Guéris-la, ou tu n'existes pas ! "

» Le refus de la souffrance était chez moi tellement fort que l'euthanasie m'apparaissait comme la seule réponse possible à une souffrance devenue incontrôlable. La dernière dose de calmants administrée à Géraldine l'emporta, en même temps qu'elle soulagea son pauvre corps exténué, et ce fut bien ainsi.

» Accepter ce geste était pour moi la seule façon d'être actif dans ce combat contre la souffrance. Dieu n'avait plus droit à la parole. Il était d'ailleurs tellement silencieux, tellement absent... Le titre d'un livre de François Varone : *Ce Dieu absent qui fait problème,* résume d'ailleurs admirablement le problème auquel j'étais confronté. Qui était ce Dieu muet, indifférent ? La mort frappait à ma porte, elle était entrée dans ma vie, et, plus que jamais, je me posais la question de savoir ce qu'il y a derrière la porte, au-delà... »

## LA SOUFFRANCE ET LA LIBERTÉ

« Ce fut le début d'un long cheminement dans lequel je me devais de reprendre l'initiative, une quête de l'absolu, une recherche dans les écrits, les Écritures, pour aboutir à la conclusion qui est la mienne aujourd'hui : en créant le monde, Dieu a créé un espace de liberté, celui de tous les dangers, mais aussi celui de notre dignité, qui fait dire au rédacteur de l'Ancien Testament que nous sommes créés à l'image de Dieu — j'ose ajouter, créés pour devenir son égal... des êtres divinisés.

» Je suis libre de construire, d'accompagner l'œuvre de construction d'un édifice inachevé, imparfait, entamée depuis l'origine des temps, dans laquelle l'homme a été voulu par Dieu, comme un partenaire à égalité. Je comprends mieux l'existence de la souffrance engendrée par l'enfantement d'un monde en cours de création.

» Dieu m'invite, avec toutes mes limites, à être son bras sur terre, à travailler à l'émergence d'un monde meilleur, à combattre la maladie, le mal, et toutes les sources de souffrances, qu'elles soient d'origine naturelle ou humaine.

» En effet, ce pouvoir de participer à la construction du monde nous donne également le terrible privilège de pouvoir travailler à sa perte, contre l'amour, contre le dessein de Dieu, qui est de nous faire participer à son essence divine.

» Le royaume de Dieu sur terre, c'est notre participation active au bien et à l'amour, qui sont l'essence même de ce royaume. C'est en ce sens que nous vivons déjà l'éternité ici-bas. Dieu nous invite à construire son royaume dès aujourd'hui, malgré les nombreux obstacles dressés sur notre route.

» Quels ressourcements, quels appuis pouvons-nous trouver ? La réponse, pour moi, se trouve dans la foi, et seulement dans la foi. »

## VII. ALAIN, PAPA DE DELPHINE

« Delphine est née au mois de septembre 1978 alors que son frère, Nicolas, avait un peu plus de 1 an. Pendant près de dix ans, nous les avons vus grandir ensemble, très proches l'un de l'autre, se complétant, ne pouvant s'imaginer vivre l'un sans l'autre.

» En ce mois d'août 1988, Nicolas et Delphine s'apprêtent à partir pour leur camp scout. Ils s'y préparent depuis longtemps, et c'est la première fois qu'ils partent ainsi ensemble, sans nous.

» Mais ils sont " grands ", et nous ne devons pas nous attendrir. Une bise rapide au petit matin, et ils s'engouffrent dans le car qui les emmène en Normandie.

» Je les regarde partir avec ce petit pincement au cœur que provoque toujours le départ d'un enfant, même pour peu de temps. C'est ma dernière image de Delphine, elle reste gravée en moi, elle ne me quittera plus. Delphine au milieu de la troupe de louveteaux, heureuse... Elle est presque de dos, plus grande que ses camarades, chemise jaune, pull et pantalon beiges, une petite queue-de-cheval... Elle rit.

» Elle disparaîtra mystérieusement, au cours de la nuit du 26 au 27 août 1988...

» Après le coup de téléphone du responsable du camp nous annonçant qu'elle n'était plus au camp, tout a basculé pour nous, et nous avons vécu pendant des mois en état de choc... L'angoisse des recherches, l'espoir chevillé au corps... puis la fin de l'espoir.

» Il me faut supporter le regard des autres, la pitié lue dans leurs yeux, comme si j'étais infirme ou malade, et qu'il fallait me soigner. Je ne suis plus moi, mais " le père de Delphine ". J'ai perdu mon identité, et cette étiquette, qui ressemble à un titre, est lourde à assumer. On ne me présente plus qu'en référence à Delphine, pourtant il faut que je redevienne moi-même.

» C'est alors le commencement d'une autre vie, où tout est différent et où l'essentiel apparaît. Plusieurs fois, j'ai repensé au *Petit Prince* de Saint-Exupéry ; l'enfant innocent qui seul voit l'essentiel, au milieu d'un monde d'adultes : " Si quelqu'un aime une fleur qui n'existe qu'à un exemplaire dans les millions et les milliers d'étoiles, ça suffit pour qu'il soit heureux quand il les regarde... Et ce n'est pas important, ça ? "

» L'important, c'est la vie d'une petite fille qui est unique.

» " Les yeux sont aveugles, il faut chercher avec le cœur... "

» Et lorsqu'il quitte la terre, le Petit Prince abandonne son corps trop lourd pour aller dans les étoiles : " Ce que je vois là n'est qu'une écorce. Le plus important est invisible... L'essentiel est invisible pour les yeux... "

» Delphine aussi est partie dans les étoiles ; ce corps carbonisé, ce n'est déjà plus elle. Elle est partie avant nous, en emmenant son sourire, la douceur de sa voix, la lumière de ses yeux, en emmenant son âme.

» " Ce sera un cadeau... Quand tu regarderas le ciel, la nuit, puisque j'habiterai dans l'une d'elles, je vivrai dans l'une d'elles, alors ce sera pour toi comme si riaient toutes les étoiles... " Delphine aussi nous a laissé un cadeau : elle est dans les rayons du soleil couchant qui l'avait touchée et émue. Elle nous éclaire, elle nous protège, elle nous sourit. Nous n'entendons ni son rire ni sa voix, mais elle est là.

» Nicolas a exprimé cette présence dans un dessin sur lequel il a inscrit : " Je pense que c'est le paysage que tu vois de ta fenêtre. Un jour, nous nous retrouverons et nous vivrons tous ensemble pour l'éternité, car, je le sais, tu m'attends. " »

*Justice*

« Lorsque Delphine a disparu, elle a fait partie de la triste série d'enfants assassinés au cours de l'été 1988. Un membre d'un ministère ou de la police, à qui l'on posait la question de la recrudescence des meurtres d'enfants, a répondu qu'il y avait, depuis toujours, un certain nombre d'enfants assassinés, et que cela faisait partie d'inévitables statistiques. Cela, nous ne pourrons jamais l'accepter. Delphine ne devra jamais être réduite à une ligne de statistiques.

» Il faut refuser la fatalité, et tout mettre en œuvre pour qu'aucun enfant ne subisse plus le même sort.

» Nous ne pouvons nous résigner à ce que la mort de notre fille ne serve à rien. Delphine est morte, terrorisée et humiliée. Avec les autres enfants assassinés, elle est une martyre de notre société.

» Sans haine, sans esprit de vengeance, je demande la justice pour Delphine. Trouver et juger les responsables. L'assassin, bien sûr, mais également tous ceux qui, par leur insouciance ou leur irresponsabilité, sont coupables de ce qui est arrivé.

» Il faut que tout le monde sache et comprenne ce qu'elle a souffert, et que soient découvertes la faute ou la négligence qui ont abouti à sa mort.

» Comment admettre qu'elle ait pu être un jouet entre les mains d'un individu dont le seul plaisir est la mort d'une petite fille ? »

## VIII. QUEL SENS A POUR MOI LA MORT DE MA SŒUR ?

« La mort de Géraldine a d'abord représenté pour moi une grande souffrance, une douleur qui m'ont habitée longtemps. Une période noire pendant laquelle je me suis laissée mourir : mourir à moi-même, mourir aux autres. Comme si, avec ma sœur, était morte aussi mon envie de vivre, de rire et d'aimer. C'était une partie de mon cœur et de mon âme qui était morte en même temps qu'elle.

Je souffrais d'une peine un peu morbide dans laquelle je finissais par me complaire, faute de pouvoir à nouveau vivre heureuse, faute de reconnaître cette souffrance, cette angoisse si vive de ne plus jamais revoir ma sœur, mon double, le complément de ma vie.

Mais la vie m'a rattrapée un jour. J'ai compris alors qu'il me fallait faire un choix : vivre de toutes mes forces ou mourir. C'est là que j'ai choisi la vie, un peu par goût, beaucoup par nécessité.

Pendant ce deuil, j'ai vieilli car, perdre quelqu'un, c'est quelque part devenir plus mûr, plus réfléchi. La mort est devenue non plus une ennemie qui m'avait volé ce que j'aimais, mais une partie intégrante de ma vie. J'ai réalisé que j'étais, au même titre que Géraldine, une personne mortelle et que nul n'est éternel. J'ai choisi de vivre à nouveau quand j'ai compris que ma sœur n'était morte que dans notre réalité quotidienne qui est avant tout matérielle, mais qu'elle resterait éternellement présente dans mon cœur. J'ai changé ma vision du monde, des autres et de moi-même. L'absence m'a appris la nécessité d'exprimer mes sentiments et de prouver chaque jour son amour à ceux que l'on aime. Elle m'a appris combien l'attention à l'autre est vitale : l'attention dénuée de tout calcul et de tout intérêt, celle que l'on porte à l'autre pour lui, comme un cadeau, un don de soi.

Je suis devenue plus ouverte à l'inconnu, plus réceptive aux problèmes des gens qui m'entourent, même si, dans un premier temps, ces problèmes paraissent souvent dérisoires en comparaison avec toutes les souffrances qui existent dans notre société actuelle.

Cette mort fut pour moi un apprentissage de l'amour. J'ai eu trop tendance à conserver au fond de moi l'amour que je portais aux autres. L'absence a brisé mes barrières, mes limites. Elle m'a obligée à vivre avec mes qualités et mes défauts, vivre avec mon entourage, vivre avec ce qui me fait mal, vivre enfin avec les autres tout simplement, en acceptant nos différences, nos divergences.

La souffrance, c'est l'autre versant de la croissance, à condition de choisir cette croissance, car l'épreuve de la mort est avant tout cette déchéance qui peut durer toute une vie si on ne choisit pas de remonter la pente, pas à pas, jour après jour.

Mais la vie, une fois qu'on l'a de nouveau retrouvée, se teinte d'une dimension infinie où l'éternité vient se mêler au quotidien et où, peu à peu, s'installe l'impression que, quoi que l'on fasse, on n'est pas seul, on n'est plus seul : il ou elle est là et nous protège, nous guide.

Ma vie, aujourd'hui, ce n'est pas cultiver la perte et la souffrance que le départ de Géraldine a provoquées il y a dix ans, mais c'est au contraire vivre comme un cadeau tout ce que la vie me réserve, en sachant que derrière bien des rencontres, bien des moments de bonheur et d'épanouissement, il y a Géraldine qui accompagne et partage mes choix.

La souffrance fut pour moi l'occasion d'une véritable transformation, la douleur m'apprenant chaque jour qu'à la fois l'absence est source du plus grand des traumatismes et que l'amour est une force essentielle de la vie.

Gwendoline, 19 ans.

CHAPITRE XI

# Textes choisis

Puissiez-vous trouver un réconfort, aux heures sombres, dans ces quelques textes qui ont aidé certains d'entre vous.

## TEXTES ÉCRITS PAR DES PARENTS OU DES AMIS

### Rien qu'un petit mot

Rien qu'un petit mot
pour te dire que l'on ne t'oubliera pas
que l'on se souvient toujours
de tes cheveux blonds
de tes yeux bleus, de ton sourire radieux.
Rien qu'un petit mot
pour te demander de nous aider à surmonter
les rudes épreuves d'ici-bas.
Rien qu'un petit mot
pour t'implorer d'effacer les fissures,

les blessures, les obstacles, les incompréhensions.
Pour te rappeler que l'on compte sur toi.
Que l'on a besoin de ta force, de ta foi,
enfin rien qu'un petit mot
pour t'affirmer que l'on t'aime d'un amour si puissant
que les plus grands palais, que le plus pur rubis
n'est, en comparaison, qu'éphémère beauté.

Élisabeth.

**Prière lue à l'enterrement de Julie (6 ans)**

Julie,
Julie, tu es partie. Ton sourire était le même que cette flamme.
Aujourd'hui tu es arrivée.
Nous, toujours, nous sommes en chemin.
C'est maintenant toi la grande, et nous sommes les petits.
Tiens-nous la main.
Dis au Seigneur combien nous L'aimons.
Nous ne savons pas toujours le Lui dire.
Toi, Il te croira sans peine. Merci, Julie.

Esprit de Dieu
souffle sur moi...
Quand je ne bouge plus
comme un bateau sans vent
regonfle mes voiles.
Quand je m'éteins
comme un feu fatigué
ravive mes flammes.
Quand je me ferme
comme un oiseau blessé
relève mes ailes.
Quand je m'essouffle
comme au bout d'une course
relance mon élan.
Esprit de Dieu
souffle sur moi.

### Poème écrit par la maman de Julie

Ton esprit si léger
Ton âme si forte
Dansent sur vos vies,
Les parfument d'amour,
Mon elfe gracieux,
Petit corps aérien tant aimé,
Regard profond et nez coquin,
Joues chaudes mille fois embrassées !
Tu sèmes la beauté dans le gris du matin,
Tu rayonnes dans l'espérance de demain,
Et chaque jour je te tends la main.
Il est si dur mon chemin, si long, si solitaire !
Ne lâche surtout pas ma main, Julie,
Je tomberais sans toi.
Maman.

Mon amour pour toi m'entraîne si loin
Que j'en ai le vertige,
Que j'en ai peur.
Si loin derrière toi, dans ton sillage,
Je rame, je rame et j'ai peine à te suivre.
Ne vole pas si vite,
C'est si haut où tu vas,
Si haut, si beau, si grand !
Moi, je suis faible et triste.
J'ai peur de te perdre à tout jamais
Dans un là-bas trop grand pour moi.
Maman.

### Cédric, le 4 septembre 1989

J'ai écrit ton nom sur le sable,
mais la vague l'a effacé.
J'ai gravé ton nom sur un arbre,

mais l'écorce est tombée.
J'ai incrusté ton nom dans le marbre,
mais la pierre a cassé.
J'ai enfoui ton nom dans mon cœur,
et le temps l'a gardé.
Bruno et Babeth.

**Prière à mon enfant malade**
**Prière à mon enfant parti**

David, mon enfant, mon amour,
Pourquoi es-tu parti, sans un adieu, sans retour ?
David, mon enfant, mon tout petit enfant,
David, mon amour, pourquoi es-tu parti
Sans un adieu, sans un retour ?

Tu es parti, sans dire adieu, sans dire au revoir,
Sans bagage, sans provision d'amour.
Quand on s'en va, on dit où on s'en va.
Mais toi, tu es parti, comme ça,
Sans rien dire, sans rien me dire.

Et je pleure sur ton petit corps,
Sur mon enfant, sur mon amour,
Qui ne reviendra jamais à la maison,
Et qui restera là-bas.

Pourquoi es-tu parti, mon tout petit ?
Je t'aimais tant, et tu m'as laissée,
Tu m'as délaissée.
Je t'aimais tant...

Pour toi, j'avais mes deux bras,
Pour toi, j'en aurais eu du temps.
Toujours pour t'embrasser, j'en aurais eu du temps.
Et tu aurais eu toujours mes deux bras,
Pour te serrer, pour t'embrasser.

Mon tout petit, pourquoi... Pourquoi... ?
Si vite es-tu parti,

Je t'aimais tant et tu es parti...

J'étais toujours là pour te soigner.
Mais là, je ne peux pas, le mal t'a trop gagné.
Tous les deux, on se serait aimés.
Mais toi, sans me regarder, tu es parti,
Sans un adieu, sans un retour.

Et je reste seule, avec mon impossible amour...

Puis vint la séparation
L'inévitable séparation
Avec sa profonde blessure
Avec sa profonde déchirure.

Et sous la terre, souvent j'erre.
Pour essayer, pour écouter un soupir.
Alors que tu ne dois jamais revenir...
David, pourquoi ?

Élise, maman de David, 4 ans.

**Maryline**

Tu avais quatre ans...
Tu arborais ton merveilleux sourire.
Pourquoi faut-il qu'en peu de temps
Tout cela ne soit plus que souvenir... ?
Tu avais quatre ans...
Déjà... tu savais souffrir ;
Depuis près de deux ans,
L'on te faisait subir
De douloureux traitements,
Dans l'espoir de guérir.
Ton papa, ta maman,
A ton chevet se relayaient,
Afin que tu ne connaisses pas l'isolement,
De leur amour ils t'entouraient.
Avec « Espoir » tu nous a tous unis
Et malgré ton jeune âge,

Tu nous apprenais que la vie
Est une chose que l'on partage.
Tu nous donnais... toi... une enfant,
Une sacrée leçon de courage!...
Lorsque je sens le mien vacillant
Afin de me ressaisir
Je te regarde... toi... tes quatre ans...
Ton merveilleux sourire!

Grand-père.

## J'étais sa maman

*Écrit par une maman à la mort de sa petite fille Marie, 7 ans, atteinte de leucémie.*

« Comment veux-tu, Seigneur, que nous vivions dans la joie lorsque ta tendresse nous conduit par les sentiers de la peine, et que nous nous sentons seuls, abandonnés, sans grâces ?

» Comment veux-tu, Seigneur, que nous marchions heureux, insouciants, rayonnant ton amour parmi nos frères ? Nous avons beau regarder les lys des champs et les passereaux...

» Comment veux-tu, Seigneur, que notre foi soit la plus forte, transfigurant notre vie en espérance et en charité, quand chaque matin il nous faut recharger notre douleur sur nos épaules ?

» Comment veux-tu, Seigneur, que nous chantions ta gloire, alors que vient d'être fauché à nos côtés le blé en herbe et que nos yeux embrouillés par les larmes te reconnaissent mal, toi qui nous as dit " Je suis la voie, la vérité et la vie " ?

» Comment veux-tu, Seigneur, que nous nous en sortions, si tu ne viens pas nous aider à porter notre croix, afin que nous montions vers la Pâque où tu gardes notre enfant ? »

Extrait de *Prier*, novembre 1982, n° 46.

## Perce-neige

Bois joli
Petit doux
Ta main posée sur le livre
Nous tient jusqu'au cœur
Comme au cœur de la ruche
La reine des abeilles.

## L'heure est à la vérité des arbres

Visions et décisions
Globules et globe
Millions et moisson
Confiance et confidence
Capillaires et capitale
Greffons et fondations
Démission et démence
Abîme abeille
Riche ruche
Ose oiseau
Lys Élise.

## Lison, Lise, Liseron

Comme la plante aux mille fleurs
Qui s'accroche, qui résiste,
Jour après jour tu as lutté.
Au crépuscule tu t'es fermée
En nous, Lisou, dans notre cœur
Tu viens te reposer.
Tes grands yeux noirs
A la fois malice, tendresse et force,
Force de vaincre, force de rire
Force d'aimer
Amour.

Jean-Paul V.

**Poème pour mon enfant Michaël**

Perdre un enfant dans le vide.
Un enfant qui aurait voulu vivre,
le voir partir les yeux humides,
et rester là, seule, à survivre.

Penser qu'il n'est plus là,
pour le consoler,
lorsqu'il était malheureux et triste.
Mais il en a fini de ses souffrances...

Perdre un enfant du bout des doigts,
alors qu'on veut le retenir,
et qu'il s'en va malgré soi,
il aurait préféré vivre...

Il ne reste que le souvenir,
de ses passions, de son sourire.
Une vie ne pourra pas suffire,
pour l'aimer jusqu'à en mourir.
La maman de Michaël.

*Texte écrit par la maman de Géraldine lors de la grossesse pour son cinquième enfant, deux ans après la mort de Géraldine.*

Toi mon bébé,

C'est si bon ces neuf mois de tendresse, ta présence qui se manifeste et très vite m'oblige à te donner la priorité, à te faire place dans ma vie. C'est si bon cette connivence, ce lien déjà si fort qui me permet de partager, avec toi, soucis et joies, inquiétude et paix ou sérénité.

C'est si bon ce sentiment d'être un arbre de vie chargé de fruits, qu'il faudra faire mûrir.

C'est si bon, vers la fin de ton attente, ces petits coups de pied, de genou, de main, qui paraissent me caresser de l'intérieur, me dire déjà : Maman je t'aime, je suis là, et bientôt je te le dirai encore mieux. Toi mon bébé.

Toi notre bébé,

Mais tu ne m'appartiens pas. Tu es aussi le fruit de notre amour. Tu es un peu de papa ou de moi, que j'abrite pour le faire grandir et le faire vivre.

Tu es ce qui donne sens à notre vie à deux, ce qui donne joie à cette vie.

Tu es cet inconnu, que nous acceptons d'avance, sans savoir où il nous emmènera, et grâce à qui notre vie s'enrichira tellement de nouvelles rencontres, de nouvelles amitiés, de nouveaux efforts qui nous rendront heureux.

Vous nos bébés,

Nos cinq bébés dont la trajectoire dans la vie nous est si mystérieuse. Vous qui nous avez parfois emmenés sur des chemins où nous ne pensions pas marcher, vous qui nous appellerez encore à nous dépasser, à mourir à nous-mêmes, pour vous permettre de naître chaque jour, vous qui n'avez besoin de nous que pour vous lancer dans la merveilleuse aventure de la vie, que pour vous y apporter un soutien solide mais discret, et ne pas nous substituer à votre découverte, à votre construction de cette aventure.

Vous nos bébés,

Nos enfants, laissez-moi vous dire combien je vous aime depuis que vous avez simplement commencé à vivre en moi, combien je me sens gauche et maladroite pour vous dire cet amour dont je sais qu'il est le support grâce auquel vous deviendrez des hommes et des femmes, et des enfants de Dieu.

Maman.

**7 juin 1937-8 janvier 1939**
**Petite Brigitte**

Petit oiseau blotti au creux de ce berceau
Où tour à tour repose chacun des anges que Dieu me prête
Bras mignons et toujours tendus...
Dont la menotte cherche encore

Dans le sommeil
Quelques hochets, ou bien ma joue émerveillée...
Petit cœur en bourgeon, qu'épanouissait mon sourire
La plus aimée, parce que la plus petite
Celle qui tenait le plus de place en la maison
Dix-huit mois de bonheur,
Dix-huit mois de joies,
Dix-huit mois d'amour !
Petite Brigitte, telle fut ta courte vie.

**A Brigitte**

Dans son berceau mignon, voilé de satin rose
Ma Brigitte s'est endormie.
Le petit ange d'or lui sourit, car il n'ose
Soulever les rideaux qu'à demi...

Un rayon de soleil, doucement, s'est glissé
Se jouant dans ses boucles blondes.
Un doux silence régnait, et l'on pourrait penser
Qu'aussi s'est endormi le monde.

Ce matin-là, tout se taisait et l'enfant sommeillait
Près de sa mère qui veillait.
Mais, chut... ne bougez pas, la voilà qui relève
Son bras mignon et menu
Ses lèvres s'entrouvrent en un joli sourire
Elle vient d'apercevoir Jésus.

**Il y eut des ténèbres sur toute la terre**

Seigneur, qu'elles sont épaisses les ténèbres qui m'entourent.
Quelle nuit, mon Dieu.
Mon être n'en a jamais connu de telles.
Quelle nuit pour mon intelligence, pour mes sens, pour mon cœur.
Quelle nuit pour une maman
de ne plus voir son enfant !...

Quel problème pour elle que cette vie si familière
devienne en un instant si étrangère à sa chair.
Ô Seigneur, est-il plus grand mystère que d'être
la mère d'un mort !
Ah ! Jésus, laisse la maman d'un fils invisible
crier son angoisse, car si les mamans se
tourmentent déjà, pour le petit qui grandit
sous leurs yeux, songe aux affres
de leur amour, devant l'enfant
à jamais arraché à leur vigilance.

Marguerite.

## TEXTES D'ESPOIR

### Grandir, aimer, perdre et grandir

(extrait) [1]

Je coule

Mercredi : Je commence à prendre conscience
de son départ.

Jeudi : Je coule dans des « souvenirs »
et je pleure.

Vendredi Je m'enfonce dans une dépression
noire.

Samedi : J'ai l'impression de me noyer.

Dimanche : Mon Dieu, je ne peux me décider
à faire surface, fais-tu parfois des visites
à domicile ?

Jean MONBOURQUETTE.

1. Monbourquette Jean, *Grandir, aimer, perdre et grandir — l'art de transformer une perte en gain*, Éditions du Richelieu Ltée, Canada, 1989.

## Mon bateau à la dérive

Mon bateau avançait en eaux calmes
Il filait son petit bonheur sans histoire
Tout à coup la bourrasque inattendue
Le surprend, change son cours, le menace.

Les voiles se mettent à battre follement
Les haubans se mettent à craquer
La coque penche dangereusement
J'ai perdu la maîtrise, je crois chavirer.

Je ne suis plus le capitaine à bord
Mon bateau n'obéit plus à ma visée
Ivre, sous la vague en déroute, il roule
Titube, dérive, bondit sans horizon précis.

Désespéré, je m'accroche au gouvernail
Après ces moments de panique, le vent apprivoisé
Celui-là même qui voulait me jeter à la mer
Gonfle mes voiles et me conduit au port tranquille.

Jean MONBOURQUETTE.

## Pourquoi Te caches-Tu, Seigneur ? [1]

Pourquoi Te caches-Tu, Seigneur ?
Pourquoi Te caches-Tu dans cette journée grise ?
Où le travail me pèse comme une punition.
Où tout est à refaire, plusieurs fois chaque jour.

Pourquoi Te caches-Tu dans ce mal en mon corps,
trop fidèle souffrance, épouse indésirée ?

Pourquoi Te caches-Tu, Toi qui vins sur la terre
Toi qui parlais si fort
Toi qui pleurais si bien ?

---

1. Quoist Michel, *A cœur ouvert*. page 101, Éd. Ouvrières, 1981

Pourquoi Te caches-Tu dans la nuit qui m'obsède,
Celle qui tombe le soir quand le soleil s'éteint
et celle qui coule en mon cœur,
comme une mort qui vient ?

Pourquoi Te caches-Tu, Seigneur, pourquoi ?
Parle Seigneur
Seigneur
Seigneur
Pourquoi Te caches-Tu
...
Alors que Tu es là.

Michel QUOIST.

## Espérance

La grande et triste erreur, c'est de s'imaginer que ceux que la mort emporte nous quittent. Ils ne nous quittent pas, ils restent.

Où sont-ils ? Dans l'ombre ? Oh non ! C'est nous qui sommes dans l'ombre. Eux sont à côté de nous, sous le voile, plus présents que jamais. Nous ne les voyons pas, mais eux nous voient. Ô consolation ineffable, les morts sont des invisibles, ce ne sont pas des absents.

Ce qui peut le mieux consoler ceux qui pleurent, le voici : c'est la foi à cette présence réelle et ininterrompue de nos morts chéris ; c'est l'intuition claire, pénétrante, que, par la mort, ils ne sont ni éteints, ni éloignés, ni même absents, mais vivants, près de nous, heureux, transfigurés ; et n'ayant perdu dans ce changement glorieux ni une délicatesse de leur âme, ni une tendresse de leur cœur, ni une préférence de leur amour.

Monseigneur BOUGAUD.

## Dernier adieu

Vis le jour d'aujourd'hui : Dieu te le donne.
Il est à toi ; vis-le en Lui !

Le jour de demain est à Dieu,
Il ne t'appartient pas.
Ne reporte pas sur demain le souci d'aujourd'hui.
Demain est à Dieu : remets-le-Lui !

Le moment présent est une frêle passerelle ;
Si tu la charges de regrets d'hier, de l'inquiétude de demain, la passerelle cède et tu perds pied.

Le passé ? Dieu pardonne !
L'avenir ? Dieu le donne !
Vis le jour d'aujourd'hui en communion avec Lui !

S'il y a lieu de t'inquiéter pour un être bien-aimé,
Regarde-le dans la lumière du Christ ressuscité !

Sœur Marguerite de GRANDCHAMP.

## L'amour ne disparaît jamais

La mort n'est rien.
Je suis seulement passé dans la pièce à côté.
Je suis moi, tu es toi.
Ce que nous étions l'un pour l'autre,
Nous le sommes toujours.
Donne-moi le nom que tu m'as toujours donné,
Parle-moi comme tu l'as toujours fait.
N'emploie pas un ton différent,
Ne prends pas un air solennel ou triste.
Continue à rire de ce qui nous faisait rire ensemble.
Prie, souris, pense à moi, prie pour moi.
Que mon nom soit prononcé à la maison comme il l'a toujours été, sans emphase d'aucune sorte, sans une trace d'ombre.

La vie signifie tout ce qu'elle a toujours signifié.
Elle est ce qu'elle a toujours été.
Le fil n'est pas coupé.
Pourquoi serais-je hors de ta pensée,
Simplement parce que je suis hors de ta vue ?
Je t'attends.
Je ne suis pas loin, juste de l'autre côté du chemin.
Tu vois, tout est bien.

Canon H. SCOTT-HOLLAND.

**Frères et sœurs de Pâques**

Nos frères et sœurs d'ici
qui avez traversé la grande épreuve
et poussé la porte de mystère,
et qui connaissez l'autre côté,
vous êtes nos frères
et nos sœurs de Pâques,
puisqu'à la suite de Jésus le Christ
vous avez franchi l'étroit passage.

Vous nos frères
et nos sœurs de Pâques
qui nous précédez, et déjà partagez
la demeure de beauté
avec le Seigneur de la vie.

Vous nos frères
et nos sœurs en avance,
déjà debout
devant le trône de l'Agneau,
sans cesse rappelez-Lui
sa promesse,
afin qu'il garde sa maison
grande ouverte
pour tous ceux
qui sont encore en route,

qui s'égarent parfois,
qui perdent leur habit de lumière,
et qui, malgré leur espérance,
redoutent l'heure
du passage à venir.

Auprès du Seigneur de bonté,
parlez pour nous,
nos frères
et sœurs de Pâques !

Charles SINGER.

## L'enfant migrateur

(extrait de *Victimes du cancer, mais... des enfants comme les autres*) [1]

Ses yeux naguère rieurs se sont fermés,
Doucement comme fleurs frileuses.
Mais son sourire s'attarde
Sur sa figure blanche comme le drap.
Finis les rires et les cris
qui remplissaient parfois la chambre
De printemps, de sources, de fleurs et d'oiseaux.

Dans le temps infini,
L'enfant migrateur n'a fait que passer.
Dans l'espace sidéral,
Il a jeté un coup d'œil sur notre planète ;
Il a compris que le meilleur était ailleurs,
Dans l'au-delà.

Pourtant, dans le vide de son absence,
Vous, ses amis, ses parents surtout,
Prêtez l'oreille.
N'entendez-vous pas un bruit d'aile ?
Ne sentez-vous pas une présence familière

1. Demers Jocelyn, *Victimes du cancer, mais... des enfants comme les autres*, Éditions Leucan, 1986.

Qui hante vos maisons et brise vos solitudes ?
Tendre enfant, trop tôt ravi à notre amour,
De ton aile d'ange, polis cette terre imparfaite ;
De ton souffle pur, balaie les miasmes de nos ennuis
Et dissipe l'aigreur de nos chagrins.

Parents, vous qui êtes encore éblouis
Par ce météore passé dans votre ciel,
Que s'apaise votre peine.
Cet enfant aérien
Ne peut plus végéter dans nos prisons de souffrance.
A nos yeux, il a disparu,
Il s'en est allé
Comme le flot suit inexorablement son cours.
Mais pourtant, son ombre vous hante toujours,
Il s'est glissé dans les sillons de votre mémoire
Et dans les méandres de votre cœur.

Votre vie s'élèvera,
Car elle est désormais accrochée à une étoile.
Cet enfant, dit migrateur,
Alors qu'on le croira comme toute chose
Emporté dans le temps sans retour,
Brillera au zénith de votre ciel,
Illuminera vos jours,
Fera renaître sur la moue de vos lèvres
Le sourire de l'espoir.

Docteur Jocelyn DEMERS.

## Les dates anniversaires

J'ai un profond respect des dates anniversaires
Ces portes que le Temps dispose autour de nous
Pour ouvrir un instant nos cœurs à ces mystères
Et permettre au passé de voyager vers nous.

Je suis toujours surpris par les coïncidences
Qui nous font un clin d'œil du fond de leur mémoire

En posant des bonheurs sur les journées d'absence
Et nous laissent à penser que rien n'est un hasard.

Peut-être est-ce un moyen lorsqu'ils se manifestent
Pour ceux qui sont partis dans un autre univers
De nous tendre la main par l'amour qui nous reste
Pour nous aider parfois à franchir des frontières.

Est-ce nous qui pouvons au travers de l'espace
Influencer ainsi la course des années
Où serait-ce un lambeau de leur chagrin qui passe
En déposant des fleurs sur le calendrier?

Il existe en tout cas dans les anniversaires
Une part de magie qui fait surgir d'ailleurs
Les visages ou les mots de ceux qui nous sont chers
Des êtres qui nous manquent et dorment dans nos cœurs.

Ils sont là quelque part pour un instant fugace
Et dans les joies souvent qu'ils partagent avec nous
Se rendorment, certains que rien n'a pris leur place
Que leur souvenir nous est resté très doux.

Sans amour, notre vie n'est plus qu'un long voyage
Un train qui nous emporte à travers les années
Mais celui qui regarde un peu le paysage
Ouvre déjà son cœur pour une éternité.

Au-delà des paroles et de la bienveillance
Il existe des voies difficiles à cerner
Faites de souvenirs, d'amour et de silence
Et que bien des savants vous diront ignorer.

Elles sont un privilège au cœur de la souffrance
Un baume pour les jours qu'on ne peut oublier
Qui pourrait avoir l'air d'être sans importance
Mais qui soigne des plaies difficiles à fermer.

J'ai un profond respect des dates anniversaires
Ces portes que le Temps dispose autour de nous

Pour ouvrir quelquefois nos cœurs à ces mystères
Et permettre au passé de voyager vers nous.

Pour ouvrir quelquefois nos cœurs à ces mystères
Et permettre au présent de nous sembler plus doux.

Yves DUTEIL.



### Ton absence

Comme une bouffée de chagrin
Ton visage ne me dit plus rien
Je t'appelle et tu ne viens pas
Ton absence est entrée chez moi.

C'est un grand vide au fond de moi
Tout ce bonheur qui n'est plus là
Si tu savais comme il est tard
Comme je m'ennuie de ton regard.

C'est le revers de ton amour
La vie qui pèse un peu plus lourd
Comme une marée de silence
Qui prend ta place et qui s'avance.

C'est ma main sur le téléphone
Maintenant qu'il n'y a plus personne
Ta photo sur la cheminée
Qui dit que tout est terminé.

Tu nous disais qu'on serait grands
Mais je découvre maintenant
Que chacun porte sur son dos
Tout son chemin comme un fardeau.

Les souvenirs de mon enfance
Les épreuves et les espérances

Et cette fleur qui s'épanouit sur le silence
Ton absence.

Je dors blotti dans ton sourire
Entre le passé et l'avenir
Et le présent qui me retient
De te rejoindre un beau matin.

Dans ce voyage sans retour
Je t'ai offert tout mon amour
Même en s'usant l'âme et le corps
On peut aimer bien plus encore.

Bien sûr, là-haut, de quelque part
Tu dois m'entendre ou bien me voir
Mais se parler c'était plus tendre
On pouvait encore se comprendre.

Mon enfance a pâli, déjà
Ce sont des gestes d'autrefois
Sur des films et sur des photos
Tu es partie tellement trop tôt.

Je suis resté sur le chemin
Avec ma vie entre les mains
A ne plus savoir comment faire
Pour avancer vers la lumière.

Il ne me reste au long des jours
En souvenir de ton amour
Que cette fleur qui s'épanouit sur le silence...
Ton absence.

Yves DUTEIL.

## La Jeune Lune
(extrait)

Mère, il est temps de m'en aller. Je m'en vais.
Lorsque l'obscurité mourante fera place
A l'aube solitaire et que, de ton lit,
Tu étendras les bras vers ton bébé, je dirai :
« Bébé n'est pas là. »
Mère, je m'en vais.
Je deviendrai un souffle d'air léger
Et je te caresserai ;
Quand tu te baigneras, je serai les rides de l'eau
Et je te couvrirai de baisers répétés.
Quand, par les nuits de tempête,
La pluie clapote sur les feuilles,
Tu entendras dans ton lit mes chuchotements
Et soudain, avec l'éclair,
Mon rire franchira ta fenêtre et éclatera dans ta chambre.
Si, toute au souvenir de ton bébé,
Tu ne peux t'endormir que bien tard dans la nuit,
Alors je chanterai du haut des étoiles :
« Dors, Maman, dors. »
Je me coulerai le long des rayons errants de la lune,
Au-dessus de ton lit, et m'étendrai sur ta poitrine
Pendant que tu dors.
Je me ferai rêve et, par la mince fente de tes paupières,
Je me glisserai jusqu'au plus profond de ton sommeil.
Tu t'éveilleras tressaillante et,
Tandis que tu regarderas autour de toi,
Je m'esquiverai au-dehors, en un clin d'œil,
Comme une luciole.
Lorsque, à la grande fête de Puja,
Les enfants des voisins viennent jouer autour de la maison,
Je me fondrai dans la musique des flûtes
Et palpiterai tout au long du jour.

Ma bonne tante arrivera,
Chargée des cadeaux de Puja, et te dira :
« Ma sœur, où est notre bébé ? »
Maman, tu lui répondras doucement :
« Il est dans la prunelle de mes yeux,
Il est dans mon corps,
Il est dans mon âme. »

Rabindranath TAGORE.

**Les Temps et la Durée**
Bible de Jérusalem,
(*livre de Qohéleth,* chap. III, v. 1-13)

Il y a un temps pour tout, et un temps pour chaque chose sous le ciel :
un temps pour enfanter, et un temps pour mourir,
un temps pour planter, et un temps pour arracher le plant,
un temps pour tuer, et un temps pour guérir,
un temps pour saper, et un temps pour bâtir,
un temps pour pleurer, et un temps pour rire,
un temps pour se lamenter, et un temps pour danser,
un temps pour jeter des pierres, et un temps pour amasser des pierres,
un temps pour embrasser, et un temps pour éviter d'embrasser,
un temps pour chercher, et un temps pour perdre,
un temps pour garder, et un temps pour jeter,
un temps pour déchirer, et un temps pour coudre,
un temps pour se taire, et un temps pour parler,
un temps pour aimer, et un temps pour haïr,
un temps de guerre et un temps de paix.
Quel profit a l'artisan du travail qu'il fait ?
Je vois l'occupation que Dieu a donnée
aux fils d'Adam pour qu'ils s'y occupent.
Il fait toute chose belle en son temps ;
à leur cœur il donne même le sens de la durée,

sans que l'homme puisse découvrir
l'œuvre que fait Dieu depuis le début jusqu'à la fin.
Je sais qu'il n'y a rien de bon pour lui,
que de se réjouir et de se donner du bon temps durant la vie.
Et puis tout homme qui mange et boit,
et goûte au bonheur en tout son travail,
cela, c'est un don de Dieu.

## Pensées

Pourquoi la mort ? Tôt ou tard l'épreuve est là, dans sa cruauté insupportable.
La mort, l'inacceptable qu'il faut apprendre à accepter.
Il faut savoir que la mort existe. Il faut savoir qu'elle frappera autour de nous, en nous, en ce que nous avons de plus cher.
Il ne faut pas croire que nous serons à l'abri de cette tourmente.
Il ne faut pas l'oublier.
Il faut savoir que nous serons blessés, et que la plaie restera vivante, toujours. Et qu'il faut vivre malgré tout.
Pourquoi la mort ? Comment vivre avec elle ? Une autre vie après la mort ?...
La mort de ceux qu'on aime, la mort des enfants, cela semble toujours injuste. Un arbre est déraciné sous lequel on aimait vivre, un arbre est abattu qui n'avait pas encore donné ses fruits.
On sort du cercle de la mort par l'action, par la vie.
Il faut vouloir survivre à la mort. Il faut construire par l'action, par la pensée, des barrages contre le désespoir.
La mort des êtres chers, c'est un cyclone qui vous aspire, où l'on peut se laisser entraîner, où l'on peut se laisser noyer.
Il faut s'éloigner du cyclone, il faut vouloir survivre.
Croire, c'est vouloir vivre.
Vivre jusqu'au bout, malgré la mort.

Croire, c'est croire en la vie.
Et donner la vie, c'est combattre la mort.
Car la vie doit chasser la mort.
A chaque printemps l'arbre refleurit. Et l'automne alors, et l'hiver ne sont plus que des saisons parmi d'autres.
Il faut que l'homme apprenne à voir la mort comme un moment de la vie.
Il ne faut pas forcer le cours naturel des choses.
Il est un temps pour la souffrance, et un autre pour la guérison.
Être fidèle à ceux qui sont morts, ce n'est pas s'enfermer dans sa douleur.
Il faut continuer de creuser son sillon : droit et profond. Comme ils l'auraient fait eux-mêmes. Comme on l'aurait fait avec eux. Pour eux.
Être fidèle à ceux qui sont morts, c'est vivre comme ils auraient vécu.
Et les faire vivre en nous.
Et transmettre leur visage, leur voix, leur message aux autres.
A un fils, à un frère, ou à des inconnus, aux autres quels qu'ils soient.
Et la vie tronquée des disparus alors germera sans fin.
En soi, seulement en soi et par soi, on peut décider de vaincre le désespoir de la mort. Puis il faut se tourner vers les autres. Vers la vie innombrable.
Un arbre survit d'abord par ses racines. Mais sans le soleil, il dépérit.
Les autres sont notre soleil... La mort ne peut être vaincue que par la fraternité avec les autres.
Je ne meurs pas, puisque je suis partie d'un tout vivant...

.. Quand la mort frappe autour de soi : les êtres qu'elle abat continuent de vivre dans le souvenir de ceux qui demeurent. Ils vivent encore car l'univers est une éternité qui se transforme.

Et l'homme est une parcelle de cet univers, et donc de cette éternité.
Comme l'univers, il se transforme.
Sa mort, ce point où la vie éclate, est un passage.
Car la vie dans l'univers ne cesse pas : elle est éternelle.
Et la mort n'est que la fin d'une forme de vie,
Qui renaît ailleurs, sous mille formes nouvelles.

Martin GRAY
(*le Livre de la vie,* chap. V, « La mort »).

## Pensées

La vie toujours bascule entre l'ombre et la clarté, l'espoir et le désespoir, la tourmente et la paix.
Toujours la vie est à reconquérir.
Ceux qui croient avoir atteint le dernier obstacle se trompent : il y a toujours un autre obstacle. Un autre combat.
Quand cesse le combat, quand devant soi s'étend la plaine vide, sans muraille dressée qu'il faut passer, alors c'est le temps de la mort.
Naître, c'est déjà se battre, souffrir, être arraché à la douceur passive et tiède du sein. Il faut accepter la souffrance et la bataille. Elles sont la vie.
... La vie, c'est d'abord des projets, des projets qu'il faut se donner.
Car la vie, c'est construire, édifier, élever. Pierre après pierre, pensée après pensée, acte après acte, apprendre soi, apprendre le monde, pour se connaître, le connaître, changer, le changer.
Pour atteindre la paix intérieure, la seule qui puisse durer...
Vivre, ce n'est pas seulement se laisser aller au fil du courant. Un jour, le courant peut cesser de porter. Un jour, le tourbillon peut vous entraîner vers le fond ou vers les marécages.

Vivre, c'est savoir pourquoi on vit.
Vivre, c'est vouloir vivre.
Vivre, c'est avoir foi en la vie...
L'épreuve, c'est le moment de la vie qui dit la vérité des êtres.
Avant elle, on ne sait jamais tout d'un homme.
Puis vient la tourmente : des arbres tombent, d'autres qu'on croyait forts plient, abdiquent, et d'autres qu'on croyait lâches se redressent.
L'épreuve est sans pitié : elle permet de connaître et de se connaître...
Dans chaque vie, vient un moment où s'ouvre devant soi un gouffre.
Vivre, c'est réussir à ne pas y tomber.
Vivre, c'est savoir le regarder et s'écarter.
Vivre, c'est avancer : c'est-à-dire croître, s'épanouir par le bonheur, mais aussi apprendre à tirer du malheur sa leçon.

Martin GRAY
(le *Livre de la vie,* chap. VI, « La vie »).

**Le Petit Prince**
(extrait du chap. XXVI)

— Moi aussi, aujourd'hui, je rentre chez moi...
Puis mélancolique :
— C'est bien plus loin... c'est bien plus difficile...
Je sentais bien qu'il se passait quelque chose d'extraordinaire. Je le serrais dans les bras comme un petit enfant, et cependant il me semblait qu'il coulait verticalement dans un abîme sans que je pusse rien pour le retenir...

... De nouveau, je me sentis glacé par le sentiment de l'irréparable. Et je compris que je ne supportais pas l'idée de ne plus jamais entendre ce rire. C'était pour moi comme une fontaine dans le désert.
— Petit bonhomme, je veux encore t'entendre rire...
Mais il me dit :

— Cette nuit, ça fera un an. Mon étoile se trouvera juste au-dessus de l'endroit où je suis tombé l'année dernière...

— Petit bonhomme, n'est-ce pas un mauvais rêve cette histoire de serpent, de rendez-vous et d'étoile...

Mais il ne répondit pas à ma question. Il me dit :

— Ce qui est important ne se voit pas...

— Bien sûr...

— C'est comme pour l'eau. Celle que tu m'as donnée à boire était comme une musique, à cause de la poulie et de la corde. Tu te rappelles... elle était bonne.

— Bien sûr...

— C'est comme pour la fleur. Si tu aimes une fleur qui se trouve dans une étoile, c'est doux la nuit de regarder le ciel. Toutes les étoiles sont fleuries.

— Bien sûr...

— Tu regarderas, la nuit, les étoiles. C'est trop petit chez moi pour que je te montre où se trouve la mienne. C'est mieux comme ça. Mon étoile, ça sera pour toi une des étoiles. Alors toutes les étoiles, tu aimeras les regarder... Elles seront toutes tes amies. Et puis je vais te faire un cadeau.

Il rit encore.

— Ah ! petit bonhomme, j'aime entendre ce rire !

— Justement ce sera mon cadeau... Ce sera comme pour l'eau...

— Que veux-tu dire ?

— Les gens ont des étoiles qui ne sont pas les mêmes. Pour les uns, qui voyagent, les étoiles sont des guides. Pour d'autres, elles ne sont rien que des petites lumières. Pour d'autres, qui sont des savants, elles sont des problèmes. Pour mon businessman, elles étaient de l'or. Mais toutes ces étoiles-là se taisent. Toi tu auras des étoiles comme personne n'en a...

— Que veux-tu dire ?

— Quand tu regarderas le ciel, la nuit, puisque j'habiterai dans l'une d'entre elles, puisque je rirai dans l'une d'entre elles, alors ce sera pour toi comme si riaient toutes les étoiles. Tu auras, toi, des étoiles qui savent rire !

... Et il me prit par la main. Mais il se tourmenta encore :

— Tu as eu tort. Tu auras de la peine. J'aurai l'air d'être mort, et ce ne sera pas vrai...

Moi je me taisais.

— Tu comprends. C'est trop loin. Je ne peux pas emporter ce corps. C'est trop lourd.

Moi je me taisais.

— Mais ce sera comme une vieille écorce abandonnée. Ce n'est pas triste les vieilles écorces...

Antoine de SAINT-EXUPÉRY.

(*Le Petit Prince*, © éd. Gallimard).

# CONCLUSION

En cette fin de XX^e siècle, la mort et le deuil restent des sujets tabous, qui engendrent, quand on les aborde, gêne, silence, malaise, voire agacement ou suspicion de pathologie. Tout semble être fait pour nous empêcher de penser à la mort et nous étourdir. Pourtant, depuis les origines, la mort et la vie sont intimement liées, entremêlées et comme tissées. Le déroulement de la vie comporte une succession de joies et de deuils qui s'intègrent plus ou moins naturellement, au fil des ans.

Enfant, il nous faut renoncer au sein maternel pour grandir, puis choisir de quitter l'insouciance de l'enfance lorsque à l'adolescence nous découvrons les premiers engagements d'adultes et les premières responsabilités. Au moment de choisir une vocation, un conjoint, une direction de vie, nous faisons le deuil de tout ce que nous ne choisirons pas pour accueillir la nouveauté. Lorsque nous vieillissons, c'est le deuil d'un corps jeune et en pleine forme que nous devons intégrer, et l'apprentissage de limites nouvelles. Dans notre vie conjugale et familiale, les deuils se succèdent aussi : nous les côtoyons au sein de notre couple d'abord et, jour après jour, nous apprenons à découvrir, non pas le conjoint que nous avions imaginé, celui dont nous avions rêvé, mais celui qu'il est. Nous découvrons nos enfants, non pas tels que nous les attendions, mais tels qu'ils sont, et l'acceptation de leur choix de vie nous oblige parfois à abandonner en chemin de vieux rêves.

Par-delà ces deuils, ces renoncements, ces abandons successifs, nous pouvons trouver une joie à vivre l'étape suivante, à découvrir l'avenir si différent de la façon dont nous l'avions envisagé, à nous laisser surprendre par la vie nouvelle qui surgit de ces « morts ». En effet, dans tous ces passages de deuil, loin de faire table rase du passé, nous en faisons la base de la nouvelle construction. C'est à partir de notre enfance que nous construisons notre adolescence, à partir de notre adolescence que nous nous engageons dans la vie, à partir de notre vie de fils et de fille que nous construisons notre vie de parents, etc.

Au contraire, la mort d'un enfant marque toujours radicalement, pour son père ou sa mère, la fin d'une vie... La fin d'un bonheur qui ne pourra jamais plus renaître de la même façon, la fin d'une façon de penser, la fin de l'insouciance, la fin de certaines valeurs que l'on pensait importantes, voire essentielles, la fin surtout d'un devenir et d'un avenir, l'enfant étant par essence celui par qui les parents se projettent dans l'avenir.

A sa naissance, ils ont appris à investir toute leur énergie et leur amour dans et autour de leur enfant. A sa mort, ils restent avec ce surplus d'amour et d'énergie à réinvestir. Plusieurs chemins s'ouvrent alors devant eux :

— le chemin de l'oubli. Essayer de ne plus penser à tout cela, de le nier, s'étourdir et fuir pour ne plus voir la réalité ;

— le chemin de l'isolement, de l'enfermement, qui amène à construire un rempart autour de soi, pour vivre sa souffrance seul, sans l'aide de personne. On se rend alors inaccessible à l'autre ;

— le chemin de la révolte, qui consiste à crier son indignation contre cette injustice qui nous frappe, et à se révolter aussi contre Dieu et la vie qui peuvent engendrer de tels malheurs ;

— le chemin du culte du passé, qui nous conduit à magnifier, à embellir, à parer de toutes les vertus cet enfant que nous n'avons plus, et la vie que nous avons partagée avec lui ;

— le chemin de l'inquiétude, de l'angoisse face au lendemain, qui peut encore vous apporter d'autres épreuves similaires.

Le vrai chemin de deuil consiste à apprendre à doser justement l'oubli et le retour sur le passé, la solitude et la fuite en avant, la révolte et la résignation, l'angoisse de l'avenir et le fatalisme, pour retrouver petit à petit un équilibre qui prendra en compte à la fois cette vulnérabilité causée par l'absence de notre enfant et la force nouvelle qu'elle nous donne.

Si la naissance de notre enfant nous avait introduits au mystère de la vie, la mort de notre enfant nous fait plonger dans ce mystère et rejoindre les questions essentielles... Comment la vie peut-elle être si fragile puisqu'elle n'est qu'un souffle, et si forte puisqu'elle résiste à tant d'épreuves ? A-t-elle la même signification lorsqu'on meurt à 1 an ou à 100 ans ? Qu'est-ce qui est réellement important dans cette vie ? Que faisons-nous sur cette terre ?

Faire le deuil de son enfant, ce n'est pas effacer sa vie ni l'amour que nous avons pour lui, c'est décider de se rebâtir, de changer de vie grâce à lui, et c'est ce qui donne sens au temps de vie qu'il a partagé avec nous, avec ceux qu'il aime.

Ce chemin d'apprivoisement est long, très long, et il

faut souvent accepter de retourner à la case départ. Mais au bout du chemin, il y a la reconstruction toujours possible : celle d'un moi différent, centré autrement, pauvre de tant d'amour qui ne sera pas donné, de tant de découvertes qui ne seront pas faites, de tant de liens qui ne seront pas tissés, mais riche aussi de tant d'amour plus vrai, plus fort, de tant de découvertes insoupçonnées, de tant de liens nouveaux qui n'auraient sans doute jamais été tissés. Riche également d'une qualité de vie différente, d'un amour de la vie qui donne la force d'avancer vers demain.

Apprivoiser l'absence est donc un travail de patience qui ne se terminera vraiment qu'à notre propre mort. C'est savoir que nous pourrons faire deux pas en arrière après en avoir fait un en avant, et sans cesse nous remettre à l'ouvrage pour essayer d'avancer. C'est apprendre à vivre avec une épine dans le cœur, que personne ne pourra nous enlever. C'est accepter d'être vulnérables et de ne pas gérer comme nous le voudrions les moments d'émotion, de déprime, de découragement. C'est comprendre enfin que nous sommes les seuls acteurs du chemin que nous avons à parcourir, car il ne se fera qu'au creux de notre cœur. Personne ne peut le faire à notre place, et il n'appartient qu'à nous de juger du bien-fondé des étapes que nous décidons de vivre et des moyens que nous nous donnons, car, comme le disait une maman, « la souffrance ne s'explique pas, ne se communique pas, elle se vit ».

La mort de notre enfant est un attentat, l'explosion d'une bombe qui nous laisse amputés. Mais la vie est là qui nous attend, et il va nous falloir trouver des béquilles pour continuer à marcher. Bien sûr, plus rien ne sera comme avant, mais nous avancerons, et c'est l'essentiel.

N'oublions jamais, en tout cas, qu'il n'y a pas de souffrance sans croissance, ni de croissance sans souffrance, et qu'en ce sens, la mort de notre enfant ne peut rester lettre « morte » dans notre vie. C'est à nous de laisser naître cette croissance, et d'apprendre, lentement, à en lire les signes.

C'est à nous de décider si nous allons faire de la mort de notre enfant un événement destructeur qui met un terme à notre goût de vivre, ou une pierre d'angle qui nous permettra de construire une vie différente, certes, mais toujours source de bonheur.

Puissions-nous trouver l'élan du départ dans cette phrase de Charles Dickens : « En avant ! par les mauvais chemins s'il n'y en a pas d'autres, par les bons chemins s'il se peut, en avant ! En avant par-dessus tous les obstacles ! »

# ANNEXES

# BIBLIOGRAPHIE

En plus de sa fonction classique qui est d'indiquer les sources de cet ouvrage, cette Bibliographie voudrait guider les parents dans le choix de livres pouvant les aider dans leur cheminement. Dans cette optique, je me suis donc permis de décrire très brièvement le contenu de certains ouvrages.

## LIVRES GÉNÉRAUX SUR LA MORT

BARDET (Vincent), CREPON (Pierre), DESHIMARU (Taisen), DURIN (Jean), HERBERT (Jean), LAGRANGE (Bruno), MARIEL (Pierre), RINPOCHE (Sogyal), *la Mort est une autre naissance,* « Espaces libres », Albin Michel, 1989.
Une étude sur la mort du point de vue de toutes les religions fondamentales.

BAUDET (Monique), *le Fil ténu de la vie,* Les Éditions Ouvrières, institut Pierre-et-Marie Curie, 1985.
A travers les dessins réalisés dans le service de pédiatrie de l'institut Pierre-et-Marie Curie par des enfants atteints de cancer, l'auteur analyse leur approche de la maladie et de la mort.

CARREZ (Daniel), DALOUBEIX (Suzanne), DEUNFF (Jeannine), *Dis, maîtresse, c'est quoi la mort ?,* C.R.D.P., Dijon, 1990.

Un livre très complet sur l'annonce de la mort à l'enfant qui a pour but d'aider les éducateurs à faire comprendre concrètement que la mort fait partie de la vie à tous les enfants, quelles que soient les opinions philosophiques ou religieuses de leur famille.

DEBRA (Anne), DOPCHIE (Nicole), MAURUS (Renée), HARNISCH (Rainer), APPELBOOM-FONDU (Jocelyne), VAN DER MARCKEN (Martine), *l'Enfant, la maladie et la mort*, éd. Nicole Delvaux-Darius Razavi, 1987.
Un livre sur l'impact de la maladie grave et de la mort sur la famille, les soignants et l'enfant lui-même.

HIRSCH (Emmanuel) [entretiens avec], *Partir : l'accompagnement des mourants*, Le Cerf, 1986. Contient un entretien avec Françoise ROSENBLATT intitulé : « L'enfant qui meurt. »

*La Mort à vivre : approche du silence et de la souffrance*, Éditions Autrement, février 1987, n° 87.
Dans cette vaste fresque d'articles centrés sur la mort et son approche, un article de Simon D. KIPMAN intitulé « Le scandale le plus grand », sur la mort des enfants, et un article de Thérèse CASATI intitulé « Papy est parti dans une fusée », sur les questions que se posent les enfants à propos de la mort, et l'importance du fait que les adultes puissent aborder ce problème clairement avec eux et répondre à toutes leurs interrogations.

KUBLER-ROSS (Élisabeth), *la Mort et l'enfant*, Éditions du Tricorne, 1986.
Une étude très complète sur ce thème, émaillée de témoignages d'enfants et de parents.

KUBLER-ROSS (Élisabeth), *Vivre avec la mort et les mourants*, Éditions du Rocher, Éditions du Tricorne, 1990.
Au fil des pages, l'auteur nous aide à apprivoiser la mort et à la reconsidérer comme faisant partie intégrante de la vie. Un chapitre sur la mort des enfants.

KUBLER-ROSS (Élisabeth), *la Mort, dernière étape de la croissance*, Éditions du Rocher, 1985.
L'auteur présente la mort comme la dernière étape de croissance d'un chemin de croissance qui dure toute notre vie.

KUBLER-ROSS (Élisabeth), *la Mort est un nouveau soleil*, Éditions du Rocher, 1988.
L'auteur nous aide à aborder la mort comme un commencement et non comme une fin.

KUBLER-ROSS (Élisabeth), *les Derniers Instants de la vie*, Éditions Labor et Fides, 1989.

MOODY (Raymond), *la Vie après la vie*, coll. « Les Énigmes de l'Univers », Robert Laffont, 1977.
L'auteur a rassemblé dans cet ouvrage un grand nombre de témoignages de personnes ayant fait l'expérience de la mort qui racontent leur expérience après leur retour à la vie.

MARTINO (Bernard), *Voyage au bout de la vie*, éd. Balland, 1987.
A lire impérativement pour avoir un regard nouveau sur la mort.

NIQUET (Gilberte), *la Mort espoir, enquête sur l'au-delà*, « Vie des hommes », Nouvelles Cités, 1988.
Après avoir accompagné sa mère, l'auteur se pose les questions de chacun d'entre nous face à la mort et à l'au-delà, et cherche des réponses.

OSIS (Harris) et ERLENDUR (Haraldsson), *Ce qu'ils ont vu au seuil de la mort*, Éditions du Rocher, 1982.

PAUL-CAVALLIER (François), *Mourir vivant : au risque de l'amour*, Médiaspaul, 1990.

PAUL-CAVALLIER (François), *Accompagner la vie*, Médiaspaul, Éditions Paulines, 1990.

RIMBAULT (Ginette), *l'Enfant et la mort*, Privat, coll. « Éducation et culture », 1986.
Des enfants malades parlent de la mort. Problèmes de la clinique du deuil.

VAN EERSEL (Patrice), *La Source noire. Révélations aux portes de la mort*, Grasset, 1986 (édité en Livre de Poche).
Une confrontation par d'éminents psychiatres, cardiologues, chirurgiens, biologistes et physiciens de toutes les parties du monde sur les expériences et témoignages de ceux qui ont frôlé la mort.

DOCUMENTATION GÉNÉRALE

DEL CASTILLO (Michel), *Tanguy*, Presses Pocket, 1978.

DEMERS (Jocelyn), *Victimes du cancer, mais... des enfants comme les autres*, Éditions Leucan, Canada, 1986.

FABRE (Nicole), *S'il te plaît, écoute-moi cinq minutes*, Mame, 1989.

GIBRAN (Khalil), *le Prophète*, Casterman, 1973.

GRAY (Martin), *le Livre de la vie*, éd. J'ai Lu, 1988.

GRAY (Martin), *les Forces de la vie. Découvrir et guider notre énergie psychique*, éd. J'ai Lu, 1990.

RITSOS (Yannis), *la Sonate au clair de lune*, Seghers/Autour du monde, 1976.

SAINT-EXUPÉRY (Antoine de), *le Petit Prince*, N.R.F., Gallimard, 1990, 1re édition, 1946.

SALOME (Jacques), *Papa, maman, écoutez-moi vraiment. Pour mieux entendre le langage de tous nos enfants*, Albin Michel, 1989.

LIVRES SUR LE DEUIL

AUGAGNEUR (Marie-France), *Vivre le deuil : de la désorganisation à une réorganisation*, Les Éditions Ouvrières, Bruxelles, Chronique sociale. Lyon, coll. « L'Essentiel », 1991.
Après trente années passées en tant qu'infirmière auprès des mourants et de leur famille, l'auteur constate la difficulté de continuer à vivre pour « ceux qui restent ». Elle propose des pistes leur permettant de se situer et de réagir, pour retrouver un sens à la vie bouleversée.

DELISLE (Isabelle), *Survivre au deuil : l'intégration de la perte*, Éditions Paulines, Canada, 1988.
La perte remet brutalement en question le sens de notre existence. Nous nous rendons compte de notre fragilité et de l'importance des liens que nous créons. Comment survivre à

cette crise ? Le livre d'Isabelle Delisle y répond avec un regard très intérieur.

Fédération des associations de veuves civiles chefs de famille et ministère des Affaires sociales, 2e Colloque : *Face au deuil par mort subite,* 1er décembre 1989. Trois articles : « Comprendre et accompagner le deuil chez l'enfant », de J. RUTGERS ; « Le deuil chez l'enfant », de P. BONNIGAL ; « L'enfant confronté à sa propre mort », de A.-M. FILLIOZAT.

HUMBLET-VIEUJANT (Françoise), *l'Estuaire : nouvelles réflexions sur la mort et la vie,* éd. Artel, chaussée de Gand 14, 1050 Bruxelles, 1992.

SARNOFF-SCHIFF (Harriet), *Parents en deuil,* coll. « Réponses », Robert Laffont, 1984.
L'auteur, qui a perdu un petit garçon de 10 ans, connaît la souffrance des parents et parle du deuil avec des mots simples et justes. Elle offre des conseils pratiques, concrets et réalistes, tirés de sa propre expérience et de celle d'autres parents éprouvés, de psychiatres et psychologues, de conseillers religieux. Son livre doit aider à affronter la mort imminente, ou déjà présente, d'un enfant, et à reconstruire sa vie après.

Fraternité « Jonathan - Pierres vivantes », *les Ailes de l'aurore,* Hovine, Belgique, 1988.
Des témoignages de parents qui ont perdu leur enfant, des témoignages de scientifiques, de philosophes et de poètes, de réconfortants, et une approche du monde invisible à travers ceux qui en ont fait l'expérience.

*Parents orphelins,* témoignages de parents à la suite du décès de leur enfant, Louise Courteau éditrice, Canada, 1990.

MONBOURQUETTE (Jean), *Grandir, aimer, perdre et grandir — l'art de transformer une perte en gain,* Éditions du Richelieu Ltée, Canada, 1989.
Prêtre et psychologue, l'auteur a écrit ce livre comme une sorte de rituel pour la guérison et la croissance, à la suite d'une perte affective. De très beaux textes illustrés par de belles photos, à lire un peu chaque jour.

## MÉMOIRE

DEECKE (Anne), *Impact sur le couple du décès d'un enfant,* mémoire d'A.F.C.C.C., cycle 26 (formation clinique de thérapeute de couple), mars 1989, Suisse.

## TÉMOIGNAGES DE PARENTS

BEGUIN (Chantal), *Anne et Dieu,* éd. Médialogue, 1990.
Le chemin de deuil de la maman d'Anne fauchée par une voiture à 18 ans, et une réflexion sur ce qu'ont fait naître dans son cœur de mère la mort et la vie de sa fille.

BOCCARA-CACOUB (Mireille), *Je ne t'oublie pas, Dominique,* Julliard, 1980.
S'appuyant sur le journal de sa fille morte de leucémie à l'âge de 17 ans, l'auteur raconte l'expérience de Dominique, son chemin vers la mort, et la création de l'association Dominique-Cacoub, qui soutient moralement et financièrement aujourd'hui ceux qui sont atteints de maladie du sang et leur famille en difficulté.

BOURGEOIS (Laurence), *Départs,* Sylvère, Compagnie méridionale d'édition, 1993. (470, chemin des Pins, 34170 Castelnau-le-Lez.)

BRAEMER (Luc), *Je n'ai pas pu lui dire au revoir,* Sylvère, Compagnie méridionale d'édition, 1993. (470, chemin des Pins, 34170 Castelnau-le-Lez.)

CANTENOT (A.-G.-A.), *Benjamin, la nuit du matin,* « A Pleine Vie », Les Éditions Ouvrières, 1987.
Le cheminement de Benjamin, décédé d'une leucémie à l'âge de 7 ans. Des pages pleines d'émotion, de tendresse et d'espoir. Une belle leçon de vie.

CHAIX (Marie), *le Fils de Marthe,* éd. Calmann-Lévy, 1990 (édité en Livre de Poche).
Une femme médecin, divorcée, perd son fils unique à 21 ans dans un accident. Ce livre décrit son long voyage dans le deuil jusqu'au fond du gouffre, et sa remontée dans la vie.

DEJARNAC (Monique), *Mon amour, ma chrysalide,* Le Centurion, 1985.

Ce récit de la mère d'une jeune fille morte de cancer à 17 ans est l'histoire d'un amour où la naissance et la mort n'ont pas de frontières.

DELOBETTE (Lucie), *J'entends le ciel rêver,* édité à compte d'auteur par les parents de Lucie, 1990.

Le journal de Lucie avant sa mort accidentelle à 20 ans. Un cheminement humain et spirituel extraordinaire. Pour se procurer ce livre, envoyer un chèque à M. et Mme Delobette, Les Aubiers, chemin des Écoles, 59780 Willems (prix de revient du livre : 50 F). L'intégralité de votre don sera remis à l'association « Les Enfants du Mékong ».

DUPOUY (Mireille), *Si on en parlait,* réalisé dans l'unité onco-pédiatrique du CHRU de Reims, en collaboration avec les enfants, 1992.

EKNER (Reïdar), *Voyez cet enfant. Tu dors, mon enfant, tu ne respires plus...,* éd. Cénomane-Tabou, 1988.

Le témoignage d'un père face à la mort de son enfant.

FONTAINE (Michel et Christine), *Vivre toujours,* éd. Saint-Paul, 1987.

Le témoignage d'un couple sur son chemin spirituel en couple après la mort de leur fils étudiant.

GREIS (Aïda), *Franck, un hymne à la vie,* éd. Acropole, 1990.

Bouleversant message d'amour d'une mère à son fils mort de leucémie, ce livre est aussi une leçon d'espérance, de courage et de dignité.

GRUGET (Aliette), *Alexis, mort et vie d'un enfant,* Le Cerf, 1990.

Le chemin spirituel d'une mère un an après la mort subite de son bébé. En termes simples et lumineux, comment relier la foi à la mort d'un enfant.

HUMBLET-VIEUJANT (Françoise), *la Rivière du silence : réflexions sur la mort et la vie,* éd. Novissima, Belgique, 1978.

Une analyse très perspicace des peurs et des questions de parents qui ont perdu un enfant, par une mère qui a perdu deux fils et deux filles, et des essais de réponses.

LAROCHE (Michel), *Mon fils est né au ciel,* éd. Fayard, coll. « Les Enfants du Fleuve », 1993.

LOWRY (Lois), *Un été pour mourir*, Travelling, 1990.
Le récit simple et bouleversant d'une année au cours de laquelle une adolescente va assister à la maladie, puis à la mort de sa sœur de 15 ans.

LUND (Doris), *Éric, printemps perdu*, éd. Flammarion, 1975, édité en Livre de Poche.
Une mère décrit le cheminement de son fils, mort de leucémie à 17 ans, et le sien.

MAURICE (Janie), *Bruno, mon fils*, une mère et les médecins, éd. du Club France Loisirs, 1982.

MIQUEL (André), *le Fils interrompu*, éd. Flammarion, 1971.
Le témoignage d'un père qui accompagne son fils atteint d'un cancer.

MONTVIC (Jacqueline), *Balbutiements. Le Deuil et la vie*, éd. Hovine, 1991.

MOUSSEAU (Renée), *Mon enfant, mon amour*, éd. J'ai Lu, 1979.
Le douloureux chemin d'une maman auprès de son enfant leucémique de 6 ans.

TOULAT (Jean), *Ces enfants du ciel*, éd. Fayard, coll. « Les Enfants du Fleuve, 1993.

VAN HEUCKELOM (Lutgard), *Lettre à Miriam. Une mère dit adieu à sa fille*, Duculot, 1993.

TÉMOIGNAGE D'ENFANT

SALAVERRI (José-Maria), *Et si Dieu me parlait ! Faustino*, Le Sarment-Fayard, 1989.

CASSETTE AUDIO

PAUL-CAVALLIER (François), *Deuil et séparation*, Sonothèque-Média, B.P. 32, 31801 Saint-Gaudens.

CASSETTE VIDÉO

MEIGNIER (Michel), *La Mort de l'enfant.*
On y trouve des interviews de spécialistes de l'enfant, tels que Mme Nicole Alby, le Dr Annie Gauvain-Piquard, Daniel Oppenheim, Mme Ginette Raimbault, ainsi qu'un témoignage de maman. Pour se la procurer, contacter l'A.E.F.M., 7-9, rue de la Faïencerie, 44035 Nantes Cedex.

LIVRES SPIRITUELS

*Alliance*, revue, « La mort des nôtres », Foyers d'aujourd'hui, janvier-février 1986, n° 43.

BELLET (Maurice), *l'Épreuve*, Desclée De Brouwer, 1988.

*Christus*, revue, « Approches de la souffrance : passion et compassion », n° 152, octobre 1991.

KESTER (François-Marie) et DESOS (Thérèse), *Où va la vie ? l'au-delà*, coll. « Première Bibliothèque de connaissance religieuse », Mame, 1988.
S'appuyant sur la Bible et sur la Tradition, ce livre essaie de répondre aux questions que se posent les hommes d'aujourd'hui sur l'au-delà.

MARGUERAT (Daniel), *Vivre avec la mort : le défi du Nouveau Testament*, Éditions du Moulin, 1987.

THÉVENOT (Xavier), *Souffrance, bonheur, éthique, conférences spirituelles*, éd. Salvator, 1990.

VARILLON (François), *Joie de croire, joie de vivre*, éd. du Centurion, 1982.
Quelques chapitres très éclairants sur la mort et la Résurrection du Christ, ainsi que sur notre propre mort et notre résurrection.

VARONE (François), *Ce Dieu censé aimer la souffrance*, éd. du Cerf, 1985.
Au lieu de bâtir notre christianisme sur la peur et la culpabilité, l'auteur propose de le fonder sur la résurrection ; en lien avec tout ce qui l'a précédée dans la Révélation biblique, ce qui aboutit à une véritable initiation à la vie.

VARONE (François), *Ce Dieu absent qui fait problème*, éd. du Cerf, 1986.
L'auteur analyse les diverses attitudes face à l'absence de Dieu (religion, athéisme et foi), et en tire un principe d'interprétation pour aborder les questions fondamentales que se pose l'homme devant Dieu.

VERNETTE (Jean), *Peut-on communiquer avec l'au-delà ?*, Le Centurion, 1990.
A la lumière de la foi, ce livre fait le point sur cette question de manière très équilibrée.

ARTICLES EXTRAITS DE REVUES

ALBY (Nicole), « La mort de l'enfant », *Gazette médicale*, 1988, 95, n° 2, p. 39 à 42.
« Le couple après une mort subite du nouveau-né », article paru dans le bulletin de la fédération « Naître et Vivre », février 1990, p. 11-12.
« La fête des Mères », *Croix Magazine Nord/Pas-de-Calais*, 26 mai 1989, n° 1703.

GERNER (Margaret), « Le chagrin des grands-parents », Saint Louis Chapter T.C.F., Compassionate Friends, Oak Brooks, Illinois, 1984.

JALMALV, bulletin de la fédération « Jusqu'à la mort, accompagner la vie », « Le deuil », juin 1987, n° 9. « L'enfant : la mort, le deuil », juin 1992, n° 29.

KEBERS (Claire), « La famille, berceau de la vie et de la mort, tant de choses à dire », bulletin C.E.F.E.M. (Centre d'études et de formation à l'écoute des malades), n° 11.

LAENNEC, « Séparations, le deuil et sa dynamique », printemps 1989, nos 3-4 ; « L'enfant qui suit » (« The Subsequent Child »), U.S. Department of Health and Human Services, Public Health Service, Health Service Administration, Bureau of Community Health Services, Rockville, Maryland 20857.

*Naître et Vivre*, Grenoble : recueil de témoignages de parents intitulé « Notre enfant est mort ».

OPPENHEIM (Daniel), « Le vécu de la mort chez l'enfant », *Neuropsychiatrie de l'enfant,* 1988, 37, 8-9, p. 352-356.

*Prier,* « J'étais sa maman », novembre 1982, n° 46.

*Prier,* « Ils ont perdu un enfant », novembre 1988, n° 106.

*Revue de l'infirmière,* novembre 1990, n° 17, « L'enfant de remplacement » ; « Gérer la mort de l'enfant : la mort aiguë » ; « Gérer la mort de l'enfant : la mort attendue » ; « Le silence est pire que la mort. »

RIPPERT (Maryvonne), « Mathilde, je t'aime », *l'Enfant d'abord,* mars 1987, p. 54-55.

ROUSSEAU (Pierre), « Le deuil périnatal, psychologie et accompagnement », *Journal de gynécologie obstétrique et biol. reprod.,* 1988, 17, p. 285 à 294.
Problèmes du deuil pour l'enfant mort *in utero* ou mort-né.

SCHAERER (René), PILLOT (Janine), « Le deuil », *la Revue du praticien,* tome XXXVI, n° 9, 11 février 1986, 6, p. 493 à 500.

SOULE (M.), « Mort subite du nourrisson, problèmes psychologiques », *Neuropsychiatrie de l'enfance,* 1986, 34 (11-12), p. 501-506.

*Taking Care of Yourself,* The Washington State Chapter, National S.I.D.S. Foundation, Seattle, Washington 98105, et S.I.D.S. Northwest Regional Center, Seattle et Richland, Barbara Swenson and T.C.F., Austin, Texas.

Thanatologie, *La pathologie du deuil,* Bulletin n^os 93-94, 1993.
Contient un chapitre sur le deuil chez l'enfant.

Thanatologie, *L'Enfant de remplacement,* n^os 91-92, 1992. (Société de thanatologie, 17, rue Feutrier, 75018 Paris.)

## LIVRES AYANT TRAIT À LA MORT ET DESTINÉS AUX ENFANTS

### *1. Livres non religieux*

*Adieu, Valentin,* de Marit KALDHOL et Wende YEN, Éditions Pastel, L'École des Loisirs, 1990.
Deux enfants jouent, l'un des deux se noie. L'autre raconte ce qu'il ressent au moment de son enterrement et dans sa vie sans son ami (6-12 ans).

*Au revoir, Blaireau,* de Susan VARLEY, éd. Folio-Benjamin (5 à 10 ans).
Un matin, les amis de Blaireau se rassemblent devant sa porte, et s'inquiètent pour leur vieil ami, car il n'est pas sorti pour leur dire bonjour. Après avoir découvert sa mort, ils se remémorent tout ce qu'ils aimaient en lui, et qui continue à le faire vivre aujourd'hui. Livre plein de force et d'émotion à lire ensemble.

*Au revoir, oncle François,* de Diane KATHELYN, éd. Casterman (3-7 ans). Marmouset et la vie.

*Bob et Bobby,* T. de PAOLA, Albin Michel (5-7 ans).
Bob apprend à marcher à Bobby, son petit-fils. Puis c'est Bobby qui apprend à marcher à Bob, qui a bien vieilli. Une chaleureuse tendresse pour évoquer ce changement irréversible.

*Ce matin-là,* Centre de prévention M.S.N., association « Naître et Vivre-Bourgogne », 1991.
L'histoire de la mort subite de bébé cochon, et de l'annonce de la nouvelle à ses frères et sœurs. Les craintes et les questions de la fratrie. Pour obtenir ce livre, contacter l'association « Naître et Vivre », 71, rue Notre-Dame-des-Champs, 75006 Paris.

*Comme avant,* de Pili MANDELBAUM, Éditions Pastel, L'École des Loisirs, 1990.
Une petite fille voudrait retrouver la joie de vivre qui existait chez elle avant la mort de son papa. Elle le découvre « vivant » autrement (6-12 ans).

*Le dernier conte pour Calinou,* de Micheline MOTTE et Frédéric MANSOT, Mame, 1993.

*Deux Grands Amis,* ALIKI, Flammarion (5-7 ans).
Tout de sensibilité et de finesse, le cheminement tendre et serein d'un grand-père vers la mort et d'une petite-fille vers l'adolescence. Deux êtres que rien ne séparera.

*Faustine et le souvenir,* La Farandole (7-10 ans).
Faustine s'interroge sur la mort, se tourne vers ses grands-parents et, avec eux, réfléchit. Les mots « cimetière », « mort », « souvenir », « affection » prennent sens, et Faustine apaisée entrevoit la vie avec plus de force et de lucidité.

*Le Grand-Père d'Élise,* de L. PEAVY et R. HIMLER, Gallimard (7-10 ans).
Érica sait que le grand-père d'Élise va mourir, et doucement pressent les questions essentielles. Un récit sensible, sobre et très beau.

*Grand-Papa,* Flammarion (4-7 ans).
Une grande complicité entre une petite fille et son grand-père. Chaque planche est plus éloquente que mille mots, et la dernière révèle l'absence.

*Histoire de Charlotte, Philippe et grand-père : pour expliquer la mort à un enfant qui va perdre un grand-parent,* de Anne PLANTE, Éditions Paulines, Canada, 1992.

*Histoire de Josée : pour expliquer la mort à un enfant qui va perdre un parent,* de Anne PLANTE, Éditions Paulines, Canada, 1992.

*Histoire de Jonathan : pour expliquer la mort d'un enfant dans la famille,* de Anne PLANTE, Éditions Paulines, Canada, 1992.

*La Découverte de Petit-Bond,* de Max VELTHUIJS, Éditions Pastel, L'École des Loisirs, 1990.
A l'occasion de la mort d'un oiseau, des enfants découvrent la mort et la séparation (4-7 ans).

*L'Étrange Voyage de Sophie,* Els PELGROM, Folio Juniors, 1988.
Sophie, très malade, ne peut quitter son lit. Elle fait un curieux voyage dans un pays étrange et inconnu, où elle découvre ce qui nous arrive « quand on est mort ».

*Leïla,* de Sue ALEXANDER et Georges LEMOINE, Éditions du Centurion - Jeunesse (8-14 ans).
L'histoire de la fille d'un cheikh bédouin, qui a dix ans et dont le frère Slimane meurt. Devant l'extrême souffrance de son père, elle essaie de lui faire découvrir la nouvelle présence de Slimane parmi eux.

*Le Petit Prince,* de A. de SAINT-EXUPÉRY, N.R.F., Gallimard, 1946 (1re éd.).

*Marianne se souvient,* S. JUCKER, Éditions du Cerf (4-5 ans).
Elle raconte à la première personne sa grand-mère morte, la tristesse, la peur, les questions qui s'ensuivent, et aussi les souvenirs qui affluent et maintiennent vivant l'être aimé.

*Nanie d'en haut et Nanie d'en bas*, de TOMIE et PASCALE, Éditions du Centurion - Jeunesse (5-8 ans).
Une mère, une grand-mère, une arrière-grand-mère : Thomas vit toute la richesse de ces relations et perçoit également l'absence, la tristesse, la mort et la force du souvenir (3-6 ans).

*Odette*, de Kay FEUDER et Philippe DUMAS, L'École des Loisirs, 11, rue de Sèvres, 75006 Paris (6-10 ans).
A la station de métro, personne. Le vieux monsieur n'était plus là. Odette a compris qu'elle ne le reverrait plus. Aujourd'hui, en souvenir de ce monsieur, les oiseaux font leur nid dans tous les chapeaux qu'ils trouvent (Odette est un oiseau).

*Un été pour mourir*, de L. LOWRY, éd. Duculot (10-12 ans).
Un été pour que Meg accepte, vive la mort de sa sœur aînée et découvre en même temps la force de l'amitié, de l'amour, de l'appel de la vie. Un roman qui force le cœur et l'attention.

2. *Livres religieux*

*Adrien perd un copain*, de Micheline MOTTE, Mame, 1992.

*Ce changement-là*, de Philippe DUMAS, L'École des Loisirs (11 ans et plus).
Une introduction au fait que la souffrance et la mort font partie de la vie.

*Ils vivront pour toujours*, de Marguerite VANDEWALLE et André POLAERT, Éditions Fleurus (5-8 ans).
Une réponse chrétienne aux questions que se posent les enfants sur la mort et ce qui se passe après.

*Images pour prier dans la peine*, Diane BARBARA et Fulvio TESTA, Le Centurion - Pomme d'Api, 1991.

*L'Ami Jésus*, de Charles SINGER et Gabriel GARCIA, Éditions Fleurus (6-9 ans).
Dans ce livre de prières, une très belle prière pour la maman de Nicolas, d'Étienne et de Laetitia. Il n'y a pas que les grands-parents qui meurent, on meurt aussi parfois quand on est jeune. Mais l'amour est plus fort que la mort. Pacifiant.

*La Vie change,* Valérie CHARPENTREAU et Jean-Louis DUCAMP, « Vivre et mourir », coll. « Réjouis-toi », Le Sénevé, 1982 (4-8 ans).
Avec les enfants, on regarde bouger la vie et l'on découvre l'immortalité de l'amour.

*Poèmes pour prier,* de Benoît MARCHON et Josse GOFFIN, Éditions du Centurion - Éveil religieux, coll. « Astrapi » (8-12 ans).
Deux pages superbes intitulées : « La mort, si c'était... » Une introduction délicate à l'action positive de la souffrance dans nos vies, à l'au-delà, et à l'aide que peuvent nous apporter ceux qui nous ont quittés.

*Quand grand-père est mort,* de Françoise DESTANG, Le Sénevé (4-6 ans).

*Souviens-toi, Rémi,* de Madou GODET, Éditions du Cerf, 1985.
Un des rares livres qui aborde le problème de la mort d'un jeune enfant, la réaction de sa classe.

*Un si gentil grand-père,* Desclée De Brouwer - Jeunesse (4-6 ans).
Deux albums qui, en termes simples et affectueux, parlent de la mort et lui donnent une signification chrétienne.

*Un étonnant secret,* coll. « Pomme d'Api », Éditions du Centurion - Éveil religieux (4-8 ans).
Quatre pages sur les questions de la mort. Apaisant et « vivant ».

*Un trésor caché,* coll. « Pomme d'Api », Éditions du Centurion - Éveil religieux (4-8 ans).
Trois chapitres sur : les chagrins et les peines ; les réveils et les commencements (la résurrection) ; le goût de la terre, qui éclairent à la lumière de l'Évangile des questions importantes.

Vous trouverez une Bibliographie très complète des livres ayant trait à la mort et destinés aux enfants dans le livre intitulé : *Dis, maîtresse, c'est quoi la mort ?,* édité par le Centre régional de documentation pédagogique de Dijon, que l'on peut commander à la Mutualité française, 255, rue de Vaugirard, 75719 Paris, Cedex 15.

## ASSOCIATIONS QUI AIDENT LES PARENTS EN DEUIL

AIDE AUX PARENTS D'ENFANTS VICTIMES
22, rue Baudin, 92130 Issy-les-Moulineaux.

Créée en 1991, à l'initiative de plusieurs parents d'enfants disparus ou assassinés, l'A.P.E.V. s'est fixé pour objectif d'apporter une aide morale et un réconfort aux familles confrontées à la même situation et de leur venir en aide tant au niveau financier, administratif et judiciaire que psychologique. Elle intervient également auprès des pouvoirs publics, afin qu'ils prennent l'exacte mesure des difficultés auxquelles les familles sont confrontées.

AMITIÉ DES PARENTS EN DEUIL
Mas des Oliviers, 1351 avenue Notre-Dame de Vie, 06250 Mougins. Tél. : 92 92 89 88. Fax : 93 90 01 56.

L'association offre un soutien psychologique aux parents qui ont perdu leur enfant, quel que soit l'âge ou la cause de la mort de l'enfant et leurs convictions religieuses.

ARC-EN-CIEL
Mme S. Leu, Kanzlerstr. 9, 8500 Frauenfeld, Suisse ; antennes à Genève, Lausanne, Neuchâtel.

CHOISIR L'ESPOIR
73, rue Gaston-Baratte, 59650 Villeneuve-d'Ascq. Tél. : 20 64 04 99. Fax : 20 64 05 02.

Aide aux enfants atteints de cancer et à leur famille.

Dans le cadre de l'accompagnement des enfants atteints de

cancer et de leur famille, « Choisir l'Espoir » est amenée à accompagner dans certains cas la phase terminale de l'enfant malade et sa mort. Pendant cette période douloureuse de la vie de l'enfant et de ses parents, les accompagnants offrent une écoute, une amitié chaleureuse, des services concrets qui soutiennent la famille. Ce soutien se prolonge pendant la première année qui suit le décès de l'enfant.

COMPASSIONATE FRIENDS

Ces groupes de soutien aux parents en deuil existent aux États-Unis, en Grande-Bretagne, aux Pays-Bas et dans les pays nordiques. Se procurer la liste auprès du siège britannique :

Compassionate Friends. Bereavement service for parents who have lost a child.
6, Denmark Street, Bristol B 515 QD. Tél. : 19 44 272 292778.

JONATHAN — PIERRES VIVANTES
55, rue Saint-Antoine, 75004 Paris. Tél. : 42 77 48 34.

La fraternité « Jonathan — Pierres vivantes » est animée par des parents qui ont perdu leur enfant, dans un but d'entraide morale et spirituelle. Elle accueille aussi les personnes que le départ d'un être cher (parent, époux, ami) a profondément affectées. Elle s'adresse à tous ceux qui acceptent d'entendre proclamer l'immortalité de l'être, dans le respect des différentes religions. Elle publie un bulletin tous les deux mois (abonnement annuel : six numéros, 80 F).

NAÎTRE ET VIVRE, Fédération nationale des associations pour l'étude et la prévention de la mort subite du nourrisson.
71, rue Notre-Dame-des-Champs, 75006 Paris. Tél. : 16 1 46 33 02 60.

PARENTS DÉSENFANTÉS
Avenue de la Lasne, 1332 Genval, Belgique.

Cette association accompagne les parents qui ont perdu un enfant au sein de groupes de parole animés par une écoute intense et en profondeur.

PHARE, Pour l'harmonie des relations enfants-parents.
7, rue Parrot, 75012 Paris. Tél. : 43 07 80 68. Fax : 43 45 12 97.

Fondée par une mère frappée par le suicide de son fils de 18 ans, cette association rassemble tous ceux qui sont touchés par l'appel au secours des enfants qui choisissent la mort comme solution, tous animés par la volonté non seulement de réagir contre l'autodestruction des jeunes, mais surtout de les aider à s'épanouir dans la vie.

SOUVENIR, AMITIÉ, SOLIDARITÉ
BP 166, 79205 Parthenay cedex. Tél. : 49 64 44 46 ou 49 64 12 04.

Pour se retrouver entre parents qui ont perdu un enfant. Le réconfort d'une écoute attentive et compréhensive. Réunions régulières et bulletin de liaison : *La Main tendue*.

VIVRE AVEC : SOLIDARITÉ FACE À LA MORT.
64, rue des Brizeaux, 79000 Niort. Tél. : 49 24 45 15.

Cette association a pour but d'être à l'écoute de toute personne venant de subir le deuil d'un proche, et de lui assurer l'assistance et le soutien nécessaires.

# REMERCIEMENTS

Je remercie :

Les cinquante-sept parents qui ont accepté de témoigner, et tous ceux dont les témoignages recueillis au téléphone ont nourri ce livre ;

L'association Compassionate Friends (« Les Amis Compatissants »), qui nous a donné l'autorisation de reproduire de nombreux documents qu'elle a édités en anglais ;

Le docteur Guy Cordier (pédopsychiatre), qui m'a guidée dans l'amitié avec tant de compétence, dans le cadre d'un travail de supervision au sein d'une équipe d'accompagnants de « Choisir l'Espoir » ;

L'association « Naître et Vivre », et en particulier le docteur Marielle Lachenal pour les nombreux témoignages de parents d'enfants décédés de mort subite et inexpliquée du nouveau-né qu'elle nous a fait parvenir.

| Prénom des parents | Enfant | Âge décès | Cause décès | Décédé(e) depuis |
|---|---|---|---|---|
| Christophe | Montaine | 1 jour | mort subite | 4 (ans) |
| Jean et Renée | Blandine | 1 jour | maladie | 33 |
| Jean et Marguerite | Brigitte | 2 mois | maladie | 52 |
| Carolyn | John | 2 mois | mort subite | 10 |
| François et Maryvonne P. | Gauthier | 3 mois | mort subite | 6 |
| Christophe | Gersende | 3 mois | mort subite | 7 |
| Maryvonne R. | Mathilde | 3 mois | mort subite | 2 |
| Dominique et Marielle L. | Thomas | 3 mois | mort subite | 9 |
| Ulla | Ginger | 8 mois | mort subite | 2 |
| Christian et Agnès | Céline | 2 ans | accident | 9 |
| Dominique et Marie-Thérèse | M.-Laetitia | 2 ans | maladie | 18 |
| Henri et Sylvie | Christophe | 3 ans | leucémie | 3 |
| Anne-Marie | Sophie | 3 ans | leucémie | 3 |
| Pierre et Élise | David | 4 ans | cancer | 8 |
| Patrick et Catherine C. | Fabien | 4 ans | leucémie | 1 |
| Yves et Geneviève | Benoît | 5 ans | cancer | 14 |
| Bernard et Catherine | Cécile | 5 ans | leucémie | 13 |
| Mme B. | Hélène | 5 ans | accident | 2 |
| Jackie et Martine | David | 6 ans | leucémie | 1 |
| Jean-Paul et Françoise | Élise | 6 ans | leucémie | 2 |
| Jean-Michel et Marie-Agnès | Élodie | 6 ans | cancer | 2 |
| Mme A. | Laura | 6 ans | cancer | 5 |
| Patrice et Danièle | Violaine | 6 ans | accident | 4 |
| Mme I. | Nicolas | 6 ans | cancer | 4 |
| Yvette | David | 7 ans | leucémie | 4 |
| Patrice et Annick | Géraldine | 7 ans | cancer | 8 |
| Pierre et Mireille | Isabelle | 7 ans | accident | 14 |
| Gérard et Monique W. | Julie | 7 ans | leucémie | 2 |
| Mme D. | Julien | 7 ans | leucémie | 3 |
| Michel et Éliane | Pascal | 7 ans | cancer | 2 |
| Mme D. | Michaël | 9 ans | cancer | 2 |
| René et Dominique M. | Céline | 10 ans | cancer | 5 |
| Marie-Josée et Alain | Delphine | 10 ans | dispar. et assass. | 3 |
| Mme G. | Bénédicte | 12 ans | cancer | 4 |

| Prénom des parents | Enfant | Âge décès | Cause décès | Décédé(e) depuis |
|---|---|---|---|---|
| Henri et Andrée | Emmanuel | 14 ans | accident | 7 |
| Bernard et Catherine | Coralie | 15 ans | leucémie | 3 |
| Claude et Marie-Josée N. | Gaëlle | 15 ans | maladie | 2 |
| Thérèse | Stéphane | 15 ans | cancer | 5 |
| Étienne et Monique R. | M.-Christine | 17 ans | cancer | 19 |
| Jacques et Lily | Annick | 18 ans | cancer | 22 |
| Christian et Colette | Benjamin | 18 ans | suicide | 4 |
| Mireille | Dominique | 18 ans | cancer | 13 |
| Mme L. | Philippe | 18 ans | cancer | 3 |
| M. et Mme T. | Henri | 19 ans | accident | 20 |
| Mme Z. | Alban | 20 ans | cancer | 18 |
| M. et Mme T. | Gérard | 20 ans | accident | 12 |
| Bruno et Babeth | Cédric | 21 ans | accident | 2 |
| Bernard et Marie-Odile | Catherine | 22 ans | accident | 8 |
| Anne | Maxence | 22 ans | suicide | 5 |
| Thérèse et Jean-Pierre | Lucie | 25 ans | accident | 2 |
| Yvonne et Daniel | Annie | 26 ans | maladie | 15 |
| Annie | Bruno | 27 ans | accident | 3 |
| Jean et Renée | Patrick | 31 ans | suicide | 11 |
| Jean et Renée | Anne | 34 ans | suicide | 2 |

# TABLE DES MATIÈRES

*Annexes*

AUX ÉDITIONS FAYARD
DANS LA MÊME COLLECTION

**SUR L'ENFANCE EN AFRIQUE :**

Les Petits Esclaves de la « *zeriba* » (Lecture exclusivement réservée aux adultes), Pierre Barbaix. (Sélection du Grand Livre du Mois.)

*Les Enfants de l'Apartheid,* Élise Fischer.

*Ekassi, graines d'espoir,* Philippe Hamel et Mouvement international ATD Quart Monde.

*Mauritanie : la Vie réconciliée,* François Lefort et Carmen Bader. (« Mention spéciale » du Jury pour le Prix Gabrielle-d'Estrées 1990.)

*Mes fils de la rue à Addis-Abeba,* Jacqueline Pirenne.

**SUR L'ENFANCE EN AMÉRIQUE DU NORD :**

*La Maison de l'Alliance. Les Enfants de la rue à New York,* Bruce Ritter.

**SUR L'ENFANCE EN AMÉRIQUE DU SUD :**

*Brésil, la guerre des enfants. Les mineurs assassinés,* Gilberto Dimenstein.

*Les Petites Filles de la nuit. Prostitution et esclavage au Brésil,* Gilberto Dimenstein.

*Enfants perdus du Brésil,* Henri Engelmann.

*Au plus petit d'entre les miens. Les gamins de Colombie,* Christophe Pélissié du Rausas.

**SUR L'ENFANCE EN ASIE :**

*Fils de l'I-sân,* Kampoon Boontawee.

*Philippines : les enfants du mépris,* Jean Dallais et Élise Fischer.

*Les Anti-Trottoirs de Manille. Pierre Tritz, père des enfants de la rue,* Jean-Claude Darrigaud.

*Les Enfants du Mékong,* Jean-Claude Darrigaud et Jean-Claude Didelot. (Sélection France Loisirs.)

*Les Enfants de Thai Binh. Nostalgies provinciales,* Duyên Ahn.

*Prisonnier de l'Angkar,* Henri Locard et Mœung Sonn.

*Les Enfants du Palais blanc. De l'Orient à l'Occident,* Somboun Narpoolmin.

*Les Petits Chiffonniers de Phnom Penh.* Poussières de vie, Jean-Claude Pomonti.

*L'Enfant de la rizière rouge,* Sor Sisavang. (Prix Saint-Exupéry/Valeurs Jeunesse 1990, Prix Francophonie 1990, Prix Gabrielle-d'Estrées 1990, Prix Pavie de l'Académie des Sciences d'Outre-Mer, Sélection du Grand Livre du Mois, Sélection France Loisirs.)

*Enfances thaïlandaises,* Pira Sudham.

*Du Mékong à la Seine. Le prix de la Liberté,* Trân Van Thêu.
*La Jeune Captive du Pathet Lao,* Souvannavong V.
*La Pagode aux enfants,* Paul-Yves Wéry. (Sélection du Grand Livre du Mois.)

**SUR L'ENFANCE EN EUROPE :**

**Enfance en danger :**
*L'Enfant du Bois de Boulogne* (lecture exclusivement réservée aux adultes), Alexis. (Sélection du Grand Livre du Mois.)
*L'Ortie* (lecture exclusivement réservée aux adultes), Arielle Caisne. (Sélection du Grand Livre du Mois, Sélection France Loisirs.)
*Enfants mannequins,* Servane Cherouat.
*Qui me jettera la première pierre ?* (lecture exclusivement réservée aux adultes), Christine. (Sélection du Grand Livre du Mois, Sélection France Loisirs, Sélection « Gabrielle-d'Estrées ».) Traduit en italien.
*L'École souillée,* Éliane Colson-Baerts. (Sélection du Grand Livre du Mois.)
*Lâche ta drogue et tiens bon !,* Sophie Daoût.
*La Prison... et après ?,* Véronique Merci.
*Un prêtre chez les drogués,* Pierre de Parcevaux. (Sélection du Livre de Poche.) Traduit en espagnol.
*Le Silence des coups,* Lorène Russell. (Sélection du Grand Livre du Mois.)

**Famille, adoption, divorce :**
« *Adopte-moi quand même...* », Josette Dufour. (Sélection du Grand Livre du Mois, Sélection France Loisirs.)
*Apprivoiser l'absence. Adieu, mon enfant,* Annick Ernoult-Delcourt.
*Deux Maisons pour rien,* Père Mansour Labaky (Prix de la Famille 1991, décerné par la Fédération de Paris des AFC.)
*Mon fils est né au ciel,* Michel Laroche et Marie Borrel.
*Ces Enfants du ciel,* Jean Toulat.

**Enfants de la guerre, orphelins :**
*L'Envol des Aiglons,* Istvan Regöczi.

**SUR L'ENFANCE AU MOYEN-ORIENT :**

*L'Enfant du Liban,* Père Mansour Labaky. (Prix de l'Académie des Sciences morales et politiques 1987, Prix Saint-Exupéry/Valeurs

Jeunesse 1987, Prix Francophonie 1987.) Traduit en allemand, anglais, italien et arabe.

*Mon vagabond de la lune,* Père Mansour Labaky. (« Mention spéciale » du Jury pour le Prix Saint-Exupéry/Valeurs Jeunesse 1988, Prix France-Liban 1988, Prix Lire-Élire 1989.) Traduit en anglais, italien et arabe.

**SUR L'ENFANCE EN RUSSIE :**

*Maîtresse, Dieu existe. Les enfants dans l'étau de l'athéisme soviétique,* Sergiu Grossu.

**AU-DELÀ DES FRONTIÈRES :**

**Handicaps et santé :**

*Les Enfants IMC, des enfants avant tout,* Catherine Guéroult. (« Mention spéciale » du Jury Perce-Neige 1991.)

*Les Enfants myopathes,* Yolaine de Kepper.

*Les Enfants « mongoliens », la réponse de l'amour,* Jean Toulat. (Traduit en espagnol.)

**Survivants et réfugiés :**

*Leur silence est un cri,* Marie-Christine Choquet et Benoît Richard.

**QUELQUES OUVRAGES DOCUMENTAIRES ET OUTILS DE TRAVAIL :**

*Guide Jeunesse,* 1 000 mouvements, associations, organismes, centres, foyers, communautés, écoles, par François-Marie Algoud.

*L'Exploitation sexuelle des enfants. Analyse du problème, des solutions courageuses,* Bureau international catholique de l'Enfance, par Florence Bruce.

*Sans toit ni frontière, les enfants de la rue,* Bureau international catholique de l'Enfance, avec la participation de Marie-Jeanne Coloni.

*L'Enfant au travail,* Étude du Bureau international du Travail, par Assefa Bequele et Jo Boyden.

*L'Enfant sans droits,* Alfredo Carlo Moro.

*Feu sur l'enfance,* Élise Fischer.

*Des enfants en prison avec des adultes,* Katarina Tomasevski.

**L'espérance au bout de l'écran !**

Pour:

- avoir des informations sur le monde de l'enfance meurtrie,
- mieux connaître les ouvrages de la collection,
- prendre connaissance des dernières nouveautés,
- rencontrer les auteurs des ouvrages (conférences),
- recevoir le catalogue et ses mises à jour,
- commander les ouvrages du catalogue,
- dialoguer avec le directeur de la collection,

un outil simple, efficace, disponible 24 h/24:

le service Minitel

**3615 code EPHATA*EDF**

*Cet ouvrage a été composé*
*par l'Imprimerie* BUSSIÈRE
*et imprimé sur presse* CAMERON
*dans les ateliers de* B.C.A.
*à Saint-Amand-Montrond (Cher)*
*en novembre 1993.*

35-29-8741-02
ISBN 2-213-02955-5

N° d'Édition : 7804. N° d'Impression : 93/697.
Dépôt légal : novembre 1993.

*Imprimé en France*

**35-8741-7**